本书得到“国家社会科学基金项目——城市空巢老人养老问题研究（12BRK010）”和“山西大学政治与公共管理学院科研出版经费（2019）”的支持。

中国书籍学术之光文库

社会保障管理学新视野

张民省 | 著

图书在版编目（CIP）数据

社会保障管理学新视野/张民省著．—北京：中国书籍出版社，2020. 2

ISBN 978－7－5068－7813－5

Ⅰ.①社…　Ⅱ.①张…　Ⅲ.①社会保障—管理—中国
Ⅳ.①D632.1

中国版本图书馆CIP数据核字（2020）第027233号

社会保障管理学新视野

张民省　著

责任编辑　陈永娟　李雯璐

责任印制　孙马飞　马　芝

封面设计　中联华文

出版发行　中国书籍出版社

地　　址　北京市丰台区三路居路97号（邮编：100073）

电　　话　（010）52257143（总编室）　（010）52257140（发行部）

电子邮箱　eo@chinabp.com.cn

经　　销　全国新华书店

印　　刷　三河市华东印刷有限公司

开　　本　710毫米×1000毫米　1/16

字　　数　322千字

印　　张　18.5

版　　次　2020年2月第1版　2020年2月第1次印刷

书　　号　ISBN 978－7－5068－7813－5

定　　价　99.00元

前　言

目前，在公共管理学科的各个领域都有适合其各自工作发展的管理学，如行政管理学、工商行政管理学等。但是，由于现代社会保障制度在中国建立较晚，其学科体系仍处在不断的建树和完善当中，至今尚没有适合中国国情的“社会保障管理学”。笔者编写《社会保障管理学新视野》的目的，就是基于社会保障管理的科学化和规范化，以保证现行社会保障制度的法律、法规、政策得到贯彻实施。

社会保障管理学是系统研究当今世界社会保障管理活动的基本规律和一般方法的学科。今天，随着社会主义市场经济体制的发展与深化，社会保障制度的完善越来越受到广大国民的关注，一个高效透明、责权清晰的社会保障管理体制，无论对于社会保障的可持续发展，还是对于构建和谐社会都是不可或缺的。作为公共管理的一部分，社会保障管理学是一门实践性很强的交叉学科。本教材比较系统地总结了当今世界社会保障管理活动的一般规律和社会保障管理的经验，梳理了国内外学者关于如何通过合理的组织，去配置社会保障管理领域的人、财、物等资源的研究成果，在我国的社会保障研究领域较早地建立了社会保障管理学的知识体系，较为全面地介绍了社会保障管理的基本知识，并侧重于实际应用和操作，力求做到内容全面而又重点突出，体系完整内容简练而又简明扼要。

本教材立足于实用、通俗，注重制度的解读和实际操作知识的介绍，包括较新的社会保障政策法规和知识。第一部分的四个章节简要介绍社会保障管理学的基本概念、政府的社会保障职能、社会保障的法律体系和社会保障管理体制等，谓之基础篇。第二部分共四个章节，集中介绍以社会保障管理的主要内容，即行政管理、基金管理、对象管理、监督管理等，谓之对象篇。

第三部分有六个章节，主要分析社会保障社会化管理、信息管理的意义和方法，关注绩效评估、员工管理、管理伦理和管理创新知识的运用，谓之实践篇。

随着社会保障事业在中国的蓬勃发展，社会保障管理的工作实际非常需要一部本专业的教科书。我们编著这本书正是反映了自己的学习、研究社会保障管理的一点心得，同时也努力去概括这些年社会保障管理理论与实践研究的新成果。因此，我们从管理学、社会学、社会保障学同仁的著述中学习、借鉴了许多有益的思想和观点，在此我们谨表示崇高的敬意。

现在读者看到的这部教材兼具理论性、系统性、实用性和超前性。一是理论性，力求有一定的理论深度，不仅能适应高等学校劳动与社会保障、人力资源管理、社会工作等相关专业教学的需要，而且能为从事劳动与社会保障理论研究的同行和实际工作者提供重要参考；二是系统性，不仅有其内在的科学体系，能反映劳动与社会保障各领域的密切关系，而且努力追求内容的系统性，充分反映国内外有关的研究成果；三是实用性，力求在总结我国社会保障制度改革经验的基础上，为社会保障制度的进一步完善提供可行的思路和方法；四是超前性，拟介绍和分析其他国家在社会保障方面的经验和教训，使我们提出的政策建议具有一定的超前性。

因为社会保障管理学是高等院校中的劳动与社会保障专业的一门必修课，所以，这本《社会保障管理学新视野》首先适合该专业的学生学习或自学使用，同时对政府社会保障的管理部门、社会保险经办机构的工作人员，以及社会保险经办机构的工作人员也有一定的参考价值。

张民省

目　录
CONTENTS

导 论

管理是一种与人类文明共存的社会现象，存在于社会生活的各个领域。小至家庭、学校、企业组织，大到政治、经济，都与管理息息相关。社会只有通过管理，人们的生产、生活和其他活动才能有目的、有秩序地进行。建立和完善社会主义市场经济体制是我国经济体制改革的目标，而完善的社会保障制度是建立社会主义和谐社会的前提和保证。因此，加强和完善我国社会保障的管理，具有重要的战略意义。

一、管理及其职能

（一）管理的含义

管理活动自有人群出现便有之，与此同时，管理思想也就逐步产生。管理是一种与人类文明共存的社会现象，它存在于社会生活的各个领域，小至家庭、学校、企业组织，大到国家、社会，都与管理息息相关。正如马克思所说，"凡是有许多人进行协作的劳动，过程的联系和统一都必然要表现在一个指挥的意志上，表现在各种与局部领导无关而与工场全部活动有关的职能上，就像一个乐队要有一个指挥一样。这是一种生产劳动，是每一种结合的生产方式中必须进行的劳动"①。马克思的精辟论述说明，管理起源于人类的共同劳动，凡是有人类生活的地方，就必然有管理。通过管理，人们的生产、生活和其他活动才能有目的、有秩序地进行。

在社会活动中，管理的概念是组织为了实现预期的目标，管理主体以人为中心进行的协调活动。也就是说，管理是为了实现组织未来目标的活动；管理的工作本质是协调；管理工作存在于组织中；管理工作的重点是对人进行管理。用一句话来概括，管理组织是主体通过组织客体来实现自己的目的的一种活动。

---

① 《马克思恩格斯全集》第25卷，人民出版社1974年版，第431页。

管理过程的顺序是：通过授权形成一个明确的主客体关系（确定任务），主体通过对客体自身规律的研究并结合授权者的要求形成一个方案（目标、决策），主体根据这个方案按自己的意志控制并改变客体（实施），客体在自身规律的支配下进行活动（对抗），主体制定一个行为规范将客体的行为控制在一定的范围内（制度），通过一段时间的互动，主体对客体的行为规律有了进一步的了解，客体的行为与主体的意志逐步趋于一致（文化），从而使主体的目标得以实现。

通过管理，人们的生产、生活和其他活动才能有目的、有秩序地进行。

可以说，任何一种管理活动都必须由以下四个基本要素构成：一是管理主体，由谁管；二是管理客体，管什么；三是组织目的，为何而管；四是组织环境或条件，在什么情况下管。

推而广之，社会保障管理是指为实施社会保障制度，国家和政府成立专门的社会保障机构，组织社会保障的专业人员，运用现代管理学原理对社会保障活动进行决策、计划、监督、调节以及对社会保障基金进行筹集、运营、管理和保险费的给付等一系列活动。而简单地讲，社会保障管理是为了实现社会保障目标，通过一定的机构和程序，采取一定的方式，对各种社会保障事务进行计划、组织、协调、控制和监督的过程。

（二）管理的作用

任何集体活动都需要管理。在没有管理活动协调时，集体中每个成员的行动方向便有所不同，甚至可能互相抵触。即使目标一致，由于没有整体的配合，也达不到总体的目标。今天，随着人类的进步和经济的发展，管理所起的作用越来越大。具体说来，管理的作用有以下几点。

1. 管理是维系人类正常社会生活的条件

人类一切有组织的社会生活都离不开管理。早在原始社会，人类就懂得了组织的必要。有组织就有管理，因为组织的存在需要协调内部成员的活动，决定成员共同遵守的纪律并处理违纪成员。在原始社会，表现为决定对杀害本氏族成员的外氏族成员是否实行血族复仇，是否接收外氏族人加入本氏族等。随着人类社会文明程度的提高，人们交往的增加，生产和生活的社会化程度越来越高，管理也就越来越重要了。恩格斯在讲到国家的产生时说过，"国家是社会发展在一定阶段上的产物；国家是表示：这个社会陷入了不可解决的自我矛盾，分裂为不可调和的对立面"，"为了使……这些经济利益互相冲突的阶级，不致在无谓的斗争中把自己和社会消灭，就需要有一种表面上驾于社会之上的力量，这种力量应当缓和冲突，把冲突保持在'秩序'的范围以内；这……就是国家”①。可见国家对维系社会存在的必要作用。而国家的作用，除去其阶级统治的一面外，实际上就表现了一种社会管理职能。

2. 管理是社会资源有效配置的手段

任何管理活动都离不开相应资源的支持，人力、物力、财力等资源是一切管理活动赖以开展的基础。另一方面，管理正是通过有效配置资源并使其充分发挥作用去实现管理的目的。在某种意义上，管理就是资源配置的某种手段，科学管理工作合理配置资源的保障。就发挥资源的作用来看，合理配置也是各种资源充分发挥作用的前提，管理越科学，就越能挖掘资源潜力，就越能发挥资源的作用。“人尽其力，物尽其用，货畅其流”，均离不开科学管理。相反，不科学的管理，必然使各种资源浪费在组织内部，失去其应有的作用。尤其是在现代条件下，人类活动的规模越来越大，一项活动的开展可能动用数以万计的人员，运用数亿资金和千万吨物资，管理的作用就更加突出。再者，现代生产是社会大生产，分工细密，专业化水准空前提高，又广泛采用现代科学技术、复杂的机器和机器体系，这意味着每一件产品可能要通过掌握人、财、物、技术资源的几十人、几百人甚至几千人的共同努力才能完成。这些人互相之间可能根本就不认识，也许还生活在不同的国家里。他们之所以能够密切合作，正是由于存在着有效的管理活动。

3. 管理是社会生产力实现的基础

管理在社会发展中的作用，主要体现在它对生产力的作用上。首先，管理影响着生产力的存在状况。一定社会都有其相应水平的生产力，但这一生产力在不同管理条件下，其存在状态不同，有时被压抑，有时被解放。这中间的原因，主要取决于管理。从宏观上说，有国家的管理体制；从微观上说，有具体单位的各种管理制度和管理人员的行为。其次，管理规定着生产力的实现程度。生产力的实现必须借助于管理，科学管理是充分发挥生产力作用的前提。一方面，生产力作用的发挥离不开科学的方针政策，离不开完善的法制规范，这就需要管理。另一方面，没有具体的生产组织管理，生产力不可能实现；而生产过程组织得不严密、不科学，生产力就不可能充分实现。国家对社会宏观生产的组织管理如此，企业对微观生产的组织管理亦如此。

4. 管理是社会生产力发展的保证

生产力总是要发展的。在现代社会，生产力的发展取决于整个社会科学技术的发展水平和民族素质的提高。它的标志是，具有新的素质的人掌握新

① 《马克思恩格斯选集》第4卷，人民出版社1995年版，第166页。

的设备、运用新的操作方式进行生产。而科学技术的发展和人的素质的提高，又与社会的文化教育事业和科学研究直接相关。这就是一个管理问题，即怎样正确处理各项事业的关系，合理使用科研与教育资金，以及理顺科研与教育体制，做好科研与教育单位内部的组织管理等。具体来讲，管理能否促进社会生产力的发展，取决于管理所确定的组织目标是否正确，取决于管理对生产力诸要素的配置组合是否合理，取决于管理对组织活动过程的调控是否及时恰当。管理还能创造一种新的生产力。对此，马克思明确指出："结合劳动的效果要么是个人劳动根本不可能达到的，要么只能在长得多的时间内，或者只能在很小的规模上达到。这里的问题不仅是通过协作提高了个人生产力，而且是创造了一种生产力，这种生产力本身必然是集体力。"① 人们正是看到了协作中会有这种产生新的生产能力的现象，才特别重视协作问题，有人把这种集体活动所取得的附加效益称为"集体活动的组织效果"。而这种效果，正是管理的结果。

（三）管理的职能

管理职能回答的是管理究竟在一个组织中负责哪些方面的工作的问题。本书借鉴前人的研究，采用管理具有计划、组织、领导、控制、创新五种职能的说法。

1. 计划职能

组织中所有层次的管理者，包括高层管理者、中层管理者和一线（或基层）管理者，都必须从事计划活动。所谓计划，就是指"制定目标并确定为达成这些目标所必需的行动"。虽然组织中的上层管理者负责制定总体目标和战略，但所有层次的管理者都要为其工作小组制订经营计划，以便为组织做贡献。所有管理者须制定符合并支持组织总体战略的目标，同时制订一个支配和协调他们所负责的资源的计划来实现工作小组的目标。

2. 组织职能

计划的执行要靠他人的合作，组织工作正是源自人类对合作的需要。合作的人们如果要在执行计划的过程中，有比各合作个体总和更大的力量、更高的效率，就应根据工作的要求与人员的特点，设计岗位，通过授权和分工，将适当的人员安排在适当的岗位上，用制度规定各个成员的职责和上下左右的相互关系，形成有机的组织结构，使整个组织协调地运转。这就是管理的组织职能。反过来，组织工作的状况又在很大程度上决定着这些组织各自的

① 马克思：《资本论》第1卷，人民出版社1975年版，第362～363页。

工作效率和活力。因此，组织职能是管理活动的根本职能，是其他一切管理活动的保证和依托。

3. 领导职能

计划与组织工作做好了，也不一定能保证组织目标的实现，因为组织目标的实现要依靠组织全体成员的努力。配备在组织机构各种岗位上的人员，由于在个人目标、需求、偏好、性格、素质、价值观、工作职责和掌握信息量等方面存在很大差异，在相互合作中必然会产生各种矛盾和冲突。因此就需要有权威的领导者进行领导，指导人们的行为，通过沟通增强人们的相互理解，统一人们的思想和行动，激励每个成员自觉地为实现组织目标共同努力。管理的领导职能是一门非常奥妙的艺术，它贯彻在整个管理活动中。

4. 控制职能

人们在执行计划过程中，由于受到各种因素的干扰，常常使实践活动偏离原来的计划。为了保证目标及为此而制订的计划得以实现，就需要有控制职能。控制的实质就是使实践活动符合于计划，计划就是控制的标准。管理者必须及时取得计划执行情况的信息，并将有关信息与计划进行比较，发现实践活动中存在的问题，分析原因，及时采取有效的纠正措施。从纵向看，各个管理层次都要充分重视控制职能，愈是基层的管理者，控制的时效性愈强，控制的定量化程度也愈高；愈是高层的管理者，控制的时效性要求愈弱，控制的综合性愈强。从横向看，各项管理活动、各个管理对象都要进行控制。没有控制就没有管理。

5. 创新职能

迄今为止，很多研究者没有把创新列为一种管理职能。但是，最近几十年来，由于科学技术迅猛发展，社会经济活动空前活跃，市场需求瞬息万变，社会关系也日益复杂，每位管理者每天都会遇到新情况、新问题。如果因循守旧、墨守成规，就无法应付新形势的挑战，也就无法完成肩负的任务，到了不创新就无法维持的地步。许多事业获得成功的管理者成功的关键就在于创新。要办好任何一项事业，大到国家的改革、发展，小到办企业、办学校、办医院，或者办一张报纸，推销一种产品，都要敢于走新路，开辟新天地。

各项管理职能的相互关系如图 1 所示：每一项管理工作一般都是从计划开始，经过组织、领导到控制结束。各职能之间同时相互交叉渗透，控制的结果可能又导致新的计划，开始又一轮新的管理循环。如此循环不息，把工作不断推向前进。创新在这个管理循环之中处于轴心的地位，成为推动管理循环的原动力。

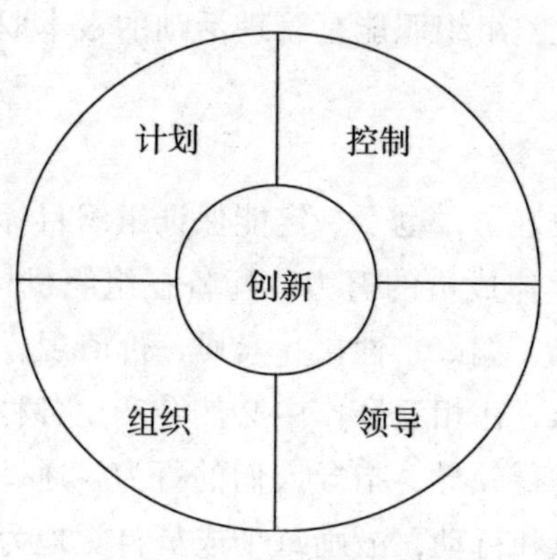

图1 管理职能循环图

当然，各项管理职能都有自己独有的表现形式。例如，计划职能通过目标的制定和行动的确定表现出来。组织职能通过组织结构的设计和人员的配备表现出来。领导职能通过领导者和被领导者的关系表现出来。控制职能通过偏差的识别和纠正表现出来。创新职能与上述各种管理职能不同，它本身并没有某种特有的表现形式，它总是在与其他管理职能的结合中表现自身的存在与价值。

二、社会保障管理学的研究内容

社会保障管理学是一门综合性的交叉学科，是系统研究当今世界社会保障管理活动的基本规律和一般方法的学科。即运用现代管理学的一般原理，研究和提高对各种社会保障事务进行计划、组织、协调、控制和监督的规律的科学。

一般来说，社会保障管理学研究的内容有以下四个方面：

（一）社会保障的行政管理

社会保障行政管理是指社会保障管理主体运用行政权力，在职能范围内进行管理和监督的活动。这种管理具有二重性，既具有体现国家统治阶级的意志，维护其统治地位的阶级属性，又具有干预和管理社会保障公共需要所产生的社会属性。

社会保障的首要主体一般情况下为国家，社会保障活动也是从国家制定有关的法律、法规开始的。一般说来，社会保障的行政管理包括六个方面：

（1）拟定社会保障发展规划，统筹协调社会保障政策，统筹处理地区和人群之间的利益和矛盾；

（2）制定社会保障法律、法规和政策，具体规定社会保障的实施范围和对象，享受保障的基本条件，社会保障资金的来源，基金管理和投资办法，待遇支付标准和对象以及社会保障各主体的权利、义务等；

（3）贯彻、组织和实施各项社会保障法律法规，并负责监督、检查；

（4）受理社会保障方面的申诉、调解和仲裁；

（5）建立和完善社会保障信息化、社会化服务体系；

（6）培养、考核、任免社会保障管理干部。

此外，社会保障行政管理的内容还包括：设置高效的社会保障管理机构，配置精干的社会保障管理人员，明确社会保障管理组织的职责，调解和处理社会保障活动中出现的纠纷等。

（二）社会保障的资金管理

社会保障资金是根据法律规定建立的用于社会保障事业的一种专项资金，即国家和社会用于社会保险、社会福利、社会救济的资金总和。社会保障的资金管理包括资金的筹集、运营、支付三个方面的内容，其管理内容主要有三个方面：

（1）筹集社会保障基金。基金的筹集渠道主要是国家、单位和个人按一定比例缴纳的社会保障费用以及社会的捐助。一般由国家、单位和个人按一定比例缴纳，辅之以私人和社会团体捐助。

（2）支付社会保障待遇。社会保障基金的支付，就是向受保人给付各项社会保障待遇，如养老金、失业金、救济金、医疗费用报销、家庭补助等。如支付养老保险金、医疗补助金、工伤保险金、失业社会保险补助、各种救济金、困难补助金等。

（3）运营社会保障基金。社会保障基金的保管人要妥善地保管和安全可靠地运营，促使社会保障基金保值增值。基金的运营管理包括基金的日常财务和个人账户管理以及基金的投资运营。

社会保障基金由国家、单位、个人共同负担而成，所以三者理应都有管理权。社会保障基金由专门的社会保障管理机构管理，它由国家、单位和受益人的代表组成。现代社会保障主要是以国家为主体实施的，政府负有不容推卸的管理责任和义务。个人在一定的条件下有享受社会保障的权利，也有缴纳社会保障基金的义务和管理基金的责任。

（三）社会保障的对象管理

社会保障管理的核心就是要保护社会保障对象的合法权益，提供完善的社会服务是社会保障管理的一大本质要求。因此，管理社会保障对象的过程实际上是对社会保障对象提供一系列必要服务的过程。

一般而言，在岗工作的社会保障对象，主要由其所在单位提供有关服务，对他们的管理也主要由其所在单位负责。

对情况特殊的社会保障对象如退休、离休、退职的老人，残疾人和失业者等社会救济对象，进行特别的管理。根据社会救济对象的不同情况，采取不同的管理办法：如为老年人、残疾人提供社会福利设施；帮助贫困者、优抚对象维持生活，发展生产；为劳动者提供疗养、休养场所；组织失业人员进行职业培训，帮助他们生产自救；组织身体好、业务强的退休、退职职工参加社会急需的生产活动等。

对社会保障对象的管理，包括向他们提供物质保障、日常生活和健康服务，提供参与社会活动和就业方面的机会以及提供精神和心理慰藉等，其管理工作是在社区化、社会化的前提下，通过政府组织和引导，依靠工会、各种社团、慈善协会以及家庭等社会力量来完成。

（四）社会保障的监督管理

社会保障的监督管理是指由国家行政管理部门、专职监督部门、利害关系者以及有关方面对社会保障尤其是社会保障基金的有关管理机构和管理者的管理行为过程及结果实行监察和督守，使其遵守国家有关法规和政策的要求。

建立健全社会保障监督体系是防止滥用权力的需要，如加强对社会保障基金的收支、营运和管理的监督，是实现社会保障基金依法筹集、专款专用、安全、保值和增值的重要保证。监督不是监督主体对监督客体有关行为的一种直接的命令、指挥和安排，不存在利用经济手段引导监督客体的行为。良好的社会保障监督主要是借助内外部约束力而产生效力，它为针对违规行为的行政处罚和法律制裁提供依据和证据，它是社会保障有序运行的无形的杠杆，是社会经济健康发展中的链条。

社会保障管理的四个方面是紧密相连、不可分割的。国家和政府部门通过行政管理，履行立法和制定政策的职能，开展行政执法工作，并对业务管理机构实施监督；社会保障基金管理是社会保障管理工作的关键部位和重点所在；对社会保障对象的管理则是社会保障管理不可分割的服务系统；对社会保障的监督管理则形成社会保障管理的控制系统和制度保证。这四个方面有机结合，形成了完备的社会保障管理体系。

三、学习社会保障管理学的意义和方法

（一）学习社会保障管理学的意义

学习社会保障管理学，一方面可以分析学科本身的欠缺，注意相关学科的发展，借鉴其中的有益之处；另一方面可以深入研究社会保障管理学已经总结的经验，深刻认识社会保障管理学对有关规律的揭示，进而指导社会保障管理实践。

1. 有助于把握现代管理规律，提高人类社会实践活动的能力

任何客观事物都包含着存在与发展的内在规律，人类的追求就在于发挥主观能动性，认识这些规律，并运用这些规律提高实践活动的能力。作为人类社会实践活动的一个重要形式，社会保障管理也有其自身的规律。学习社会保障管理学有助于把握社会保障管理的规律，提高社会保障服务实践的水平。

2. 有助于充分调动生产力在人类文明进步中的作用

管理贯穿于生产力的具体结构中，管理是否科学，直接影响着生产力的组织，影响着生产力作用的发挥。首先，在生产力各实体要素存在的条件下，并不能解决社会保障应该保障什么和如何保障的问题，这就需要管理人员的工作，即根据需要与可能，确定社会保障目标，组织实施过程。其次，社会保障作用的充分发展必须借助于管理人员的合理组织，而这种合理组织又是以社会保障管理理论的指导为前提的。再次，生产力所要解决的是人和自然的矛盾，而人类实践活动中同时还存在其他诸多方面的矛盾。管理学理论的重要任务之一，就是要研究化解这些矛盾的方法，为生产力作用的发挥乃至生产力的进一步发展排除障碍，创造条件。

3. 有助于实现社会保障发展的目标

学习社会保障管理学的系统知识，有利于管理者进一步了解社会保障方面的理论知识，更好地组织社会保障实践活动，从而更好地实现社会保障的目标。改革开放三十年来，我国的经济实力进一步增强，现代社会保障制度逐步成型，取得了长足的发展。在我国人均 GDP 已经跃上 1000 美元台阶的重要社会转型时期，加强社会保障制度建设与完善社会保障体系成为维护社会安全，保持全面、协调和可持续发展的关键举措，也是在新的发展观指导下全面建设小康社会的基础性工程。

4. 有助于实现社会保障的管理创新

一个时代有一个时代的管理模式，一个时代亦应有与其相适应的管理理

论。在这方面，所有的管理实践者和管理理论研究者都责无旁贷。那么，实现管理创新的前提是什么？是回顾过去，立足现实、面向未来。历史上管理大师概括和总结的许多理论，都是客观规律的反映，至今仍不失其真理的光辉。现代知识是以往知识的发展，可以肯定，未来的管理理论也必将是现代管理理论的升华。一方面，面对当代管理实践中遇到的一系列问题，诸如管理职能膨胀、机构臃肿、人浮于事、效率低下等，依靠传统的管理方式与管理理论已不能奏效。另一方面，管理国际化需要世界各民族相互交流，寻求有效国际合作的机制，在管理理论方面相互借鉴，取长补短。这都有待于管理科学理论的学习与普及。在我国，管理学理论研究相对比较落后，更应该抓住机遇面向未来，加快这方面的研究，普及管理的理论知识，通过自我总结与分析借鉴，使具有中国特色的管理学成为现实。

（二）学习社会保障管理学的方法

马克思主义的辩证唯物主义是现代管理思想和方法的基础。包括当代中国特色社会主义在内的马克思主义中，关于生产力与生产关系、经济基础与上层建筑相互关系的原理，物质和意识相互关系的原理，人的主观能力性与客观规律相互关系的原理，管理者与社会成员相互关系的原理，分权与集权、自由和纪律相互关系的原理等，都对学习社会保障管理学都有重要的指导作用。

1. 学习社会保障管理学，要熟练掌握管理的基本概念和基本属性

管理学是适应现代社会化大生产的需要而产生的，目的是研究如何通过合理地组织和配置人、财、物等因素，提高生产力的发展水平，是系统研究管理活动的基本规律和一般方法的科学，有自身特殊的研究对象和范围。因此，学习社会保障管理学，必须熟练掌握管理的基本概念和基本属性，认识和理解管理的基本职能，同时注意不能将管理系统管理思想和管理职能割裂开来。

2. 学习社会保障管理学，要学习领会管理学的一般原理

我们应该看到，发轫于资本主义制度下的管理理论和社会保障管理的实践，一方面是为维护资本主义制度、维护资产阶级的工具，另一方面又在一定程度上反映了现代化大生产的客观规律与要求。因此，我们学习管理学，借鉴西方的社会保障管理经验与管理理论，首先要注意到资本主义管理的政治性，对其维护资产阶级统治和利益的一面要予以分析批判。但另一方面，对那些反映社会化大生产客观规律要求的内容，完全可以借鉴过来，为我所用。

3. 学习社会保障管理学，要学会分析社会保障管理的案例

管理思想的建立，是在大量阅读管理学理论和管理史的基础上。案例分析法是把实际工作中出现的问题作为案例，进行研究分析，发现问题、分析原因、提出对策的学习方法。社会保障管理案例的分析，必须在深刻掌握管理理论的基础上才能展开，否则不容易找到切入点。社会保障管理案例的分析和比较应坚持两个原则，一是优先选取最典型的案例，二是案例应与相应的理论相贴近。

4. 学习社会保障管理学，要注意将管理学与管理心理学相结合

管理心理学是运用心理学的一般规律去解决管理过程中人的心理问题，并使之在管理领域具体化。它主要研究一定组织中人的心理和行为规律，从而提高管理者预测、引导、控制人的心理和行为的能力，更为有效地实现组织目标。因此，管理心理学又称组织心理学，是研究组织管理活动中人的行为规律及其潜在心理机制的一门学科。学习社会保障管理学，要注意将管理学与管理心理学相结合起来，有助于在管理好组织中最活跃的因素——人，去实现组织所追求的最大经济效益。

（三）研究社会保障管理学的方法

学习社会保障管理学是提高管理实践水平的一条重要途径，学好社会保障管理学对于社会保障管理实践有着重要意义。而如何学习以及怎样在学习这一知识体系中达到事半功倍的效果，是学习者普遍关注的问题。

1. 比较研究法

比较研究法是通过对不同社会保障管理理论或管理方法异同点的研究，总结其优劣以借鉴或归纳出具有普遍指导意义的管理规律的方法。比如，对不同社会制度或不同管理体制下的社会保障管理加以比较研究；对不同历史条件下、不同生产力水平下的社会保障管理加以比较研究；对不同文化背景、不同文化水平条件下的社会保障管理加以比较研究，等等。

2. 定量分析法

分析法是运用自然科学知识，把握管理活动与管理现象内在的数量关系，寻求其数量规律的方法。任何事物都兼有质与量的规定性，社会保障管理也不例外。对管理问题展开定量分析，既是管理实法的客观要求，又是管理走向科学化的必经之路。

3. 历史研究法

历史研究法是对前人的社会保障管理实践、管理思想和管理理论予以总结概括，从中找出带有规律性的东西，实现古为今用的方法。这种研究方法

运用的结果最终构成了人类管理思想产生与发展的历史。

4. 案例研究法

案例研究法是通过对现实中发生的典型管理事例进行整理并展开系统分析，从中把握不同情况下处理问题的不同手段，以达到掌握社会保障管理原理，提高管理技术的方法。案例研究中所整理并分析的案例都是典型的事件，具有生动性、具体性，因而能够调动学习者的学习积极性，引导学习者独立思考，不失为一种好的学习方法。

5. 理论联系实际的方法

这种方法是把现成的管理理论与管理方法运用到实际中去，通过实践来检验这些理论与方法的正确性与可行性，并在实践中不断概括总结新的理论与方法。

6. 系统研究方法

这是一种运用系统理论来认识事物整体规律的一种方法。这种方法把研究对象作为具有一定结构功能的整体，从多方面的动态联系中考察研究对象，以求达到最佳目标。整体性、综合性和最优化是系统方法的主要特点。

7. 实证研究法

实证研究方法包括观察法、谈话法、测验法、个案法、实验法。

（1）观察法，是研究者直接观察他人的行为，并把观察结果按时间顺序系统地记录下来进行分析的研究方法。

（2）谈话法，是研究者通过与对象面对面地交谈，在口头信息沟通的过程中了解对象心理状态的研究方法。

（3）测验法，是指通过各种标准化的心理测量量表对被试者进行测验，以评定和了解被试者心理特点的方法。

（4）个案法，是对某一个体、群体或组织在较长时间里连续进行调查、了解、收集全面的资料，从而分析其心理发展变化的全过程的研究方法，又称为个案研究。

（5）实验法，是研究者在严密控制的环境条件下有目的地给被试者一定的刺激以引发其某种心理反应，并加以研究的方法。

第一章

社会保障管理法制

社会保障制度与社会、经济的发展密切相关。社会保障组织管理的正常化、科学化，需要有强制性的、体现国家意志的制度，即法制作为保证。因此，社会保障制度在当今世界发达国家首先表现为一套法律制度体系，即社会保障的立法要先于社会保障管理体制的建立，使社会保障管理有法可依、有章可循。我国在建立社会主义市场经济的过程中，必须建立相应完善的社会保障法律体系，用以保证劳动者以及社会劳动和生活的正常进行，从而促进社会经济的稳定发展。

一、社会保障法概述

（一）社会保障法的概念

1. 社会保障法的含义

我国在第七个五年计划中，首次提出了“社会保障”的概念。从此，“社会保障”引起了我国学者的广泛关注和深入研究。进入 20 世纪 90 年代后，社会保障法也日益得到学者的重视。但由于研究时间过短，什么是社会保障法，在我国尚有争议。目前，我国学者对社会保障法的定义主要包含以下几种观点。

有人认为，社会保障法是指调整社会保障关系的法律规范的总称。① 这个定义的缺陷在于过于笼统，没有明示社会保障法的调整对象等一些本质特征，必须凭借进一步对社会保障进行解释才能达到定义的目的。

有人认为，凡是依据社会政策制定的、用以保护某些特别需要扶助人群的生活安全，或用以促进社会大众福利的立法，便是社会保障法。② 这个定义只是粗略地为社会保障法划了一个范围，不符合定义规则，也没有揭示社会

---

① 黎建飞：《社会保障法》第 2 版，中国人民大学出版社 2006 年版，第 5 页。

② 蒋月：《社会保障法概论》，法律出版社 1999 年版，第 23 页。

保障法的主体、目的、行为方式等一些基本因素，因此不是一个严谨规范的定义。

有人认为，社会保障法是调整社会保险、社会救济和社会福利等活动中各种关系的法律规范的总称。① 这个定义列举了社会保障的项目，但作为一个定义来讲，有欠普遍性和抽象性，因为社会保障的项目并不是其本质性的方面，而且不同的国家甚至一个国家的不同阶段，其社会保障所包含的项目都可能不同。

也有人认为，社会保障法是为了建立社会保障体系，维持社会保障体系的正常运行而制定的法律规范。② 这个定义立足于社会保障法对于社会保障的作用和意义，强调了社会保障法的积极作用，但未能揭示社会保障法的本质。

基于以上分析，我们对社会保障法定义如下：社会保障法是调整以国家和社会为主体，对遭受社会风险的社会成员，摆脱困境或提高其生活质量从而保证其生存权和发展权而发生的社会关系的法律规范的总称。

这个定义包含了以下内涵：

（1）强调了承担社会保障的责任主体主要是国家。国家是社会保障的责任主体，在所有的主体中，国家始终居于主导地位，负责保障社会成员的基本生活并进一步提高他们的生活质量，政府部门及其管理机构代表国家具体行使和履行管理的权利、职责和义务。国家虽然是首当其冲的责任主体，但它并非是唯一主体，在社会保障的实践中，国家还须依法责成、委托、准许或鼓励企事业单位、公益性社团法人和群众性社区机构等，在社会保障事业中充分发挥组织管理、协调、教育、捐助、服务等有益作用，所以，也应赋予他们主体的身份，使他们可以享受和承担相应的权利和义务。

（2）规定了社会保障的对象是可能遭受社会风险的所有社会成员。国家为什么要制定社会保障法？就是因为公民在社会中随时有可能遭受社会风险，国家凭借社会保障制度，有效帮助公民摆脱困境。所以社会风险的存在是社会保障法产生的前提，而且社会保障的对象实际上是全体社会成员，这包括事实上已经处于“困境”的社会成员和将会面临“困境”的社会成员。

（3）社会保障的目的是帮助社会成员克服其遭受到的社会风险，帮助其摆脱困境甚至提高生活质量。我们可以看到，这个目的实际包含两个层次，

---

① 贾俊玲：《社会保障法律制度初探》，载于《经济法研究》（第1卷）北京大学出版社2000年版，第351页。

② 种明钊：《社会保障法律制度研究》，法律出版社2000年版，第19页。

首先是摆脱困境，保证其生存权，其次是在此基础上，保证、提高其生活质量，保证其发展权的实现。

(4) 社会保障的手段是国家和社会给予遭受风险的社会成员一定的物质帮助，这种利益体现为金钱、实物以及服务等。如应为老年人、残疾人等提供多种形式的社会服务，如医疗服务以及生活照料等。

2. 社会保障法的特征

社会保障法作为典型的社会法，与其他部门法相比具有以下特征：

(1) 社会保障法具有广泛的社会性。社会保障法最明显的特征即广泛的社会性，这一特征主要是因为社会保障法是典型的社会法。社会保障法的社会性主要体现在：第一，保障对象的普遍性。由于社会风险的不确定性，而且随着社会经济的发展，社会保障越来越从选择性向全民性方向发展。第二，社会保障责任和义务的社会化。即社会保障通过立法在政府、社会和公民之间合理分担保障责任和义务，形成资金筹集渠道多元化、社会风险分散化的保障机制，以保证社会保障制度正常运行。第三，保障目的的社会性。即立法的出发点是为保障全体社会成员的生活安全，实现社会的公平和稳定，因此社会保障法是具有社会公益性的法律。因此，社会保障法具有广泛的社会性。

(2) 社会保障法兼具自愿性。社会保障法兼具强制性和自愿性，主要体现在它的调整方法上。社会保障法权利、义务的实现，既包括自愿平等的民事方法，也包括强制命令的行政方法。对于涉及社会成员基本保障权益的项目，社会保障法规定了强制性规范，明确规定国家（各级政府）、社会、企业、个人及有关各方在社会保障中必须履行的义务，社会保障的具体项目、实施范围、资金筹集、待遇标准、计算方式等，有关各方无论其意愿如何，均必须依据法律的规定遵照执行，否则会受到法律的制裁；而企业补充养老保险、个人储蓄性养老保险、农村中互助互济性养老保险以及社会服务制度的实施，甚至社会保险事业管理中的某些环节，一般均应在自愿基础上采用平等的方法。

(3) 社会保障法是实体性和程序性规范相统一。根据法所调整的内容的不同，法可以分为实体法和程序法，规定法律关系主体权利与义务的法是实体法；规定实体法的运用和实现手段的法是程序法。一般而言，实体法和程序法是一种互为依存的关系，实体法和程序法总是相对应而存在的。例如，有实体性的民法，就有与之相配套的民事诉讼法；有刑法就有相应的刑事诉讼法；但社会保障法则不然，它的实体性规范和程序性规范总是规定在一起的，很难将其硬性地割裂开来。例如，社会保障法规定社会成员失业时有领取失业救济金的权利，而失业人员要获得失业救济金还须依社会保障法的规定先申请，后由社会保险机构进行审查，如符合失业救济金的领取条件方可实际获得失业金。社会保障法的这一特征与行政法颇为相似。

（4）社会保障法具有较强的技术性。在实践中，社会保障的运营须以数理计算为基础，这使得社会保障立法需要有特定的技术性。其中，“大数法则”“平均数法则”是经常会用到的。另外，在一些保障项目的费率、保障对象的确定上，也常常会用到统计技术。①

（二）社会保障法的调整对象

社会保障法的调整对象是社会保障关系。简单来说，社会保障关系是国家（以其所授权的社会保障机构为代表）、各类社会组织和公民在社会保障活动中所形成的社会关系。

1. 社会保障关系的特征

作为社会保障法调整对象的社会保障关系，主要有以下特征：

（1）社会保障关系是发生在社会保障过程中的社会关系。换言之，只有构成社会保障运行系统中某种要素的社会保障关系，才属于社会保障关系。

（2）社会保障关系是以实现公民的社会保障利益为目的的社会关系。就是说，各种社会保障关系都是围绕着如何使公民获得社会保障利益而展开和运行的。

（3）社会保障关系是体现社会连带责任的社会关系。参与社会保障供给和管理的各种主体，特别是政府、社会保险事业单位和企业，共同对公民获得社会保障利益承担连带责任。

（4）社会保障关系是以社会保障经办机构为轴心的社会关系整体。就是说，社会保障过程中的各种社会关系大多以社会保障经办机构为一方当事人。正是由于社会保障机构参与各种社会保障关系，才能够形成统一的社会保障供给系统和管理系统。

（5）公民的社会保障关系是兼有人身关系属性和财产关系属性的社会关系。即公民的社会保障利益一方面是与自身生存不可分离，具有人身利益属性；另一方面是以获得物质帮助为内容的财产利益。

2. 社会保障关系的类型

从社会保障关系的主体的角度对其进行划分，可以将其分为以下几种

---

① 史柏年：《社会保障概论》，高等教育出版社2004年版，第46页。

类型：

（1）行政机关与公民之间的关系，主要指各级政府及其社会保障相关部门代表国家对公民承担社会保障职责的关系。须通过法律明确行政机关在社会保障中的职责、社会成员应享受的社会保障的待遇等。

（2）社会保障机构与政府之间的关系，即社会保障机构作为具体管理与实施社会保障项目的组织与政府之间的关系。须通过法律明确社会保障机构的性质、任务、地位及其权利与义务。

（3）社会保障管理机构与用人单位、社会成员的税、费征收关系，社会保障费收缴关系。在这个关系中，国家作为社会保障管理机关，是义务主体，而用人单位、社会成员作为义务主体负有法定的缴税（费）的义务。

（4）用人单位与劳动者之间的关系，即用人单位在社会保障中对劳动者应负的责任和劳动者应有的社会保障权益。通过法律明确用人单位对劳动者应当履行的保障责任、劳动者在用人单位应享受的社会保障待遇。

（5）社会团体、企业、事业单位等与公民之间的关系，这种关系或由于执行统一的社会保障制度而发生，或由于执行依法在本单位自行建立和适用的补充性社会保障制度而发生。

（6）公民之间的关系，主要指公民之间互助共济的关系。

另外，社会保障关系还可以根据其他标准划分出不同种类。如，从社会保障关系的内容的角度对其进行划分，可以分为：社会保险关系、社会救济关系、社会福利关系、社会优抚关系；从社会保障的利益的角度对其进行划分，可以分为：社会保障基金筹集关系、社会保障基金营运关系、社会保障基金监管关系、社会保障基金支付关系。

3. 社会保障关系的属性

社会保障关系主体中的“社会”，在我国主要指用人单位、社会公众和社会服务机构。研究社会保障关系的属性，可以分为几个层次：

（1）社会保障关系具有人身关系和财产关系相结合的属性。社会保障包括社会保障、社会救助、社会福利，以及优抚安置等。除社会福利具有广泛性以外，社会保险、社会救助、优抚安置都是针对特定社会群体的，只有具备一定的主体身份才能享受这些保障项目。而社会保障的核心是给付，通过给付，使保障对象获得生活的必需，因此，社会保障关系又是一种典型的财产关系。

（2）社会保障关系既不完全是平等主体间的关系，也不完全是体现国家权力的管理和服从关系。传统公、私法的二元划分理论认为，公法调整的是政治国家的关系，即国家权力运作产生的诸种关系；私法调整的是市民社会的关系，即市民社会中的个人权利。而随着现代“公法私法化”和“私法公法化”的相互渗透，有学者认为已出现了一个新的法域——社会法。社会法以社会利益为本体，追求社会公平的实现，社会保障法即典型的社会法。所以其中既有国家权力干预的关系，又有公民享受国家给付的权利的关系。

（3）社会保障关系中的权利义务具有非对等性。这种权利义务的非对等性是指在社会保障关系中，既有无形履行了义务的法定权利，也有不享受任何权利的国家义务。前者体现在社会救助、社会优抚和社会福利法律关系中，享受社会保障权利的公民，不需要履行任何社会保障义务（不需要履行缴费等法定义务），只要符合一定的条件或主体身份，即可享受社会保障权利。例如，在社会救助中，只要公民生活在国家规定的贫困线和最低生活标准以下，就可以获得救助。此外，在社会保障项目中，劳动者对养老、医疗和失业保险都负有缴费义务，但只有养老保险和医疗保险充分体现了权利义务对等的原则，并非所有缴费者都能够享受失业保险。

（三）社会保障法的产生与发展

1. 社会保障法的起源与历史条件

1601年伊丽莎白女王统治时期，英国政府把以上规定汇编并加以补充成为正式的《济贫法》，也称为《伊丽莎白济贫法》，以法律的形式规定了救济贫民的措施。但英国的《济贫法》还不是现代意义上的社会保障法律制度，现代意义上的社会保障法是以19世纪80年代德国颁布的世界上第一批社会保险法为诞生标志。自德国颁布了一系列社会保险法之后，法国、英国、瑞典、荷兰及美国等当时的发达国家都相继进行了社会保障的立法活动。

现代社会保障法的产生有着深刻的经济、政治和理论背景。

（1）工业革命的急速发展，要求国家重视劳动者所面临的社会风险，承担起社会保障的责任。工业革命使机器大生产代替了工场手工业的生产方式，劳动者的劳动强度和生存风险都大大增加了，如工伤事故、疾病、职业病、失业、老年、教育等，这些问题凭借传统的家庭和零散的社会慈善救济已经无法解决。另一方面，随着工业化进程的加速，大量农村人口流入城市，城市化使劳动者失去了对土地的依赖，成了城市中自由的雇佣劳动者，在城市中，他们面临着更为复杂的社会问题，如交通问题、公共设施问题、住房问题等，这些问题凭借个人和个别组织根本无法解决。在这种情况下，过去农业社会中的家庭保障形式和亲朋保障网络已无济于事。而企业为了追求更大的经济利益，也不会主动承担工人的生存保障义务。在这种情况下，唯有政府可以以法令的形式进行规范，要求改善工人的劳动条件和生存条件。

(2) 工人阶级的壮大和工人运动的出现，迫使统治者开始了社会保障立法。当今多数国家都已经建立了社会保障制度，但从政治的动因去考察，社会保障法律制度在各国的建立却并不相同。在发源地，德国、英国等发达资本主义国家，是由于阶级斗争的出现和尖锐化其统治者才作为一种统治手段开始了社会保障制度的立法。但在其他一些国家，表现则不尽相同。

第一种模式："被动式"立法。在西方国家工业化过程中，社会经济结构发生了巨大变化，给劳动人民带来了许多过去未曾有过的致贫因素，一部分老、弱、病、残、失业者失去了基本的生活保障。而这些国家的政府为了维护资产阶级的利益，放纵和支持资产阶级对广大劳动人民的剥削，政府在经济保障问题上首先采取的是"自由放任"政策，对老、弱、病、残、失业者的贫困处境听之任之。这种状况激起了工人的反抗。1865~1873 年，在德国，有组织工人运动达到高潮。所以，俾斯麦政府在德国首先推行社会保险制度，企图通过积极的社会政策以平息工人阶级的不满，维持既存的统治秩序。其后，英国、法国等欧洲及北美国家相继推出社会保险措施，亦与工人运动的高涨及工人阶级政党的推动有关。这就是西方发达国家社会保障制度"被动式"建立的根源。

第二种模式："输入式"立法。发展中国家社会保障制度的建立方式一般不同于西方发达国家。在西方发达国家，社会保障制度的建立是适应本国的社会经济发展的客观需要，在本国各种传统的济贫措施基础上发展形成的。在大多数发展中国家，社会保障制度却是一种"舶来品"，通过欧洲殖民地统治者的"输入"而建立起来。这与大多数发展中国家在历史上长期遭受殖民主义、帝国主义的统治，普遍具有殖民地历史是分不开的。宗主国已经实施的一些社会保障措施被移植到殖民地，撒下了社会保障制度的种子，奠定了发展中国家社会保障制度的雏形。由于发展中国家社会保障制度的"输入式"建立，许多发展中国家的社会保障制度留下了宗主国社会保障制度的烙印，而且常常不适合本国国情。

第三种模式："主动式"立法。社会主义国家的经济制度决定了建立社会保障制度的主动性，因为社会主义国家的政府代表着广大人民群众的根本利益，理应把保障人民群众的基本生活视为自己的天职。如俄国在十月革命胜利后，苏维埃政权就立即颁布了《关于社会保险的政府通告》，要求企业向一切丧失劳动能力的老、弱、病、残、孤儿、寡母以及失业者提供基本生活保障，一切保险费用均由企业负担。1918 年 10 月，又颁布《劳动人民社会保险条例》，提出社会保险的主要原则及各项具体规章制度，规定要对全体城市劳动者和农民提供普遍的社会保障。新中国成立不久，1951 年政务院颁布《劳动保险条例》，在城市一部分职工中实施劳动保险，很快建立了社会保险制度。

（3）各种进步的思想主张是社会保障制度产生的理论先导。首先，人文主义思想和自然权利学说。从 14 世纪到 18 世纪，文艺复兴运动、宗教改革运动和启蒙运动，分别从意大利、德国和法国首先开始，并扩及欧洲其他国家。从提倡反对封建专制和教会束缚，提倡尊重人，以人为中心的人文主义思想，进而发展到推崇“理性”，主张民主政体，法国大革命时期还提出了“自由”“平等”“博爱”的口号，逐渐形成资产阶级人权理论。自然权利（过去一般译为“天赋人权”）学说是人权的核心。荷兰的格劳秀斯、斯宾诺莎，英国的霍布斯、洛克，以及法国的伏尔泰、卢梭等都是自然法论者，主张人有出自自然本性的平等和自由、人拥有完全的自然权利。其次，空想社会主义思想和科学社会主义学说。空想社会主义是一种改造社会的理想，不具有现实性。但空想社会主义者代表人物莫尔、康帕内拉、圣西门、傅立叶、欧文等人对于未来理想社会消灭私有财产、消灭剥削、实施共同福利等的美好描述，激发了人们的期待和向往。空想社会主义成为马克思主义的三个来源之一。马克思、恩格斯创立的科学社会主义学说科学地阐明了社会贫困的原因和社会发展的方向。这个理论成为无产阶级开展斗争的强大思想理论武器。再次，讲坛社会主义和费边社会主义。在德国，讲坛社会主义是在 19 世纪 70 年代开始流行的一种改良主义思潮。当时，德国新历史学派的一批经济学家在大学讲坛上宣传资产阶级改良主义，被人们讽为“讲坛社会主义”。他们认为国家是超阶级的组织，可在不触动资本家利益的前提下逐步实行社会主义，主张劳资协调和国家干预经济生活，呼吁实施社会政策，保护劳动者正当权益。如举办社会保险、缩短劳动日、改良劳动条件等。他们支持德国首相俾斯麦推行社会政策，直接促使 1883 年起几个劳动保险法律的制定和实施；在英国，出现了以萧伯纳、韦伯等为代表的费边社会主义思潮。主张温和缓进，反对无产阶级革命运动。认为缩短工时，限制雇用童工、女工，改善车间工作条件等，为“集体主义对个人贪欲的限制”，是向社会主义过渡；主张对非劳动所得征收累进所得税；主张制定“全国最低生活标准”。费边社会主义对英国开始社会保险立法以至第二次世界大战后实行社会福利政策产生了重大影响。

2. 现代社会保障法律制度的建立和发展

19 世纪晚期德国推出世界上第一批社会保险法，标志着现代社会保障法律制度的诞生。以德国 19 世纪 80 年代通过的三个社会保险法案为其现代社会保障法律制度的研究起点，我们认为迄今可以划分为以下三个阶段。

（1）形成阶段：从 19 世纪 80 年代至 20 世纪 30 年代末

19 世纪中叶，资产阶级革命及产业革命在欧美等国相继完成，它促进了资本主义生产力迅速发展，提高了生产社会化程度，使资本主义制度建立在机器大工业的物质技术基础上，并最终战胜封建制度而居于统治地位；它加强了资本家对工人的剥削程度，使工人成为机器的附属物，形成同资产阶级相对抗的阶级力量，从而激化了资本主义的基本矛盾。在这种时代背景下，资产阶级逐渐认识到应由国家和社会来承担工人的生存风险。于是，为了保障贫困群体最基本的生存与安全需求，19 世纪晚期，德国推出了世界上第一批社会保险法，包括 1883 年的《疾病社会保险法》，1884 年的《工伤赔偿法》和 1889 年的《老年和残疾强制保险法》。1911 年，上述三部法律被确定为德意志帝国统一的法律文本，又增加《孤儿寡妇保险法》，形成著名的《社会保险法典》，被称为“帝国社会保险法典”。1923 年又颁布了《帝国矿工保险法》，1927 年制定《职业介绍和失业保险法》，形成了以社会保险为主体的社会保障制度。之后，一批欧洲国家以及少数美洲和大洋洲国家开始社会保障立法。

19 世纪末期，美国的工业经济跃居世界第一位，但在 1929 ~ 1933 年，美国也爆发了经济危机，国民经济陷入困境，大量的工人失业，出现了数量很多的贫困人口，在这种情况下，罗斯福实行“新政”。“新政”中包括救济贫民和失业者，改善劳资关系等内容，1935 年，美国国会通过了《社会保障法》，根据法律，美国联邦政府设立了社会保险署。法律规定社会保障包括：老年救济；老年退休年金的失业保险；对盲人、需要抚养的儿童和其他不幸者的救济。此外，联邦政府还要为母亲和儿童机构，残疾儿童服务机构以及儿童福利机构提供资助。美国的《社会保障法》在社会保障立法史上是一个重要的里程碑，它是世界上第一个对社会保障进行全面系统规范的法律，直接影响了其他国家的立法进程。到 1940 年，世界上已有 60 多个国家设立了工伤保险、医疗保险、家属津贴等社会保障项目。

（2）成熟阶段：20 世纪 40 年代至 20 世纪 70 年代

这一阶段的起始标志是当时英国“福利国家”的建成。二战结束前后，世界经济发生了结构性的变化，各国都出现了新的社会问题，1941 年，英国工党政府委托曾任劳工介绍所所长的牛津大学教授贝弗利奇对当时的社会保险情况以及有关服务机构的工作效率进行全面调查，于 1942 年提交了一份

《社会保险与相关服务报告书》，报告提出了一整套对英国公民均适用的福利国家的指导原则，提出国家对公民给予“从摇篮到坟墓”的全面广泛的社会福利计划。因此，贝弗利奇被称为“福利国家之父”，这个报告后来成为英国政府社会保障立法的依据，使英国于1946～1948年间通过并实施了比较完整的社会保障法规：家庭补助法（1945）、国民卫生保健服务法（1946）、工伤保险法（1946）、国民保险法（1946）、国民救助法（1948）以及规范社会保障主管机构的《国民保险部法》（1944），1948年英国宣布建成了“福利国家”。此后，在英国的影响下，欧洲的丹麦、瑞典、挪威、法国、德国、荷兰、比利时、奥地利、意大利、瑞士等国家以及美国、日本、澳大利亚、新西兰等都开始建设自己国家的社会保障制度。

与此同时，一些国际组织也开始出面推动全球社会保险制度的发展，如国际劳工组织于1952年制定并通过的《社会保障最低标准公约》就对各国社会保障法制建设起到了重要的推动作用，并为发展中国家的立法提供了参照。因此，这一阶段的社会保障法制建设，是以整体形式（包括社会保险法、社会福利法、社会救助法等各种社会保障法律在许多国家得以制定）和独立法律部门的面孔出现的，国民享受社会保障不仅成为一项基本的法定权益，而且扩大到享受现代文明进步的成果。①

（3）改革完善阶段：20世纪70年代至今

20世纪70年代以来，发达资本主义国家的经济发展进入滞涨阶段，社会保障制度也进入改革与调整时期。由于发达国家社会保障的范围广、标准高，社会保障开支增长率普遍高于本国经济的增长，而且普遍和过高的福利待遇降低了社会成员生产和工作的积极性，从而出现了“福利国家危机”现象，庞大的社会保障开支成为财政上的沉重包袱，导致财政赤字。因此，一些西方国家开始对本国的社会保障法进行改革和完善。

改革的措施主要是两个方面：一是开源，即通过各种途径增加社会保障基金的收入。具体措施是：对原来免税的社会保障给付，开征所得税。如法国从1980年开始，对养老金征收所得税，又如比利时从20世纪80年代开始对养老金和残疾津贴开征所得税，将征得的税收收入划入养老保险和遗属保险基金；提高缴费费率，如德国、英国、荷兰和比利时等国也都不同程度地提高了雇主和个人的缴费比率；改革医疗、疾病保险制度，包括让病人负担

① 郑功成：《社会保障学——理念、制度、实践与思辨》，商务印书馆2000年版，第394页。

一部分医疗费；削减免费药品的范围；增加领取疾病补贴的等候期，缩短享受疾病津贴的期限等措施。二是节流，即紧缩社会保障开支。如英国政府在1977年降低了养老金标准，减少了失业救济金和住房、教育补贴；1981年，减少了对病人、孕妇、残疾者和失业者的附加补贴。日本通过立法，将领取养老金的年龄，从60岁延迟到65岁，以减少养老金支出。①

总之，当今世界，各个国家都非常重视社会保障的立法工作，并不断强化其法制建设。从各国的情况来看，对社会保障制度进行改革与调整都是通过立法的方式来进行，社会保障法律制度在维护人权、保护弱势群体、保护劳动者合法权益、保护公民享受社会保障权利以及维护社会安定等方面发挥了积极的作用。

二、社会保障法的地位、作用与立法原则

（一）社会保障法的地位

社会保障法是一个独立的法律部门。法律部门划分的主要标准，是该法律规范所调整的对象即社会关系的性质，通常把调整同一类性质的社会关系的法律规范归并为一类，构成一个部门法律。但调整对象并不是划分法律部门的唯一标准，有时调整的方法也是划分法律部门的重要根据。

本书认为，社会保障法应当是一个独立的法律部门，理由如下。

（1）社会保障法所调整的社会关系具有独特的性质，而且涉及相当广泛的领域。社会保障法所调整的社会保障关系是依据大数定律，为分散风险，预防和克服社会成员所遇到的社会风险过程并由国家强制实施社会保障活动中所发生的社会关系，而这一关系不能被现行任何一个独立的法律部门所调整。

（2）从社会保障法所调整的社会保障关系的重要性看，社会保障法调整的社会保障关系到全体社会成员基本生存权和发展权等人权目标的实现，是整个社会得以良性运转的保障，因此它是一个非常重要的法律部门。随着现代工业的发展，今后它必将发展和扩大，社会保障立法的前景是十分广阔的。从整个社会的发展来看，也很有必要将其作为一个独立的法律部门进行研究，这样不仅有利于社会保障法的学科建设，也有利于更好地发挥社会保障法调整社会生活的作用。

---

① 赖达清主编：《社会保障法——保障公民生存权利的法律形式》，四川人民出版社2003年版，第45页。

(3) 社会保障法的调整方法独具特色。社会保障法权利、义务的实现，既包括自愿平等的民事方法，也包括强制命令的行政方法。例如，城镇职工社会保险制度的建立具有强制性，须采用行政方法；而企业补充养老保险、个人储蓄性养老保险、农村中互助互济性养老保险以及社会服务制度的实施、甚至社会保险事业管理中的某些环节，一般均应在自愿基础上采用平等的方法。至于对违法行为的制裁，则民事制裁、行政制裁、刑事制裁三种方法均被采用。社会保障法综合运用不同的调整方法，这并不能否定它部门法的存在价值，相反，这正表明它所具有的法学交叉学科和边缘学科性质的独特之处。其实，并非没有先例可循，劳动法、环境保护法即运用了不同性质的调整方法，却并未有人对其部门法地位表示异议。

(4) 制定社会保障法是协调新的社会关系的需要。在经济和社会的发展过程中，不可避免地会不断产生一些新的社会关系，当这些社会关系发展到一定程度的时候，就会有新的与之相适应的法律制度或法律部门产生，如经济法和环境保护法。同样，随着我国市场经济体制的确立，原来单纯的自我保障、企业保障方式越来越不适应社会经济发展的要求，有必要从民法、经济法、行政法中分化出一个独立的法律部门——社会保障法。这样才能更好地服务于经济基础，更好地有助于法学理论研究和社会保障法的立法、执法和司法活动，也更有利于社会保障法律意识的提高。

(二) 社会保障法的作用

对于社会保障法的作用，可以从市场经济、公民权利、社会稳定三个方面来认识。

1. 能够规范和促进市场经济的健康发展

市场经济的健康发展离不开完善的法律制度，市场经济法律体系既应包括规范市场主体、市场主体行为、市场秩序、宏观调控等方面的法律，也应包括规范劳动关系及社会保障关系的法律。对于市场经济的发展来说，社会保障法是不可缺少的一部法律。这是因为，对于整个社会的良性发展来说，市场经济存在着其自身不可避免的局限性，单纯依靠市场经济的竞争机制，必然会造成一部分劳动者离开甚至失去工作岗位，造成贫富不均，使劳动者衣食无告，陷入生存危机。正是社会保障法对这一部分社会成员予以关怀，使他们获得基本的物质资料，维持基本生活水平，从而使劳动力的再生产成为可能。此外，随着市场经济的发展，日益增多的社会保障项目，必然给社会成员提供更多的社会保障服务，而社会保障的服务性工作的增多，也会增加劳动者的就业机会。社会保障的这些作用，都需要通过法律的规范和保障，才能充分发挥出来。

2. 能够保障公民生存权和发展权及其他人权的实现

公民的生存权、发展权及其他人权是公民与生俱来的权利，国家和政府有责任保障公民这些权利的实现。人的生存权，不仅在于最基本生存物质条件的满足，而且在于追求有质量的存在。所以，社会保障法律制度还应该有助于促进个人的全面发展，包括心理、人格和精神的健全，这是现代社会保障法律制度发展及其功能变化的一个新趋势。《世界人权宣言》（联合国大会1948年12月10日通过）第22条规定："每个人，作为社会的一员，有权享受社会保障。"第23条规定："人人有权享受为维持他本人和家属的健康和福利所需的生活水准，包括食物、衣着、住房、医疗和必要的社会服务；在遭到失业、疾病、残废、守寡、衰老或在其他不能控制的情况下丧失谋生能力时，有权享受保障。"《经济、社会、文化权利国际公约》（联合国大会1966年12月16日通过）也对社会保障权利作出了全面的规定，强调缔约各国承认人人有权享受社会保障，包括社会保险，强调对作为社会的自然和基本单元家庭的保护、母亲和儿童的特殊保护，承认人人有权为他自己和家庭获得相当的生活水准，包括足够的食物、衣着和住房，并能不断改进生活条件，确认人人免于饥饿的基本权利等，强调人人享有的教育和文化方面的权利等。该公约自1976年1月3日起生效，中国于1997年10月27日签署了该公约。

3. 能够保证社会公平的实现，从而维护社会稳定和社会秩序

社会公平，是人类社会发展中产生的一种客观要求。社会公平体现在经济利益方面主要是社会成员之间没有过分悬殊的贫富差别。即所谓"不患贫，患不均"。在市场经济条件下，收入分配制与竞争机制相联系，必然形成社会成员之间在收入分配方面的不均等，甚至相差十分悬殊。为解决这一社会问题，就需要运用政府的力量对社会经济生活进行干预，通过社会保障措施，对社会成员的收入进行必要的再分配调节方式，在一定程度上缩小社会成员之间的贫富差距，弥补市场经济的缺陷，缓和社会矛盾，以促进社会公平目标的实现。在这方面，社会保障法起到了对社会成员收入分配进行调节的作用。同时，社会保障法律制度具有预防性，即不是在人们因生活贫困和贫富之间的两极分化而引发社会动乱时才发挥作用，而是预先防止人们生活的解体及社会情绪，从而使社会秩序免遭威胁。因此，人们通常把社会保障法律制度视为现代社会的一种"镇定剂"或"安全网"。

（三）社会保障法的立法原则

社会保障法的原则主要体现在立法的过程中，即立法原则，这是调整社

会保障法律关系所应遵循的基本准则，它全面反映社会保障法所调整的社会关系的客观要求，对社会保障法如何调整社会保障法律关系进行整体的指导和规范。①

我们认为，社会保障法的原则必须体现它作为一个法律部门的根本性、特有性、始终性、规范性的要求，主要有以下几点：

（1）全面性原则。法的最大特点就是其权威性，短期内不会随意更改。一个国家制定社会保障法规，目的是化解劳资矛盾，处理好各方面利益关系，从而有利于社会和谐，促进社会稳定。因此，制定社会保障法时要尽可能全面，避免在覆盖面上出现空白。

（2）普遍性原则。其基本含义是一切社会成员均享有社会保障的权利，即任何一个公民在年老、疾病、失业或无法维持最低生活等生活困难发生时，有请求国家给予社会保障的权利。从世界范围来看，最早提出普遍性原则的是"现代社会保障之父"贝弗利奇，他在《社会保险及有关服务》里首次建议："全面和普遍的原则"，把全体国民均作为社会保障覆盖的对象。② 即要让人人有权享受社会保障。

（3）公平性原则。社会保障法的公平优先原则主要表现在三方面：一是保障范围的公平性，社会保障法通常不会对保障对象的性别、职业、民族、地位等方面的身份有所限制，全民保障实现的是全体国民社会保障权益的公平性，选择保障实现的亦是覆盖范围内的所有社会成员在社会保障权益方面的公平性。二是保障待遇的公平性，即社会保障一般只为国民提供基本生活保障，超过基本生活保障之上的需求通常不能从社会保障途径获得解决。三是保障过程的公平性。社会保障为社会成员解除了许多后顾之忧，维护着社会保障参与社会的起点与过程的公平，通过资金的筹集与保障待遇的给付，又缩小着社会成员发展结果的不公平等。③

（4）效率性原则。效率性原则是指在社会保障立法中要防止社会保障对经济发展的负面效应。这是因为，高福利制度体现了形式上的"公平"，却牺牲了经济效率。而且高福利制度还导致由于社会保险和津贴标准高，提高了企业产品成本，进而影响了国家对外竞争能力，同时也影响了企业的再投资，导致资金外移等一些不利的后果。因此，在保障社会成员基本生活的前提下，

---

① 黎建飞：《社会保障法》，中国人民大学出版社2006年版，第11页。

② 覃有土、樊启荣：《社会保障法》，法律出版社1997年版，第99页。

③ 郑功成：《社会保障——理念、制度、实践与思辨》，商务印书馆2000年版，第258页。

必须加大社会成员个人对社会保障资金的供给份额，建立社会保障资金的获取及其获取份额的多少，与其缴纳的社会保障金及其多少有关的机制。

（5）可操作原则。一部好的法律的重要特点就是其可操作性，制定的社会保障法规要避免仅是些原则性话语。如果不能解决实际具体问题，倒不如不制定出台或暂缓制定出台。如在我国，制定社会保障法要明确提出解决诸如养老保险个人账户“空账”、历史债务、基金保值增值难、统筹层次低、基金监管难、社会保险覆盖面应有多大等问题的具体建议。要把我国在社会保险制度改革实践当中一些行之有效的成功经验，加以吸收上升到法律层面，如“收支两条线管理”方法，建立“政府领导，税务征收，财政管理，社保支付，审计监督”的各职能部门分工协作机制。

（6）可持续原则。一个国家制定社会保障法不是权宜之计，更不是部门的法律，而应是有利于社会保险制度的可持续发展，通过立法来解决阻碍此项制度可持续发展的不利因素。在中国，人口老龄化加速，城市（镇）进程加快，就业形式多样化、经济全球化加深的大环境下，社会保险制度不仅要应对人口老化所带来的养老、医疗基金支出快速增长的压力，还要面对大量农民变市民，以及被征地农民、灵活就业人员如何参加城镇社会保险的问题。同时，也要考虑我国社会保险制度如何与国际接轨的问题。

三、社会保障法的渊源和法律体系

法的渊源和法律体系是两个相互联系的概念。法的渊源，也就是法的效力渊源。法律体系，也称为部门法体系，是指一国的全部现行法律规范，按照一定的标准和原则，划分为不同的法律部门而形成的内部和谐一致、有机联系的整体。

（一）社会保障法的渊源

法的渊源，是指一定的国家机关依照法定职权和程序制定或认可的具有不同法律效力和地位的法的不同表现形式，即根据法的效力来源不同，而划分的法的不同形式。如制定法（包括宪法、法律、行政法规等）、判例法、习惯法、法理等。在我国，社会保障法的渊源一般指效力意义上的渊源，主要是各种制定法。

1. 宪法

宪法是国家最高立法机关制定的国家根本大法，具有最高的法律地位和法律效力，也是社会保障法的最根本的渊源，是制定具体社会保障法律的依据。

各国的宪法都规定了社会保障的内容，如1919年制定的《德意志宪法》，即《魏玛宪法》在第一章里规定，联邦对“救贫制度”“孕妇、婴儿、幼童及青年之保护”“公众卫生制度”“工人及佣人之保险”“公共福利之维护”等有立法权；1946年通过的《法兰西共和国宪法》在序文中规定：“国家保证任何人，尤其是儿童、母亲及年老工人，有享受健康、物质安全、休息及娱乐之保障，凡因年龄、身心状态，或经济情况不能工作者，由公共团体维护其生存之权利。”“凡因国家灾难所引起之结果，因由全体法国国民共同负平等之责任”；1946年公布的《日本宪法》第25条规定：“国民均享有最低限度的健康与文化生活的权利。国家应于一切生活部门，努力于社会福祉、社会保障及公共卫生之提高及增进。”

《中华人民共和国宪法》第45条规定：“中华人民共和国公民在年老、残疾或者丧失劳动能力的情况下，有从国家和社会获得物质帮助的权利。国家发展为公民享受这些权利所需要的社会保障、社会救济和医疗卫生事业。”这为社会成员获得物质帮助权提供了最根本的法律依据。其他如《宪法》第42、43、44、45条等的规定为劳动者的养老保险、失业保险、劳动福利及军人的生活保障提供了根本保障，也为制定具体的养老保险法律制度、失业保险制度及军人社会保障制度等提供了依据。

2. 法律

此处的法律是狭义上的法律，仅指由国家立法机关制定的规范性文件，包括基本法律和基本法律之外的其他法律。在中国，基本法律是指由全国人民代表大会制定的，规定或调整国家和社会生活中，在某一方面具有根本性和全面性关系的法律，包括关于刑事、民事、国家机构和其他的基本法律。基本法律以外的其他法律，又称非基本法律，是指由全国人民代表大会常务委员会制定和修改的，规定和调整除基本法律调整以外的，关于国家和社会生活某一方面具体问题的关系的法律。

我国至今还没有一项社会保障法律是由全国人民代表大会制定的，由全国人民代表大会常委会制定的也只有一项，即《中华人民共和国残疾人保障法》(1990年12月28日)。其他涉及社会保障的法律主要有：《中华人民共和国劳动法》《中华人民共和国兵役法》《中华人民共和国妇女权益保护法》《中华人民共和国未成年人保护法》《中华人民共和国老年人权益保障法》等。为对社会成员提供更切实的保障，规范社会保障活动，目前应尽快制定较系统的社会保障单行法，如《社会保险法》《社会救济法》《社会福利法》等，或者制定统一的《社会保障法》，以使社会保障活动有更权威、全面的法律规范。

3. 行政法规

行政法规是由最高国家行政机关为实施宪法和法律而制定的关于国家行政管理活动方面的规范性文件。在我国，国务院制定的行政法规也是重要的并且数量很大的一种法的渊源，其效力仅次于法律。按照1987年4月国务院发布的《行政法规制定程序暂行条例》的规定，行政法规的名称是“条例”“规定”和“办法”。此外，国务院还可以发布“决定”和“命令”，规定“行政措施”。我国社会保障方面的行政法规有国务院制定的《社会保险费征缴暂行条例》《失业保险条例》《工伤保险条例》《关于建立城镇职工基本医疗保险制度的决定》等行政法规。

4. 部门规章

部门规章是指国家行政机关所属各个部门根据宪法、法律和行政法规制定的规范性文件。其中“规章”只是统称，实践中并没有一个规范文件用“规章”作为具体名称的。在我国，用得较多的名称是“通知”“办法”等。我国社会保障方面的部门规章有:《社会保险费申报缴纳管理暂行办法》《城镇职工基本医疗保险用药范围管理暂行办法》《民政部、财政部关于进一步做好精简退职老职工生活困难救济工作的通知》《劳动部关于解决部分困难企业离休人员基本生活问题的通知》《乡镇企业职工养老保险办法》等。

5. 地方性法规

地方性法规是由地方国家权力机关，以及较大的市的立法机关制定的在本地方区域内实施的规范性法律文件。在我国，法规和规范性文件的名称一般为“条例”“规定”“办法”“实施细则”等，如《××省城镇从业人员养老保险条例》《××市城镇企业职工失业保险条例》等。

6. 地方性规章

在我国，地方性规章是指省、自治区、直辖市人民政府，省、自治区人民政府所在地的市和国务院批准的较大的市以及经济特区所在地的市的人民政府制定的规章。如《××省城镇从业人员医疗保险条例实施细则》《××市职工医疗保险试行规定》等。

7. 国际条约

在我国，由政府签署和参加的国际组织（国际劳工组织、联合国等）所通过的国际公约，也是有效的法律渊源。例如，1987年9月5日经第六届全国人民代表大会常委会批准的第69届国际劳工大会通过的第159号公约《残疾人职业康复和就业公约》，又如，1997年10月27日我国签署的《经济、社会、文化权利国际公约》规定，“缔约各国承认人人有权享受社会保障，包括社会保险”；该公约还规定，缔约各国承认给予母亲和儿童以保护和帮助，承认人人有权为自己和家庭获得相当的生活水准并不断改进生活条件，承认人人有免于饥饿的权利。对于以上已予批准或签署的公约，签约国将保证其实施。

（二）社会保障法的法律体系

社会保障法体系，是指一国所有社会保障法律规范按照一定规律组合而成的有机整体。根据大多数学者对社会保障体系建构的认识，即一个符合现代社会原则的社会保障法律体系，应至少由四个部分构成：

1. 社会保险法律

社会保险制度是指劳动者在丧失劳动能力时或在职业中断期间，国家为保障其基本生活，依法强制实行的一种保险制度。它作为社会保障体系的支柱应尽可能地社会化，使其普及到所有社会成员，覆盖整个社会，至少应该使绝大多数劳动者都能得到社会保险的保障。社会保险主要解决劳动者的基本生活保障，社会保险制度的构建与完善是整个社会保障体系的支柱，因为它覆盖的主体对象是创造社会财富、决定经济增长的劳动群体。疾病、年老等是每一个劳动者都不可避免的，社会保险是劳动力再生产的一种客观需要。劳动者是决定社会发展的主力军，其切身利益能否得到基本保障，直接关系到整个社会保障制度的运作结果。从理论上讲，社会保险法律体系应由七个部分组成：生育社会保险、医疗社会保险、失业社会保险、工伤社会保险、疾病残疾社会保险、老年社会保险、遗属社会保险。根据中国社会的实际以及法律实践，参照西方国家社会保险立法的长期经验，中国社会保险法律体系框架主要应由五个部分组成：生育保险法律制度、医疗保险法律制度、失业保险法律制度、工伤保险法律制度和养老保险法律制度。①

2. 社会救助法律

作为最基本的社会保障的社会救助制度只保障最低生活水平，主要解决贫困或不幸社会成员的生存危机。它的实施一方面是为了消灭社会的绝对贫困现象，在现代市场经济运行过程中体现公平原则；另一方面也使没有基本生活保障的社会成员的生存发展权利得以实现。根据中国在城乡各地所实施的社会救助制度以及社会经济的发展状况，中国社会救助法律体系应该主要

① 劳动部课题组编：《中国社会保障体系的建立与完善》，中国经济出版社 1994 年版，第 20～21 页。

由下列两部分构成：扶贫法以及包括农村贫民救助、“五保户”救助和城镇居民最低生活保障制度等方面的社会救助法。

3. 社会福利法律

社会福利是以提高公民的生活质量为目的的社会保障制度，特别着眼于保障妇女、儿童、老人和残疾人等弱势人群的基本生活，改善这些群体的生活状况。主要是政府与社会通过各种福利服务、福利企业、福利津贴等形式，对社会成员提供基本生活保障并使其生活状况不断得到改善的社会政策与社会保障。它面向全体国民，内容广泛（如国民教育福利、住宅福利、职业福利及社会化的老年人福利、儿童福利、妇女福利、残疾人福利等），层次众多，目的是改善与提高社会成员的生活质量。社会福利法是调整在实施社会福利过程中产生的社会关系的法律规范的总称。制定社会福利法律的目的是促进整个社会成员的生活福利普遍增进。

4. 优抚安置法律

社会优抚安置作为一种特殊的社会保障制度，是针对社会上部分备受尊敬而具备光荣身份的人口群体，主要是退伍军人、伤残军人、现役军人家庭、为国捐躯军人家庭。为使这部分特殊社会群体在心理上获得慰藉，在物质上获得帮助，现代各国无不由国家或政府出面举办各种各样的优待事业，开展抚恤和安置活动。其法律体系应由退伍军人就业安置、现役军人及其家属优抚、烈属抚恤、军人退休生活保障等方面的法律规范构成。

综上所述，中国社会保障法律体系的四个部分互相联系，又互相区别。其中，社会救助是最低层次的社会保障，国家和社会必须动员所有社会资源以满足社会成员的基本生活需求，充分实现公民在宪法上所享受的生存和发展权；社会保险是整个社会保障体系的支柱，缺失了它，整个社会保障法律体系就会因此而瘫痪；社会福利是最高层次的社会保障，也是国家与社会在社会保障方面所应追求的目标，国家与社会有义务根据国民经济发展状况，使公民或社会成员的生活质量得到不断改善；社会优抚是一种特殊保障，没有它，中国的社会保障法律体系也是不完整的。①

当然，也有学者对我国的社会保障法律体系作如下设想：社会保障法的总体系包括专项法、单项法和相关法。社会保障专项法包括社会保障组织法、社会保障基金法、社会保障程序法等。社会保障单项法包括社会保险法、社会救济法、社会福利法、社会优抚法等；社会保障相关法包括劳动法、财政

① 种明钊主编：《社会保障法律制度研究》，法律出版社2000年版，第29～32页。

法、刑法等。每个独立的平行的子法里又由各个具体法和法规组成，在各单项法中也由若干具体的小项法规组成，这样就可形成一个完整的有中国特色的社会保障法律体系。①

（三）社会保障法律与其他法律的联系

由于社会保障法成立较晚，不仅从其他部门法中汲取了不少立法理论、立法技术上的成果，而且在调整的社会关系领域上与其他法律有交叉之处。

1. 社会保障法与劳动法

社会保障法与劳动法有共同之处，它们都是首先关注社会基层群体的法律，都给予社会成员以人文意义和政治意义的关怀。而且社会保障法是在劳动法基础上发展起来的，早期的劳动法从限制童工、改善劳动卫生条件开始为劳动者提供救助；工人中共济组织的成立实际上是社会保障的前身。为劳动者提供生存保障的劳动法中已经包含了社会保障的内容。但尽管如此，劳动法与社会保障法仍然属于两个不同的法律部门。主要表现在：

（1）从调整对象上看，社会保障法调整国家、用人单位、公民（劳动者）、社会保障经办机构因社会保险、社会救助、社会福利、优抚安置等发生的关系。这些社会保障关系不一定都与劳动过程有关；而劳动法主要调整劳动者与用人单位之间的劳动关系，它调整劳动关系以及与劳动关系有密切联系的其他社会关系，它必定与实现社会劳动有关。

（2）从主体上看，社会保障法的主体包括所有社会成员，同时还包括社会保障机构，定点医疗服务机构、社区等，具有明显的广泛性的特征；而劳动法的主体主要是劳动者与用人单位。

（3）从内容上看，社会保障法调整的内容是社会保障机构应当给予被保障人的各项待遇，如社会保险、社会福利、社会救济和社会优抚待遇等；而劳动法调整的内容是劳动者的劳动，一般而言仅涉及与劳动者有关的社会保险。

（4）从目的上看，劳动法的目的主要是协调劳动关系，保障劳动者的合法权益；而社会保障法的目的主要是保障社会全体成员在遭受各种意外和风险时的基本生活，促进社会安全，社会保障使社会成员具有安全感，人们可以在社会心理上保持平衡，从而没有后顾之忧地在安定的社会环境中生存并从事创造性的劳动。

（5）从权利义务的关系上看，劳动法律关系强调权利与义务相统一的原

① 耿忠平：《社会保障学导引》，同济大学出版社2003年版，第85~86页。

则；而社会保障关系中的一些项目则并不要求权利义务的对等性。当人们的基本生活状况符合法律规定的条件时，他们就能够享受到社会保障的权利。社会成员在享受社会保障的机会和权利上带有较大的机会均等和利益均享的特征。凡是生存发生困难的社会成员，都可以均等地获得社会保障的机会和权利，而且每个社会成员从社会保障中获得的物质帮助是基本均等的。

2. 社会保障法与商业保险法

社会保障法与商业保险法有一定的共性，它们都使受保人遇到风险后能够获得一定的补偿，都是为受保群体服务的，都力图保障受保人免受风险连累，因此都可以起到分散社会成员的风险的作用，达到保障社会成员的生存权和发展权的实现。但二者仍有较明显的区别：

（1）从法的性质上来看，社会保障法侧重于公法性质，凡是社会保障法规定的受保范围，必须参加社会保障，政府不仅是社会保障的倡导者、组织者、执行者，也是它的坚强后盾，社会保障的目的是维持社会安定；而商业保险法偏重于私法性质，商业保险是保险公司按照自愿原则，根据保险公司向投保人收取保险费，并实现损失补偿和人身给付的一种经济保障活动，主要是一种补充性社会保障，以参保人员自愿为前提，政府不能强制要求参保。

（2）组织机构和目的不同，社会保障法由国家行政机构统一组织管理并依据行政强制力保证其实施，其机构不得以盈利为目的，一旦社会保险入不敷出，出现严重赤字，政府一定想方设法予以弥补，以保障受保人的权益，维持社会安定；而商业保险法由一定的企业如保险公司组织，并以盈利为目的，商业人身保险追求的是利润最大化，时时处处以赚取最大利润作为自己的奋斗目标。

（3）行为准则不同，社会保障法给予社会成员的保障待遇并不必然以社会成员支付为条件，并不实行对等原则，更多的是强调劳动者之间的互相帮助；而商业保险法所给予社会成员的保险待遇严格按照保险缴费多少为前提，实行不投不保、少投少保、多投多保的商品等交换原则。

3. 社会保障法与行政法

行政法是调整国家行政机关在履行其职能过程中发生的各种社会关系的法律规范总称。社会保障法和行政法虽属于不同的法律部门，但关系十分密切。作为社会法部类和公法部类相应的组成部分，它们在法律关系的构成上表现出的复杂程度不同，社会保障法律关系较为复杂。

（1）虽然行政法和社会保障法均以行政机关为法律关系的主体，但也存在着差异。即行政法律关系的主体一方必须是行政机关，而社会保障法律关系的主体一方可以是也可以不是行政机关。我们从社会保险、社会福利、社会救助这些主要社会保障项目的分析中，可以看到这一特点。如社会福利与社会救助中，其法律关系虽然更多地表现为国家行政机关（民政部门）与保障对象之间的行政法律关系，但随着市场经济的发展、社会化管理与服务的推行，在这些社会保障项目中还会有行政机关与福利机构之间的法律关系、福利机构与保障对象之间的法律关系、社会慈善团体与福利对象之间的法律关系、社区组织与福利机构或者保障对象之间的法律关系等。这些法律关系可以是行政法律关系，也可以是民事法律关系。以上情况是社会保障法律关系复杂的多角关系的体现，既有垂直关系又有横向关系的这种特点反映了社会法和行政法的区别。

（2）社会保障法的运行需要行政法的支持。社会保障行政法是社会保障法体系的重要组成部分。社会保障管理体制和管理机构的层次、结构、管辖范围和权限，行政工作人员的招聘、培养、考核机制等，通过立法予以确定即形成社会保障行政组织法。有关缴费、给付申请、查询等行政手续方面的立法，有关社会保障行政处罚、行政处分的立法，有关社会保障行政争议和诉讼方面的立法，都必须遵循“行政程序法”的法律规范。有关社会保障基金的筹集、计账规则、统计方法、会计制度、财务管理、发放办法等方面的法律规范构成社会保障基金管理法。为保证国家有关社会保障的法律能够严格地执行和实施，监察管理机构在实施社会保障过程中有无违反法律和政策的行为，需要进行社会保障的行政监督；对基金筹集、管理、发放过程实行同步监督，形成基金监督，对此进行立法形成社会保障行政监督法。

（3）社会保障基本法律关系的实现以行政法的实施为前提。社会保障管理机构作为社会保障行政法的主体是国家向保障对象提供给付的直接履行者。给付关系是国家通过社会保障立法，约定给予符合法定要件的公民以各种社会保障给付，而社会保障管理机构则代表国家履行约定的内容。因此，给付关系实质是一种合同关系，不存在依赖行政权力而产生的管理与被管理的关系，这就是说，给付关系直接发生于社会保障行政机关（管理机构）与保障对象（公民）之间，而实际上体现的是国家根据宪法对公民承担的义务。就给付本身而言，给付者即社会保障管理机构，由国家赋予其义务（或权利），接受者即受保障的公民，由宪法赋予其权利，因此，给付者与接受者之间是平等主体之间基于法律规定产生的权利义务关系。但是给付多少，接受多少又不能依当事人的意愿而确定。由此可见，给付阶段的关系既不是当事人地位平等依自愿原则产生的民事法律关系，又不同于体现国家行政权力的行政法律关系，这正是给付关系作为社会保障法律关系的最基本关系的原因，也正是社会保障法不属公法也不属私法而是社会法的原因。

总之，社会保障法体系中包含着行政法的内容，这在部门法之间的关系中是颇具特色的。社会保障行政法作为社会保障法的组成部分，其目的是保证社会保障基本法律规范的实施。

四、我国社会保障管理的立法情况

新中国成立成立以来，我国的社会保障法的发展经历了两个大的阶段：前一阶段从新中国成立后到改革开放前，与当时的社会主义所有制和计划经济相适应，创建了全国统一的、初具规模的社会保障法律制度；1978 年改革开放以后至今，我国的社会保障法规建设也在逐步建立、修改完善中。

（一）我国计划经济时期的社会保障法规

在这一时期，我国实行计划经济体制，社会保障法也体现出强烈的计划经济的色彩。又由于当时特殊的历史条件和时代背景，社会保障法也经历了创始、改革修正、停滞倒退三个阶段。

1. 初步建立时期（1949～1957 年）

1949 年中国人民政治协商会议通过的《共同纲领》是新中国的临时宪法，其中规定，要在企业中“逐步实行社会保险制度”。这是新中国建立社会保障法律制度的基本法律依据。根据这一规定，我国从社会保险立法开始了我国社会保障立法的进程。1950 年劳动部颁布的《关于劳动争议解决程序的规定》是新中国第一部有关劳动争议解决程序的规章，是中国社会保障立法的另一个重要领域。1951 年 2 月，政务院公布《中华人民共和国劳动保险条例》，使暂时或长期丧失劳动能力的职工在生活上有了基本的保障。对于生、老、病、死、伤、残等情况的保险都有了具体规定。条例规定保险经费由企业负担，职工不缴纳保险金，劳动保险事业交由工会办理，并且还举办各种集体劳动保险事业。该《条例》是新中国成立后制定的第一部社会保险法规，标志着新中国社会保障法律制度的诞生，奠定了我国社会保障法律制度的基础。1955 年 4 月 26 日，政务院颁布《国务院关于女工作人员生产假期的规定》，对机关、事业单位女职员生育产假作出规定，在我国正式建立了国家机关、事业单位女性人员的生育保险制度。

在社会救济和社会福利方面，1950 年 5 月，政务院发布了《关于救济失业工人的指示》，劳动部公布了《救济失业工人暂行办法》。1952 年 8 月，政务院发布了《关于劳动就业问题的决定》。这些法令，虽然没有形成统一的立法，但对于当时解决失业工人的困难和促进失业人员的再就业发挥了积极的作用。

同时，国家机关、事业单位的社会保障制度也以单行法规的形式逐步建立起来。1950 年 12 月，内务部颁发了《革命工作人员伤亡褒恤暂行规定》。同时还颁布了 5 个关于军人优抚的条例，即《革命烈士家属优待暂行条例》《革命残废军人优待抚恤暂行条例》《革命军人牺牲、病故褒恤暂行条例》《革命工作人员伤亡褒恤暂行条例》《民兵民工伤亡抚恤暂行条例》。1952 年 6 月，政务院颁布了《关于各级人民政府、党派、团体及所属事业单位的国家工作人员实行公费医疗的指示》，同年又颁布了《各级人民政府工作人员在患病期间待遇暂行办法》。1954 年 4 月，颁发了《关于女工作人员生育假期的规定》及《国家机关工作人员退职暂行规定》。1957 年发布了《关于职工生活方面若干问题的指示》。

综观这一时期的社会保障立法，开创了社会保障法律由无到有的局面，并构筑了由国家保障制、企业保障制、乡村集体保障制三大板块组成的社会保障法律制度。这一基本格局一直保持到 20 世纪 60 年代。这一时期的社会保障立法主要以社会保险为中心，以雇佣关系为基础展开，并由各级工会行使社会保险行政、监督和争议调解的职能。

2. 补充修正时期（1957～1966 年）

1957 年，卫生部颁发了《职业病范围和职业病患者处理办法的规定》，第一次将职业病列入了工伤保险的范畴。1958 年，第二个五年计划开始，在第一个五年计划完成的基础上，为了适应形势的发展，对一些不适应经济建设的社会保险制度进行了必要的改革。同时改革了公费医疗和劳保医疗的制度，对社会救济和社会优抚立法进行了补充。1958 年国务院公布了《关于工人、职员退休处理的暂行规定》，这是我国第一部统一的养老保险制度的单独立法。

这一时期的社会保障立法主要是适应社会、经济形势的发展，对一些不适应经济建设的社会保障法律制度进行了必要的修正和补充，逐步完善以社会保险为中心的社会保障法律制度。而有关社会保障的一般原则和基本体制，仍然以创建期颁布的各项基本法律、法规为依据。

3. 停滞倒退时期（1966～1976 年）

“十年动乱”期间，社会保险制度遭到严重的破坏。各项管理机构被撤销，当时负责职工社会保险事务的工会被停止活动，负责社会保障行政管理的劳动部、民政部、卫生部、人事部门等长期处于瘫痪状态，社会保障工作基本无人管理。新中国成立以来建立的各种社会保障法律法规和制度实际被废止，社会保障工作无章可循。退休费用的社会统筹被取消，1969 年，财政部颁发的《关于国营企业财务工作中几项制度的改革意见》规定，“国营企业一律停止提取劳动保险金，企业的退休职工、长期病号工资和其他劳保开支，在营业外列支”，从此逐步形成了企业自我保障体制，社会保险的统筹调剂、社会共济无从体现，致使我国社会保障事业停滞和倒退。

（二）改革开放以来的社会保障法规建设

1978 年中国共产党十一届三中全会后，我国进入了改革开放时期。这一阶段，我国社会保障法的发展又可以分为两个阶段：

1. 改革探索时期（1978 ~ 1992 年）

从改革开放开始，社会保障工作逐渐得到恢复。1978 年颁布的《关于安置老弱病残干部的暂行办法》和《关于工人退休、退职的暂行办法》，1980 年颁发的《关于老干部离职休养的暂行规定》，恢复了我国的退休和离休制度，1980 年公布的《革命烈士褒扬条例》等一系列政策性文件，对社会优抚制度进行了修复。到 20 世纪 80 年代中期，形成了以企业为主体的社会保障系统，为 90 年代后社会保障法律制度的全面改革和发展奠定了基础。

从 20 世纪 80 年代中期开始，社会保障立法在适应经济制度改革中全面展开。1986 年，我国第一次明确提出了“社会保障”的概念，将社会保险、社会福利、社会救济和社会优抚制度统一纳入了社会保障的体系，为社会保障法律体系的形成奠定了基础。1986 年，六届人大通过了《中华人民共和国义务教育法》，规定实施义务教育是社会福利的一项重要内容。1986 年国务院颁布了《国营企业职工待业保险暂行规定》，首次在我国建立了企业职工待业保险制度。1987 年颁布了《退伍义务兵安置条例》和 1988 年国务院颁布的《军人抚恤优待条例》，在此基础上形成了以国家保障为主、社会优待帮助为辅的社会优抚运行机制，建立了待涉及优抚对象各个方面的社会保障体系，进一步完善了我国的社会优抚法律制度。1988 年 7 月 21 日，颁布了《女职工劳动保护规定》（国务院 1998 年第 9 号令），是新中国成立以来我国第一部比较完整和综合的女职工劳动保护法规。1989 年颁发的《关于公费医疗保险的通知》，对公费医疗开始进行改革。1990 年通过了《中华人民共和国残疾人保障法》，这部综合性基本法颁布后，国务院及其有关部门先后颁布了一系列法规和文件，使残疾人保障有了法律依据。1992 年，七届人大通过了《中华人民共和国妇女权益保障法》，这是我国第一部综合性保障妇女权益的基本法律。1996 年颁布的《国营企业职工养老保险暂行规定》，在我国初步确立了失业保险制度。1991 年发布的《关于企业职工养老保险制度改革的决定》，明确了养老保险费实行社会统筹。1992 年发布的《工伤与职业病致残程度鉴定标准》，在全国范围内统一了各项标准。1992 年 4 月，七届人大五次会议通过了《中华人民共和国妇女权益保障法》，其中对我国妇女的政治、文化教育、劳动、财产、人身、婚姻家庭等方面的权益作出具体规定。

2. 稳步发展时期（1993 年至今）

20 世纪 90 年代以来，我国的经济体制由计划经济向社会主义市场经济转轨，国家对经济结构进行战略性调整，形成了以公有制为主体、多种经济成分并存的格局。与此同时，我国政府根据两种经济体制转换过程的实际，坚持以“低水平、广覆盖、多层次”的基本方针对社会保障制度进行改革，逐步由“全部包揽”向“国家、单位、个人”三方负担转变，由“企业自保”向“社会互济”转变，由“福利包揽”向“基本保障”转变，由“现收现付”向“部分积累”转变，由“政策调整”向“法律规范”转变。这一时期，社会保障制度的改革和发展取得了显著的成就，是中国建立真正意义的社会保障制度的一个极为重要的时期。①

（1）法律制度建设取得了突破性进展。经过二十多年的努力，已经建立起比较完整的社会保障法制体系，诸如《社会保险费征缴暂行条例》（1999）、《城市居民最低生活保障条例》（1999）、《失业保险条例》（1999）、《工伤保险条例》（2003）、《就业促进法》（2007）、《城镇企业职工基本养老保险关系转移接续暂行办法》（2010）。特别是《中华人民共和国社会保险法》，2011 年 7 月 1 月正式实施。这是一部包括养老、医疗、失业、工伤、生育等五个险种在内的综合法。

（2）企业职工基本养老保险制度进一步完善。城镇职工基本养老保险省级统筹制度全面建立，企业职工基本养老保险关系转移接续办法制定实施，事业单位养老保险制度改革开展试点，企业年金制度建设取得积极进展。完善失业保险制度，加快劳动力市场建设，逐步使下岗职工由企业再就业服务中心保障基本生活，转向享受失业保险，走向劳动力市场就业。这项工作先在东部沿海地区和具备条件的城市进行试点，总结经验后稳步推开。

（3）社会保险的覆盖面扩大，保险费征缴率提高。在城镇强制推行以养老、失业、医疗为重点的社会保险覆盖，这既是增加社会保障资金的重要途

---

① 赖达清主编：《社会保障法——保障公民生存权利的法律形式》，四川人民出版社 2003 年版，第 52 ~ 54 页。

径，又是建立新体系的重要条件。同时，中央和地方各级财政预算进行了适当调整，增加了社会保障支出比例。采取多种措施，开辟了新的筹资渠道，补充社会保障基金。全面建立和实施农村最低生活保障制度。积极发展商业健康保险，实现了由单位和家庭保障向社会保障、覆盖城镇职工向覆盖城乡居民、单一保障向多层次保障的根本性转变。

（4）养老保险社会化管理和服务积极推进。逐步做到退休人员与企业事业单位相脱离，实现了基本养老金的社会化发放，积极开展退休人员由单位服务到社区管理服务的过渡。加强了对社区的领导和管理，强化社区服务功能。同时，注意做好社会保障体制转换过程中的工作衔接。

（2）在社会救济立法方面：1994 年，国务院发布了《农村五保供养工作条例》，这是社会救济立法中的第一个全国性正式法规。1997 年，国务院印发《关于在全国建立城市居民最低生活保障制度的通知》，在全国县级以上城市建立了城市最低生活保障制度，这是我国社会救济制度的重大进展。1999 年国务院颁布《城市居民最低生活保障条例》，标志着这项工作进入了规范化、法制化的轨道。由于我国在社会救济方面积累的大量经验，形成了一套办法和制度，已经具备了进行社会救济立法的基础。

（3）在社会优抚立法方面：2004 年 8 月 24 日，重新修订的《军人抚恤优待条例》公布。这一规定，我国首次明确军人抚恤补助标准将随社会经济发展而增长的原则。还对确立军人抚恤优待在国家政治、社会生活中的地位，进一步理顺军人抚恤优待与国民经济发展的关系，建立和完善适合我国国情的军人抚恤优待制度具有十分重要的意义。这是军人抚恤优待工作发展史上的重要里程碑，标志着我国社会主义市场经济条件下优抚保障体系的基本建立。

（4）在社会福利立法方面：1994 年八届人大通过了《中华人民共和国母婴保健法》，这部基本法标志着我国在妇女儿童权益保障方面立法的成熟和完善。1996 年，颁布了《中华人民共和国老年人权益保障法》。标志着我国已经基本上完成了特殊权益保障方面的立法进程，形成了特殊权益保障的完整体系。

经过这一时期的社会保障法律制度建设，中国初步形成了以养老保险、医疗保险、失业保险、城市居民最低社会保障制度为主要内容的社会保障法律制度框架，并在此基础上，进一步明确了在范围、形式等方面深化社会保障法律制度改革的思路：按照“独立于企业事业单位之外……保障制度规范化、管理服务社会化的”的要求①，逐步实现法律调整由“政策调整”向“法律规范”的渐进转变。

（三）完善我国社会保障法律体系的必要性

加快我国社会保障法的立法进程，尽快建立起一套完备的社会保障法律制度，是建立社会主义市场经济体制的前提和保证，为此我们必须充分认识其重要性，充分理解和把握我国社会保障法律制度的基本方针和立法原则，抓紧解决好以下几个问题：

1. 立法工作严重滞后于社会保障事业的发展

纵观世界各国社会保障制度建立和发展的历史，无一不是立法在先。比如，开创社会保障先河的德国，就是在1883年由政府颁布《劳工疾病保险法》，此法为世界上第一部社会保险法律，尔后又分别颁布《劳工伤害保险法》与《残疾和老年保险法》，奠定了社会保险立法的基础。然而我国直到目前尚只有一部社会保险法的草案，而且社会保险、社会救济、社会福利、优抚安置各自应包含哪些具体内容，也不十分清晰。专门性法规建设也相当落后，作为社会保障核心的社会保险制度，理应在社会保障法体系中先出世，但《社会保险法》至今仍未出台。1999年国务院颁布的两个条例也不能解决社会保险的诸多问题。而社会救助虽实施逾50年，但至今未出台全国性社会救助法，以至于社会救助工作长期处在无法可依的状态。虽然近几年个别地方制定了地区性社会救助办法，但毕竟立法层次较低，法律内容本身也不够全面，以至于实施法律救助的机制仍十分薄弱。目前在社会保障方面发生争议纠纷进行仲裁或提起诉讼时，由于立法滞后，仲裁机构和人民法院无法根据有效的法律规定对社会保障争议进行仲裁或判决，处于无法可依的状态。

2. 社会保障制度的法律体系尚不健全

社会主义市场经济应是法治经济，与社会主义市场经济相适应的社会保障制度也必然要求法制化。尽管我国在社会保险领域已颁布大量的行政法规、规章和相关文件，但一直没有一部统一基础性立法。如作为社会保障制度核心内容的社会保险目前还没有建立起统一的、适用范围比较大的社会保险法律制度，社会保险费的征缴、支付、运营、统筹管理极不规范；社会救济、社会福利和优抚安置的立法相当欠缺；社会保障工作在许多方面只能靠政策规定和行政手段推行；国家立法滞后，地方立法分散，统一的社会保障制度

① 劳动部课题组：《中国社会保障体系的建立和完善》，中国经济出版社1994年版，第10页。

被分割。由此导致社会保障的覆盖面小、权威性极差、保障程度低。目前在社会保障方面发生争议，进行仲裁或提起诉讼时，由于立法滞后，仲裁机构和人民法院无法根据有效的法律规定进行仲裁或判决，一定程度上处于无法可依之状态。

3. 社会保障制度的立法层次不高

我国现有的社会保障制度的法律法规立法层次低，缺乏较高的法律权威和必要的法律责任制度。社会保障法是我国法律体系中的一个部门法，应该由全国人民代表大会制定社会保障的基本法律。但是，改革开放以来，全国人民代表大会及其常务委员会审议和通过了300多部法律和有关法律问题的决定，却没有一部是专门调整社会保障关系的基本法律；在国务院已经制定的条例中，也极少有属于专门规范社会保障制度的法规。从目前我国社会保障立法状况看，由全国人大及常务委员会制定的相关社会保障法律还没有一部，正在实施的社会保障规范性文件几乎都是由国务院或各部委制定的行政法规或部门规章，以及由地方制定的地方性法规。因此，从立法的效力层次看，不能适应社会保障法作为一个法的部门存在的客观事实，与社会保障法应有的法律地位是不相称的，使得我国的社会保障立法难以形成权威性的稳定性的体系。

4. 社会保障法律的适用范围窄，权利不对等

社会保障对象面窄，目前纳入立法体系的只是社会成员的一部分，即主要是企事业单位及国家机关工作人员，而作为我国人口大多数的农村人口则基本上未纳入社会保障的立法体系（优抚安置除外）。特别是改革开放以后我国计划生育政策所产生的社会家庭结构的变化，农村人口的社会保障问题将日趋明显与紧迫。这不仅涉及“社会保障的实施均是全体公民”这样一个国家惯例标准，也是关系我国农村社会稳定的一个重要方面。从各种行政法规的适用范围来看，社会保障的覆盖面主要为城市城镇的各种企业，占中国总人口80%的农民一直不在社会保障范围内或者待遇较低。养老保险基本上在国有企业、部门集体企业与小部门“三资企业”中实施，失业保险则基本上在国有企业中实施，其他的市场主体如私营企业、个体经济、绝大部分的“三资”企业（中方中工）和广大农村等，均未被纳入社会保障这一“安全网”之中。享受社会保障对象的有限性与世界各国“社会保障实施对象是全体公民”的标准相比，适用范围过窄和不合理。另外，依照《劳动法》等法律、法规规定的缴费模式，社会保险费用应由国家、企业、个人三方共同负担，由于比例欠合理，其中国家只有少量补助，职工个人缴纳比例不高，社

会保险费用主要由企业承担，造成企业不堪重负，影响现代企业制度的建立，使之成为目前国有企业改革的主要困难之一。

5. 与国际接轨的意识和规范欠缺

我国已正式成为 WTO 的成员，我国的经济发展将越来越与世界经济相联系，经济全球化将在不同的程度上逐步形成。市场经济是法治经济，作为扩大了的市场经济——经济全球化则更应是法治经济，如果在全世界范围内无法形成相对稳定和权威较高的游戏规则（条约、习惯、惯例等），则不能称为经济全球化，当然 WTO 也没有其存在之可能。能起“稳定器”“安全网”作用的社会保障制度作为市场经济建立的前提和保障在世界范围内将必然形成，只有这样，国际资源特别是人力资源的自由流动方能顺利实现。而我国过去的有关社会保障制度方面的法律在涉外社会保障这一块显然处于空白状态，这将不仅影响我国对外交流的顺利进行，而且从长远来看必将影响我国整个经济的稳定和发展。

第二章

社会保障管理体制

社会保障管理体制是社会保障制度的组织保证，它通过明确不同社会保障管理机构的职责和权限，来贯彻和执行社会保障制度，实现社会保障机制的有效运转。社会保障管理的立法在前，社会保障管理体制的建立在后，后者的任务就是贯彻落实社会保障法律、法规和政策。社会保障管理体制是社会保障有效实施的关键。

一、社会保障管理体制概述

（一）社会保障管理体制的概念

社会保障管理体制的概念有广义和狭义之分。

广义的社会保障管理体制是指国家管理社会保障事业的组织机构、管理制度和管理方法的总称，如社会保障法律、社会保障的规章制度和方法、机构的设置及其职能权限的划分、社会保障基金的管理监督和社会保障业务经办；狭义的社会保障管理体制指社会保障机构的设置及其职能权限的划分。

我们采用的是狭义的社会保障管理体制概念：社会保障管理体制是国家为实施适合本国国情的社会保障制度，所建立的从中央到地方各级社会保障机构、管理原则、管理体制以及主管机构、分管部门、隶属关系等一系列制度的总和。

一般说来，社会保障管理体制架构主要有三个方面内容：一是确立社会保障的管理原则；二是明确社会保障行政管理、业务管理和监督管理的责任、机构和分工；三是确立管理方式和管理手段，以此提高社会保障的管理效率。

从社会实践看，高效的社会保障管理体制应表现为：社会保障管理决策高度统一、科学管理；社会保障的行政管理、业务管理和监督机构分工明确、职责分明；以现代技术为依托，社会保障实行信息化、社会化管理。

（二）建构社会保障管理体制的原则

社会保障管理的原则是建立社会保障合理的管理体制的基本依据，也是管理系统正常、有效运行的准则与保证。主要有：

1. 法治原则

社会保障是国家通过立法以行政手段推行的，具有鲜明的强制性和法治性。社会保障依法管理包括两方面含义：一是社会保障管理机构的设置要有相应的法律法规为依据，不能随意设置或撤销；二是社会保障管理系统的各个环节要依法进行，即管理机构只能在法定的职责范围内行使职权，而不能越权行事。

也就是说，法治的原则就是要防止"有事无职无人"或"有职有人无事"；也要防止组织之间、个人之间在社会保障事务上权责不清，争权夺利，相互推诿。既避免因管理职责的混乱导致社会保障制度运行中出现非正常状态，也确保社会保障管理的权威性。

2. 公正、公开及效率原则

（1）所谓社会保障管理体制的公正性，即指社会保障管理机构既要负责社会保障制度的运行，又要维护社会保障制度的公正。它应当严格依法保护全体社会成员的社会权益，做到在法律面前，人人平等；在解决社会保障纠纷时，要以事实为依据、法律为准绳，做到不偏不倚。

（2）所谓社会保障管理体制的公开性，即指面向社会成员公开社会保障机构及其职责，增强社会保障管理的透明度，确保社会成员在社会保障方面的知情权。坚持这一原则，有利于他们明晰自己的社会保障权益，有利于他们积极参与保障活动，也有利于化解社会保障运行过程中出现的纠纷和冲突。

（3）所谓社会保障管理体制的效率性，即指效率是社会保障管理最主要的目标之一，它包括管理机构职责分明，政令统一，管理成本最低化，配置最优管理资源。

3. 集中管理与分类管理相结合的原则

政府是社会保障制度的最终责任承担者，政府机构对社会保障事务实行统一集中管理，要么是高度集中化管理，即由一个政府部门负责主要的社会保障事务；要么是适度集中化管理，即负责主要的社会保障事务的政府部门有两个以上，分别管理不同的社会保障项目或同一项目的不同保障对象；要么是分散集中化管理，即建立对应的社会保障管理机构负责具体的社会保障项目。不同程度的集中化管理并未否认分类管理的合理性和必要性，如不同的社会保障项目按其属性归为不同的社会保障大类，并由相应的管理机构来统一管理。

4. 政事分开、政监分开原则

政事分开、政监分开，就是要将社会保障的行政管理、业务管理、基金营运和社会监督几个环节分开，实现立法、实施和监督分离，形成社会保障各类管理机构和诸个环节之间相互协调、相互约束和相互监督的机制。政事分开、政监分开是各国社会保障管理的通行做法，这样做有利于提高管理效率和服务质量，有利于防止管理中的腐败行为。

5. 社会化管理原则

社会保障的一个基本特征就是它具有社会性，它是一定区域内社会成员之间通过共济互助从而防范社会经济风险的活动，因此，社会保障管理应是一个开放的社会化系统，而不应该在同一地区内由众多单位相互封闭实行自我保障。坚持这一原则，一是管理职权属地化，即打破条块分割的局面，在一定区域范围内设置统一的社会保障管理机构，对地区内的社会保障事务实行统一管理；二是保障服务社区化，打破单位自我保障服务的局面，由社区的专门机构和人员提供社会保障服务，如保障金的发放、弱势人群的资助等。

（三）社会保障管理体制的作用

社会保障管理体制是贯彻落实一个国家社会保障制度的主要平台，是以国家为主体，依据一定的法律和规定，通过国民收入的再分配，以社会保障基金为依托，对公民在暂时或者永久性失去劳动能力以及由于各种原因生活发生困难时给予物质帮助，保障居民最基本的生活需要的组织保证。

（1）保障权利公平。公民享受教育、健康和最低生活保障的权利，在西方被统称为“福利权利”或“社会权利”，被视为对基本公民权的拓展，或社会公民权的一部分。联合国《人权宣言》中有关“福利条款”对这一权利进行了明确规定，“每个人，作为社会的一员，有权享受社会保障，并有权享受他的个人尊严和人格的自由发展所必需的经济、社会和文化方面各种权利的实现”①。社会保障体制维护每个人的生存权、发展权利的实现。全社会成员享受社会保障，意味着基本生活得到了保证，从而在一个公平的起点上参与社会竞争。

（2）保障机会公平。机会公平是指任何社会成员只要符合法律规定的条件，都应被覆盖在社会保障范围内，均等地获得社会保障的机会。在中国，一些富人把穷人当作智力低下、不负责任甚至天生懒惰的人。这是不对的，中国穷人绝大多数勤劳、守本分、责任性强，他们之所以受穷在很大程度上

---

① 联合国：《人权宣言》第22条。来源：http：//baike. baidu. com。

是因为受到既得利益集团的阻挠，机会缺乏。科学的社会保障体制旨在为所有的社会成员创造一个尽可能公平竞争的起点。

(3) 维护规则公平。规则公平指一视同仁，既不能对弱势群体歧视，又不能对特权阶层倾斜。通过社会保障机制，重点保护社会的极端贫困人口(在绝对生存需求线下的群体)。因为和高收入群体相比，低收入阶层和弱势群体，从风险管理获得的保护也是最不完善的。这就意味着，不实施社会保障，他们可能落入所谓的“贫困陷阱”之中，形成恶性循环。合理的社会保障体制，能及时调节社会分配的不公，避免因局部利益调整带来的社会不稳定因素。

(4) 调节分配公平。分配公平提高效率，分配不公损害效率。而社会保障制度就是保障人民生活、调节社会分配的一项基本制度。社会保障通过收入再分配的功能进行调节，可以在一定程度上减少差别，缓解社会矛盾，有利于社会稳定。有效的社会保障体制，将以解决人民最关心、最直接、最现实的利益问题为着力点，推进民生优先的社会建设，逐步建立以权利公平、机会公平、规则公平为主要内容的社会公平保障体系。

二、社会保障管理机构

社会保障制度追求的目标是社会稳定与社会公平，必须通过在一定区域内设置管理机构来完成。在绝大多数国家，中央政府制定统一的社会保障法律和法规，由各地区组织实施具体的社会保障事务，并由当地的社会保障管理机构负责管理和监督。

(一) 社会保障管理机构的类型

社会保障管理体制的核心部分，是社会保障管理机构。没有机构这个载体，社会保障就无法进行。社会保障管理机构是指负责社会保障法令的贯彻、监督和审查，维持社会保障制度正常运行而设立的权力和办事机构。按照不同标准，社会保障管理机构可以分为不同类型：

1. 按照管理权力的结构划分

根据管理权力的结构分布，社会保障管理机构可以分为集权制和分权制两种。但从历史上看，受行业、地域分布的限制，各个国家的社会保障体制大都是从分散管理开始。

(1) 集权制，是指社会保障的管理权限较多地集中于中央政府的一种制度，即集中统一管理模式。依法建立全国性的统一管理机构，作为调控中心，实行专门管理。通常由雇员、雇主和政府三方代表组成委员会，接受政府监督，执行立法。统管机构有相对独立性，在制定社会保障政策，征收工资设备、编制预算以及发放保险金等方面具有广泛的权利。有的统管机构是中央政府的一个主管社会保障的职能部门。

（2）分权制，是指社会保障的管理权限较多地集中于地方政府的一种制度，即多部门分散管理模式。按不同项目分别有不同部门分管，如卫生和福利部分管年金和医疗保险，劳工部分管职工的工伤和失业保险。由于社会保障对象分散在各个地区，有的国家委托社会保障机构的地方办事处、分支机构和地方劳动委员会办理社会保障事务。

在我国，社会保障管理体制的建构表现为：政府统一领导、部门分工协作、社会广泛参与和分级负责、分级出资、分级管理的模式。

2. 按照管理机构的职能划分

（1）社会保障行政主管机构，是各级政府机构序列中管理社会保障事务的相关政府部门。主要职责是社会保障的立法，监督检查，贯彻实施。

（2）社会保障业务经办机构，隶属于各级社会保障行政主管机构的一种公共事业部门。主要职责是社会保障参加者（受保人）的资格审定、登记，社会保障基金的收缴、社会保障基金的日常财务和个人账户管理，社会保障待遇的计算、发放，以及对投保人提供各项社会化服务。

（3）社会保障基金运营机构，隶属于各级社会保障行政主管机构，是具有组织法人资格的金融部门。主要职责是进行社会保障基金的投资、运营，实现基金的保值增值。

（4）社会保障监督机构，是独立于政府的公共事业部门，提供公共服务。机构成员由政府代表、组织代表、职工代表和专家学者组成，职责是对社会保障的政策法律执行情况、基金筹集、基金管理运营、待遇给付、服务质量等诸环节、诸机构，实行全面监督。

3. 按照管理机构的权限划分

（1）高层管理机构：中央一级管理层次，负责参与社会保障的全面立法，对社会保障各项活动进行规划、领导，保障社会、保障基金的全国性统筹和调剂使用，并对实施效果进行监督控制。

（2）中层管理机构：省级政府的社会保障主管部门，负责贯彻社会保障立法政策，制定地方性实施细则和补充规定，对地区范围内的社会保障基金进行调剂，并将社会保障法令实施中存在的问题向高层管理机构进行反馈。

（3）基层管理机构：地（市）、县（市）级地方社会保障管理机构，负责社会保障基金的筹集、给付，提供社会保障事务的信息、咨询，接受高层、中层管理机构下达的任务，实施日常社会保障工作，是社会保障制度的具体实施机构。

我国的社会保障制度是中央政府和各级地方政府共同负责的体制。中央政府的职责是，制定全国统一的法规、政策和标准，对困难地区提供资金帮助；地方政府的职责是，根据中央的统一政策制定本地法规、政策和标准，筹集社会保障基金，支付社会保障待遇。

（二）社会保障管理体制的典型模式

由于政治体制、经济条件及历史因素的差异，各个国家社会保障管理机构设置也必然存在一些差别。主要有设置中央政府主管部门、中央政府主管部门的统管下设地方政府管理部门、设置政府部门和半自治或非政府自治组织共同管理等三种情况。①

1. 政府直接管理体制：以英国为代表

英国于1948年向全世界宣布建成“福利国家”，经过不断的变革发展，基本上形成了一整套覆盖全民的“从摇篮到坟墓”的社会保障制度。相应地，英国建立了由政府直接管理的社会保障体制，政府设立专门的机构对社会保障事务实施自上而下的统一管理。社会保障管理机构的主体是中央政府授权的一个部门，其下设各分支机构，实行自上而下的统一管理。这种模式的典型国定是英国（见图2）。

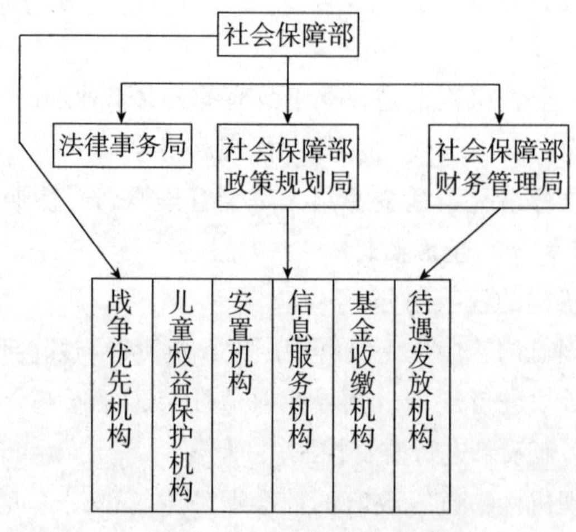

图2　英国的社会保障管理体制

① 成志刚、王晓芳：《比较与借鉴：国外社会保障管理体制研究》，商丘师范学院学报，2007年第8期。

社会保障部是英国社会保障最高的行政管理机关。该部的负责人是国务大臣，由首相任命，直接对首相和议会负责。另有一个以常务次官为主席的管理委员会，具体负责本部的事务。社会保障部统一管理全国的社会保障事务，不直接管理各项基金和面对受益人。其主要任务是：负责有关社会保障制度方面的法律事宜，处理各种政策性问题，监督下级机关办理业务的情况。

政策规划局、财务管理局、法律事务局是社会保障部内设的三个行政管理机构，它们具有承上启下的作用。待遇发放机构、基金收缴管理机构、信息技术服务机构、安置机构、儿童扶助机构、战争优抚机构是社会保障部外设的六个相对独立的执行机构。执行机构在地区设立许多分支机构和办事处，具体执行社会保障业务。另外，还建立完全独立于社会保障部之外的监督机构：社会保障的司法服务机构、仲裁服务机构、基金检察机构、抚恤金反贪监察机构。监督机构依法独立行使监督权力。上述机构共同构成了英国的社会保障系统。

2. 半官方自治管理体制：以法国为代表

法国的社会保障制度从行业保险发展起来，经过不断的发展和完善，形成了以行业为基础、多种制度并存、以“社会保障总制度”为主、其他制度为辅的复杂结构。与复杂的社会保障制度设计相适应，法国社会保障管理体制也比较复杂（见图3）。

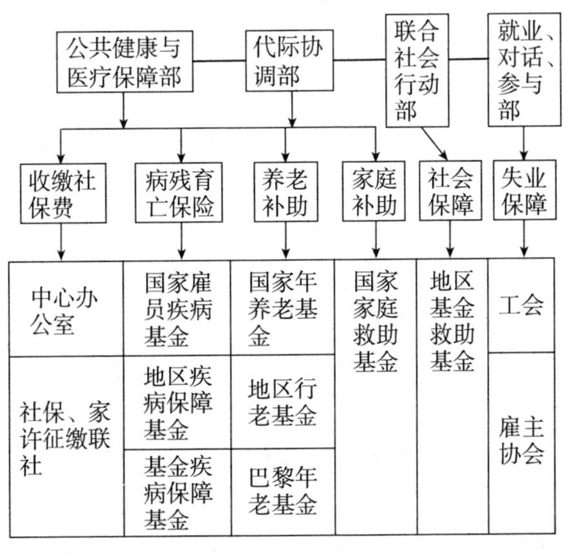

图3　法国的社会保障管理体制

法国政府对社会保障事务进行宏观控制。其主要职责是：制定和颁布法律法规；处理重大政策性事务，如制定社会保障基金财务制度、决定各基金行政费用总额、决定缴费率和调整待遇标准；实施监督，由中央政府授权有关的部门，对社会保障制度的实施进行一般监督和总的协调筹划，具体事务则由有关部门的下属机构、各种半独立的协会、理事会或基金会进行分项目的多头管理。如对财务的监督、任命和罢免中央一级基金会经理。

法国社会保障事务的微观管理工作由非政府组织承担。中央一级社会保障管理机构包括：全国养老保险基金会，负责管理全国养老保险有关事务；全国疾病保险基金会，负责全国疾病、工伤和生育保险的有关事务；全国家属津贴基金会，主要协调各地区基金会的工作，并进行财政平衡；全国保险征收联盟，负责社会保险费的征收工作。地方一级设有：区和跨地区的16个医疗保险基金会和1个老年保险基金会，省级和跨省的133个基层医疗保险基金会，125个基层家庭津贴基金会和105个基层社会保障税和家庭津贴征收机构。各个基金会，均由理事会负责管理，理事会成员2/3为雇员代表，1/3为雇主代表。理事会所作的决策必须经过联邦政府批准（经批准程序），理事会的主任由联邦政府任命，总会计师由联邦劳动和社会事务部、财政部共同任命。

3. 商业保险管理体制：以新加坡为代表

1955年，新加坡建立了中央公积金制度，从最早的老年强制性储蓄计划，逐步演变为全面性的社会福利保障储蓄计划，基本上解决了“老有所养，病有所依，居者有其屋”，其实质是一种强制储蓄型社会保障制度。

新加坡社会保障的管理和实施由中央公积金局负责。以国家立法为前提，并在劳工部制定基本方针政策的基础上，中央公积金局负责日常管理工作，包括具体政策的制定，以及对一切事务性的工作进行具体操作。中央公积金局是一个独立的半官方机构，采用现代公司结构——董事会领导下的总经理负责制。董事会主席和总经理由劳工部任命，任期3年，董事10人，有政府代表4人、雇主代表2人、专家4人。董事会有决策权，下设财经委员会和规划决策会。会员服务部、人事部、电脑部、雇主服务部、行政部、内部审计部是中央公积金局内设的6个部门，具体负责相关事宜（见图4）。

中央公积金局以全体国民为其会员，为每个会员设立个人账户。法律规定雇主和雇员都必须按雇员月薪的一定比例交纳公积金，加上每月的利息，一并纳入会员账户。个人账户分为三个部分：普通账户、保健账户和特别账户。普通账户，用于购买住房、教育公积金等；保健账户，用于支付本人及

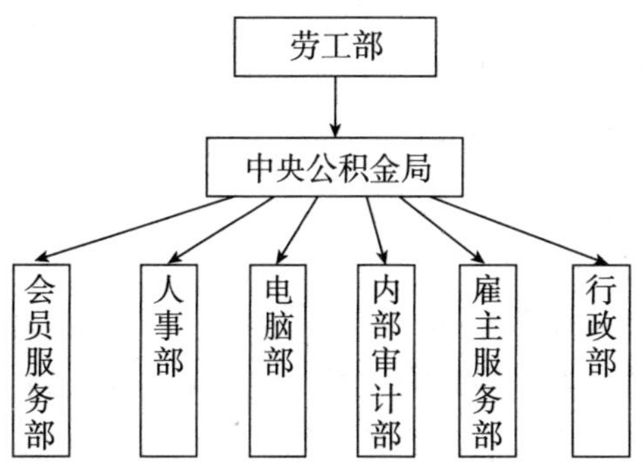

图 4 新加坡的社会保障管理体制

直系亲属医疗的费用；特别账户，主要用于养老，退休后才能按月支取。公积金的缴费率随着经济和职工工资水平的变化而不断调整，一般每年调整一次。公积金受法律保护，不得扣押抵债。会员如果永久离开新加坡，或终身残疾，或达到 55 岁退休年龄时，可以按规定领取公积金。

在上述三种管理模式中，不管是政府直接管理，或是半官方的自治管理，或是民营化的市场管理，中央政府成立相应的部门，集中负责社会保障政策法律的制定，以及对实施社会保障事务的监督检查，是各国共同的做法。实践证明，社会保障规划、立法和协调方面权力的相对集中，有利于社会保障事业的统筹规划和整体协调，有利于社会公平目标的实现。除这些方式之外，世界上还有由工会组织作为社会保障管理机构，组织（企业）、工人和政府有关部门选出代表组成各种形式的管理委员会等形式。

（三）社会保障管理机构的类型

科学、合理、统一的管理机构社会保障管理机构，是社会保障事业的具体实施、执行和操作部门，也是社会保障管理体制模式的外在表现。根据国内外的成功经验，社会保障的管理体制中应设置以下四个方面的管理机构。

1. 决策协调机构

社会保障的决策协调机构一般由政府权威机构担任，主要担当向立法机构提供依据，协助制定社会保障的有关法律，并根据法律导向制定有关政策、制定发展规划，以及对重大问题进行决策和预算的审议。同时，还负有对社会保障各项目管理部门进行协调的重任。

2. 业务执行机构

社会保障的业务执行机构可以根据不同的体制模式，由政府职能部门或事业单位及社团组织担任。它实际是执行国家社会保障方针、政策的综合职能部门，通常要接受中央主管部门和当地政府的双重领导，并且负责执行政策法规、落实实施方案，以及具体经办社会保障各项目费用的征集、核算和发放工作。

3. 资金运作机构

社会保障的资金运作机构可以由社会保障基金独立运作，也可以委托专设的基金公司。它的主要职能是通过对社会保障基金的统一运作和保值增值，保证社会保障基金的需求。它与业务执行机构关系密切但同时处于平行关系，根据社会保障管理体制的发展需要，可分别设置从中央到地方的资金运作机构。

4. 监察监督机构

社会保障的监察监督机构应由中央或者地方政府领导下的社会保障监督委员会担当，主要行使对社会保障各项政策、法规的执行情况，以及社会保障各项目基金的收支、营运和管理的监督权。监察监督机构的组成人员应包括政府部门负责人、社会贤达人士、公众代表和专家。此外，监察监督机构还上连立法机构的法律监察，下通广大民众的社会监督，通过包括审计在内的多种途径，使得社会保障工作在国家既定方针政策的轨道上健康发展。

三、我国的社会保障管理体制

（一）我国社会保障管理体制的发展演变过程

新中国成立后，社会保障管理体制经历了创立、发展、停滞、改革、探索等阶段：

1. 创立阶段（1951～1957 年）

新中国成立后，在政务院下设立了劳动部和内务部（后改为民政部），管理社会保障工作。1951 年由劳动部和中华全国总工会制定和颁布了《劳动保险条例》，负责管理组织职工的社会保障；在这个时期，国家机关工作人员的社会保险和社会福利及社会救济，基本上由民政部统一管理。

2. 发展阶段（1957～1966 年）

在这一时期，劳动部是全国企业劳动保险业务的最高监督机关，负责贯彻《劳动保险条例》的实施工作。中华全国总工会是全国企业劳动保险事业的最高领导机关，由各级工会管理企业劳动保险业务。

3. 停滞阶段（1966～1976 年）

即“文化大革命”时期。1969 年民政部被撤销，主管民政工作的专职机构已不存在，民政工作被分割到财政部、卫生部、公安部和国务院政工组。许多民政机构、社会福利事业单位也被撤销或移交。

4. 改革阶段（1978～1997 年）

1978 年，成立了民政部，负责军队离退休干部的安置和管理。指导农村五保户的供养，举办敬老院，扶持农村贫困户，负责城镇困难户和 60 年代被精简职工的救济和社会福利工作等。

1988 年，撤销劳动人事部，重建劳动部和人事部，按照分工，分别管理企业和机关事业单位的社会保险和职工福利。

到 1997 年，我国形成了各级政府劳动部门负责城镇企业职工的社会保险，人事部门负责机关事业单位职工的社会保险，劳动部门负责企业职工的劳保医疗，卫生部门和财政部门组成的“公费医疗办公室”负责机关事业单位职工的公费医疗，民政部门负责农村劳动者的养老保险、优抚安置、社会救济和社会福利的社会保障管理体制。

（二）传统社会保障管理体制的弊端

在 1997 年之前，我国的社会保障管理体制机构臃肿、冗员众多。即便在 1982 年，国务院开始精简了各级政府机构、加快了干部队伍年轻化步伐的情况下，各部委从 100 个减为 61 个，人员编制从原来的 5.1 万人减为 3 万人。但由于当时经济体制改革的重点在农村，对于行政管理没有提出全面变革的要求，所以政府机构和人员都没有真正减下来，不久后又呈膨胀趋势。其间的分分合合，有形势变化的原因，更有对客观规律认识的曲折。

这是因为，当时我国的社会保障管理体制还是按照保障项目和管理对象划分的，没有统一的法律、法规。不同的管理部门分管不同的项目。每个部门都根据自己所管理的对象和保障项目，制定相应的管理办法。同时各个部门也都按照自己确定的方式、方法征收社会保障基金。这种多头管理、政出多门的社会保障管理体制有许多弊端。

（1）由于各个管理部门的地位不同、利益各异，容易出现社会保障运行中各部门的“本位主义”，导致相互之间的冲突，严重阻碍了社会保障制度改革的进程。

（2）各个管理部门在制定管理办法时，各自为政，各有自己的规定，各有自己的管理办法，相互之间难以协调、统一。

（3）各个管理部门自成系统，都有自己独立的运行机制和管理机构，导致社会保障管理机构重叠、人员臃肿，增加了管理成本。

（4）各个管理部门都有自己的筹集社会保障基金的方式，根据自己的需要确定社会保障金缴纳的比例、标准，容易加重企业负担，影响企业管理。

（5）在社会保障基金的运营上也是各个管理部门封闭运行，使社会保障基金运营分散，不能形成规模效应。

（6）由于缺乏统一的法规和有效的监督，社会保障管理过程中存在各种形式的违法、违纪、违规现象，不仅浪费社会保障基金，也降低了社会保障功能。

由于存在上述弊端，我国社会保障管理体制难以适应发展社会主义市场经济和化解市场风险的需要，之后进行了一系列改革。

（三）我国社会保障管理体制的改革

1998 年 3 月，九届人大一次会议在原劳动部的基础上组建劳动和社会保障部，把人事部、民政部、卫生部及原国务院医疗制度改革办公室管理的有关社会保险事务划归劳动和社会保障部统一管理。至此，劳动和社会保障部正式成立，下辖：养老保险司、医疗保险司、失业保险司、农村社会保险司、社会保险基金监督司。

2008 年 3 月，为更好地发挥我国人力资源优势，进一步解放和发展生产力，统筹机关企事业单位人员管理，整合人才市场与劳动力市场，建立统一规范的人力资源市场，促进人力资源合理流动和有效配置，统筹就业和社会保障政策，建立健全从就业到养老的服务和保障体系，十一届全国人大一次会议通过《国务院机构改革方案》，组建人力资源和社会保障部，将人事部、劳动和社会保障部的职责整合划入该部。将人力资源和社会保障部的城镇职工和城镇居民基本医疗保险、生育保险职责整合，组建了中华人民共和国国家医疗保障局。

2018 年 3 月，为维护军人军属合法权益，加强退役军人服务保障体系建设，建立健全集中统一、职责清晰的退役军人管理保障体制，让军人成为全社会尊崇的职业，第十三届全国人民代表大会第一次会议批准的国务院机构改革方案，组建了退役军人事务部。将民政部的退役军人优抚安置职责，人力资源和社会保障部的军官转业安置职责，以及中央军委政治工作部、后勤保障部有关职责整合，组建退役军人事务部，作为国务院组成部门。同时，组建国家医疗保障局，将人力资源和社会保障部的城镇职工和城镇居民基本医疗保险、生育保险职责，国家卫生和计划生育委员会的新型农村合作医疗职责，国家发展和改革委员会的药品和医疗服务价格管理职责，民政部的医疗救助职责整合，组建国家医疗保障局，作为国务院直属机构。

2. 人力资源和社会保障部的相关职能

人力资源和社会保障部，是统筹我国机关企事业单位人员管理和统筹城乡就业和社会保障政策的中国国家权力机构。作为肩负公共管理职能的部门，其将在两大领域发挥政府的调控服务功能：一是以促进就业、维护劳动关系稳定和完善社会保障体系为核心的社会管理和公共服务职能；二是以机关事业单位公职人员管理为核心的公共人事管理职能。该部主管的社会保障事务的职能部门及职能如下：

（1）养老保险司。统筹拟订机关企事业单位基本养老保险及其补充养老保险政策，逐步提高基金统筹层次；拟订城镇居民养老保险政策、规划和标准；拟订养老保险基金管理办法；拟订养老保险基金预测预警制度；审核省级基本养老保险费率。

（2）失业保险司。拟订失业保险政策、规划和标准；拟订失业保险基金管理办法；建立失业预警制度，拟订预防、调节和控制较大规模失业的政策；拟订经济结构调整中涉及职工安置权益保障的政策。

（3）医疗保险司。统筹拟订医疗保险、生育保险政策、规划和标准；拟订医疗保险、生育保险基金管理办法；组织拟订定点医疗机构、药店的医疗保险服务和生育保险服务管理、结算办法及支付范围；拟订疾病、生育停工期间的津贴标准；拟订机关企事业单位补充医疗保险政策和管理办法。

（4）工伤保险司。拟订工伤保险政策、规划和标准；完善工伤预防、认定和康复政策；组织拟订工伤伤残等级鉴定标准；组织拟订定点医疗机构、药店、康复机构、残疾辅助器具安装机构的资格标准。

（5）农村社会保险司。拟订农村养老保险和被征地农民社会保障的政策、规划和标准；会同有关方面拟订农村社会保险基金管理办法；拟订征地方案中有关被征地农民社会保障措施的审核办法。

（6）社会保险基金监督司。拟订社会保险及其补充保险基金监督制度、运营政策和运营机构资格标准；依法监督社会保险及其补充保险基金征缴、支付、管理和运营，并组织查处重大案件；参与拟订全国社会保障基金投资政策。

3. 民政部的相关职能

中华人民共和国民政部的前身是成立于 1949 年的“中央人民政府内务部”，1954 年改称“中华人民共和国内务部”。该部主管的社会保障事业的机构及职能如下：

（1）优抚安置局。负责拟订优抚政策、标准和办法；拟订退役士兵、复员干部、军队离退休干部和军队无军籍退休退职职工安置政策及计划；拟订烈士褒扬办法；承办拥军优属工作；拟订军供站设置规划；审核拟列入全国重点保护单位的烈士纪念建筑物名录；承办境外我国烈士和外国在华烈士纪念设施保护事宜。

（2）救灾司。负责拟订救灾工作政策；承办救灾组织、协调工作；组织自然灾害救助应急体系建设；承办灾情组织核查和统一发布工作；承办中央救灾款物管理、分配及监督使用工作；会同有关方面组织协调紧急转移安置灾民、农村灾民毁损房屋恢复重建补助和灾民生活救助；承办中央级生活类救灾物资储备工作；组织和指导救灾捐赠；拟订减灾规划，承办国际减灾合作事宜。

（3）社会救助司。负责拟订社会救助规划、政策和标准，健全城乡社会救助体系；组织城乡居民最低生活保障、医疗救助、临时救助工作；拟订五保户社会救济政策；承办中央财政最低生活保障投入资金分配和监管工作；参与拟订住房、教育、司法救助相关办法；承担全国社会救助信息管理工作。

（4）社会福利和社会事业促进司。负责拟订社会福利事业发展规划、政策和标准；拟订老年人、孤儿和残疾人等特殊群体权益保护政策；拟订社会福利机构管理办法和福利彩票发行管理办法；管理社会福利彩票公益金；拟订社会福利企业扶持政策；组织拟订促进慈善事业发展政策；组织和指导社会捐助工作。

4. 退役军人事务部的相关职能

2018 年 4 月 16 日，我国退役军人事务部在北京正式挂牌成立，内设政策法规司、思想政治和权益维护司、规划财务司、移交安置司、就业创业司、军休服务管理司、拥军优抚司、褒扬纪念司（国际合作司）等。其主要工作职责是：

（1）拟订退役军人思想政治、管理保障等工作政策法规并组织实施。

（2）褒扬彰显退役军人为党、国家和人民牺牲奉献的精神风范和价值导向。

（3）负责军队转业干部、复员干部、退休干部、退役士兵的移交安置工作和自主择业退役军人服务管理、待遇保障工作。

（4）组织开展退役军人教育培训、优待抚恤等，指导全国拥军优属工作。

（5）负责烈士及退役军人荣誉奖励、军人公墓维护以及纪念活动等。

5. 国家医疗保障局的相关职能

2018 年 3 月，十三届全国人大一次会议决定组建中华人民共和国国家医疗保障局，内设规划财务和法规司、待遇保障司、医药服务管理司、医药价格和招标采购司、基金监管司等。其主要工作职责是：

（1）拟订医疗保险、生育保险、医疗救助等医疗保障制度的法律法规草案、政策、规划和标准，制定部门规章并组织实施。

（2）组织制定并实施医疗保障基金监督管理办法，建立健全医疗保障基金安全防控机制，推进医疗保障基金支付方式改革。

（3）组织制定医疗保障筹资和待遇政策，完善动态调整和区域调剂平衡机制，统筹城乡医疗保障待遇标准，建立健全与筹资水平相适应的待遇调整机制。组织拟订并实施长期护理保险制度改革方案。

（4）组织制定城乡统一的药品、医用耗材、医疗服务项目、医疗服务设施等医保目录和支付标准，建立动态调整机制，制定医保目录准入谈判规则并组织实施。

（5）组织制定药品、医用耗材价格和医疗服务项目、医疗服务设施收费等政策，建立医保支付医药服务价格合理确定和动态调整机制，推动建立市场主导的社会医药服务价格形成机制，建立价格信息监测和信息发布制度。

（6）制定药品、医用耗材的招标采购政策并监督实施，指导药品、医用耗材招标采购平台建设。

（7）制定定点医药机构协议和支付管理办法并组织实施，建立健全医疗保障信用评价体系和信息披露制度，监督管理纳入医保范围内的医疗服务行为和医疗费用，依法查处医疗保障领域违法违规行为。

（8）负责医疗保障经办管理、公共服务体系和信息化建设。组织制定和完善异地就医管理和费用结算政策。建立健全医疗保障关系转移接续制度。开展医疗保障领域国际合作交流。

6. 财政部的相关职能

财政部管理社会保障事务的是社会保障司，分管劳动和社会保障部、卫生部、民政部、国家中医药管理局、国家药品监督管理局、中国残疾人联合会、中国红十字会总会的财政预算。其主要工作任务是：

（1）负责掌握分管部门主体业务的全国基本情况，参与社会保障体系建设和分管部门行业发展规划及相关政策、制度的研究制定。

（2）研究提出财政支持社会保障的政策建议，负责有关社会保障政策的协调工作。

（3）指导分管部门（单位）提出编制部门预算的建议；审核分管部门（单位）上报的预算安排建议；督促分管部门（单位）及时批复所属单位

预算。

(4) 监督和分析分管部门（单位）的预算执行情况；对专项资金追踪问效，监督项目实施过程中资金的管理和使用，进行项目的效益考核。

(5) 预测社会保障资金收支对财政的影响，并研究提出相应的政策建议和措施；具体编制中央社会保障收支预决算草案；汇总编制全国社会保障收支预决算。

(6) 研究拟订养老、医疗、失业、工伤、生育等社会保险基金和社会保障事业的财务制度，负责各项社会保险基金的管理和监督。

(7) 管理中央财政安排的优抚安置经费、军队移交地方管理的离退休人员离退休经费、救灾救济补助费、卫生专项补助经费；以及基本养老保险、国有企业下岗职工基本生活保障和再就业（失业保险）、城市居民最低生活保障补助等社会保障资金；牵头制定补助标准办法和相应的财务制度；负责部内各司各项救灾经费分配的协调、汇总工作。

(8) 管理中央行政事业单位离退休人员经费，并制定统一的标准和相应的财务制度。

(四) 我国社会保障管理体制分析

社会保障管理体制的模式只有通过社会保障管理机构的个体设置才能得以实际运行。同时，管理机构的设置又会对整个社会保障管理体制目标的实现产生较大的影响。因此，管理机构的设置是否合理，是决定社会保障管理工作能否正常运行，是否协调高效的关键之一。

1. 社会保障管理机构层次与职能

我国新的社会保障机构设置，是在国务院的集中统一领导下，采取条块结合、以块为主的新的管理体制。其基本特征是：有统一的社会保障管理机构，有统一的社会保障法律法规，有相对独立的社会保障基金经办机构，有专门的社会保障监督组织等。

按照国发〔1995〕6 号文件关于“要实行社会保障行政管理与基金管理分开，执行机构与监督机构分设的管理体制”的精神，目前我国从上到下每一层次的社会保障机构，都按照领导、执行、监督等三个不同方面的职能性质设置。以省一级社会保险机构的设置为例：有社会保险的行政管理机构，其主要职能是制定社会保险的政策、规划，进行监督指导；有社会保险的经办机构，具体经办社会保险业务，属非营利性质的事业单位，名称统一为社会保险事业管理局或社会保险基金管理中心。它受政府委托，按照社会保险政策、法规的规定，具体办理社会保险金的收支和管理工作，开展对社会保险对象的管理服务工作；有社会保险的监督机构，对社会保险经办部门的经办过程和经办结果进行评审、鉴定，对违反规定的行为加以纠正，以保证社会保险政策的落实，维护国家、用人单位和劳动者的合法权益，促进社会保险事业健康发展并提高管理效益。

中央政府管理社会保障事务的主要机构是人力资源和社会保障部、民政部、卫生部和财政部，它们属于领导和决策层次。人力资源和社会保障部负责管理养老保险、失业保险、城镇职工医疗保险、工伤保险、生育保险等项目；民政部负责管理社会救济、社会福利、优抚安置等项目；卫生部负责管理农村合作医疗制度；财政部负责制定社会保障的财政政策和财务、会计制度，实施对社会保障资金收支的财政监督，为社会保障计划提供补助资金等。各省、自治区、直辖市人民政府下设劳动和社会保障厅（局）、民政厅（局）属于辅助决策、实施领导和传递层次。各地级市、区、县人民政府下设：劳动和社会保障局、民政局。它们属于执行层次。上一层次对下一层次主要进行政策法规的领导和业务指导，不存在直接的行政隶属关系。

在行政体系之外，中央、省、市、县分别设立隶属于政府人力资源和社会保障行政管理部门的、非营利的社会保险经办机构，现有工作人员 10 万多人。主要职责是，办理参保登记，收缴社会保险费，记录缴费，管理个人账户，确认并支付待遇，管理社会保险资金，提供查询等。中国与其他国家签订的社会保险协定，由中央级社会保险经办机构负责执行。

2. 我国社会保障管理体制改革的目标

中国共产党十八大提出“稳步推进大部门制改革，健全部门职责体系”，十九大报告提出“统筹考虑各类机构设置，科学配置党政部门及内设机构权力、明确职责”，为我国社会保障管理体制改革指明了方向。而要顺利推进大部门体制改革，就要把握两个关键问题。

第一，大部门体制不在于部门规模的大小，而在于政府职能的清晰界定；不在于机构的合并与减少，而在于政府职能的根本转变，在于行政组织的设置与其内在职能相吻合。政府职能转变与职能有机整合是大部门体制改革的首要关键问题。这是因为，如果职能未实现有机整合，一是会导致政府缺位，即某些本应该由政府管理的社会事务，却没有相应的部门和机构去管理，留下管理真空。二是会导致政府交叉管理，即某些社会事务，多个部门和机构都在管理，出现职能交叉。谁都可以管，事实上谁都可以不负责。实践证明，大部门体制改革的成效，在很大程度上取决于部门职能界定是否清晰，部门职能整合能否到位。

第二，建立健全决策权、执行权、监督权既相互制约又相互协调的权利结构和运行机制。首先，大部门体制是一种特有的政府架构，它包括三方面内容：一是核心化的行政决策中枢把握战略决策的领导权，就国家重大规划与政策进行决策。二是按照精简统一效能的原则整合职能相近的部门，实现“少机构、宽职能”的格局，有限的组成部门覆盖政府的基本职能，综合制定行业规划、标准与政策。三是专门化的执行机构具体负责政策的执行。其次，大部门体制又是一种决策权、执行权、监督权相互制约又相互协调的运行机制。突破口是探索决策权与执行权的适度分离，将相似或相同事情的决策权交给一个部门，按照决策与执行相对分离、管理与执法相分离的要求，相对区分决策层与执行层，以达到决策者监督执行者的目的。

因此，根据大部门体制改革的要求，同时围绕城乡一体化发展、基本公共服务均等化等要求，社会保障管理体制改革的总体目标是：建立适应我国社会经济发展要求的，国家统一立法、统一制度、统一政策，地方因地制宜组织实施具有中国特色的社会保障管理体制。按照精简统一效能的原则，整合社会保障行政管理职能与行政管理机构，综合制定社会保障发展规划、标准与政策，按照决策权、执行权、监督权相互制约又相互协调的原则，由专门化的执行机构具体负责社会保障政策的执行，探索建立三权适度分离的运行机制，提高社会保障事务的管理服务效能。

3. 完善我国现行社会保障管理体制的对策

建立多层次的社会保障制度，关键是要建立收、支、管相分离的、统一的社会保障管理体制，包括统一的社会保障职能管理体系和统一的社会保障预算管理体系。

（1）建立统一的社会保障管理体系。适应社会经济发展的内在需求，社会保障行政管理机构应由目前的分散管理逐步向统一集中管理转变。适应社会经济发展的内在需求，社会保障行政管理机构应由目前的分散管理逐步向统一集中管理转变。首先，劳动者都有享受社会保障的平等权利，市场经济要求劳动力自由流动，因而所有劳动者在基本社会保障资金筹集和给付标准上应是大体统一的，不应由于所有制和身份的不同而有明显差别。为了实现基本公共服务均等化，适应市场经济发展与城乡一体化建设的需要，建立覆盖城乡制度一体标准统一的社会保障制度是大势所趋。统一的社会保障制度需要统一的管理体制与机构去贯彻落实，这就需要建立统一的社会保障行政管理部门，协调解决社会保障体系建设中的重大事宜，统一规划、统揽制度、统筹资源，达到制度衔接、政策平衡、机制顺畅的目的。

（2）推进“政事分离、管办分离”。中国共产党十九大对事业单位的改革，提出了“强化公益属性，推进政事分开、事企分开、管办分离”的要求。基于“政事分开、管办分离”的原则，社会保障行政主管部门负责制度和政策制定、宏观调控和督促检查，不承担社会保障具体经办事务和基金运营管理。社会保障具体经办事务和基金运营管理由专门的经办机构承担。理顺和规范管办关系、监督机制，可使有关部门和机构职责分明，各司其职。一方面，促使行政管理部门进一步转变职能，集中精力进行重大决策规划，增强对社会保障经办服务和基金运营的有效监管，减少与防范社会保障基金运营的风险；另一方面，将具体微观事务交给经办机构承担，促使经办机构更科学有效地履行社会保障服务和基金管理运行职能，提高社会保障基金运营的效率和效益。同时，将社会保障职能体系与社会保障财务管理体系分开设置，由财政部门管基金、税务部门管征收、社保职能部门管支付，切实规范社会保障基金的管理和运营，做到管理有方、运营有序、使用合法。加强社会保障经办机构建设，社会保障行政主管部门只负责制度和政策制定、宏观调控和督促检查，不承担社会保障具体经办事务和基金运营管理。

（3）构建综合的社会保障管理服务大平台。要遵循社会保障运行管理内在规律的要求，科学合理确定社会保障经办机构的职能，组建一个不依附于行政管理部门的、依法独立运营、统一高效的社会保障基金营运管理机构。所有社会保障事务性工作实现前台一个窗口对外，后台一个系统支撑。社会保障经办机构要建立法人治理结构，实行理事会领导下的总经理负责制。理事会负责对社会保障基金的各种计划进行审核和监督。理事会由政府代表、雇主代表、雇员代表和专家等组成，理事会的组成要确保社会保障基金的管理运营能够比较广泛地反映社会各方的利益和意志，确保社会保障基金能得到有效管理与合理使用。

（4）实行社会保障资金集中管理。借鉴国外社会保障的成功经验，总结我国收费过多且乱不规范的教训，设置养老、失业、医疗、生育、工伤、住房等六个方面社会保险综合税（费）率，由各级地方税务部门负责依照社会保障税法征缴入库。所有的社保资金由统一的资金机构负责征集，统一征集后，再按块分割，按各保险项目分别设置账户，内部实行分别管理。社保资金的具体发放可委托银行操作，而发放标准、发放对象则由社保操作机构确定。同时，社会保障管理中心还要负起社保资金保值增值的职责，根据社保资金投资政策，具体负责投资运营。无论是社保资金的筹集、支付，还是保值增值运作，都要接受社保监督机构的监督。各级“中心”在进行业务操作时，应及时将有关文件和材料送达各个监督部门；要及时发布基金运行公报，将各种征收和发放标准完整地向公众公布，以增加透明度；“中心”及其所有的工作人员应随时接受各类监督部门和公众的监督。

（5）建立健全社会保障监督体系。建立有效的社会保障监管体制和机制，是防止滥用权力的需要，如加强对社会保障基金的收支、营运和管理的监督，是实现社会保障基金依法筹集、专款专用、安全、保值和增值的重要保证。良好的社会保障监督主要借助内、外部约束力而产生效力，它为针对违规行为的行政处罚和法律制裁提供依据和证据，它是社会保障有序运行的无形的杠杆，是社会经济健康发展中的链条。一是在人民代表大会内部设立专门委员会。具体来讲，可以在人民代表大会内部设立相应的社会保障委员会，与政府内部的社会保障管理委员会相对应，行使立法、监督职能。二是监察、审计、工会、新闻等部门，应依法行使自己的监督权，加强对社会保障行政管理部门和基金管理中心的监督。三是建立健全社会保障争议解决机制。通过建立完善的社会保障争议解决机制，加强对社会保障争议当事人合法权益的保护，以此监督社会保障管理部门行使手中的权力，避免权力的滥用和腐化。四是充分发挥公民、企业等民间组织的社会监督作用。

第三章

社会保障的管理主体

政府是国家机器的最主要组成部分，具有鲜明的阶级性，其职能是代表统治阶级实现政治统治和管理社会公共事务。社会保障作为弥补市场经济缺陷最有力的公共政策，政府在社会保障中应履行什么职能成为众人注目的中心。社会保障在不同时期、不同阶段有不同的社会需求，政府则应与此相对应，确立自身在不同时期、不同阶段、不同地区在社会保障领域扮演不同的社会角色，使社会保障始终围绕着政治与社会经济目标健康运行。社会保障管理主体的依法行政，是社会保障制度健康运行的保证，也是市场经济体制条件下对政府活动的要求。

一、社会保障是政府管理职能的重要方面

（一）政府职能及其作用

1. 政府职能的含义

政府职能是指以政府为核心的公共组织根据社会和经济发展需要而规定的，在一定时期内的行为方向、基本任务和职责范围。宏观调控、社会管理、公共服务是政府的基本职能。

政府职能的定义，至少包括了以下内涵：

（1）政府职能的实施者是整个政府行政组织系统，包括政府的各级各类行政机构及其所属公务人员；

（2）政府职能是国家职能的一个重要组成部分；

（3）政府职能是一个由相互联系的行政管理活动的各职能构成的严密体系；

（4）政府职能行使的依据是国家宪法和法律赋予行政主体的行政权力。

2. 政府职能的内容

政府职能是政府作为国家行政机关，在国家的政治、经济以及其他社会事务的管理和服务中，依法履行的职责及其所发挥的作用，包括以下几个方

面的内容：

（1）政府的政治职能，也称阶级统治职能，是指政府所承担的维护和实行阶级统治、保卫国家和社会安全的职能，包括保护国家的独立和主权、维护社会治安、界定和保护产权。从市场经济的角度看，界定和保护产权是政府的首要职责，也是保障市场机制有效运作的基本前提。

（2）政府社会职能，指政府对社会公共事务的一系列管理活动或过程，以改善和保障人民物质和文化生活为依归。政府的社会职能包括政府组织动员全社会力量对社会公共生活领域进行管理所承担的社会服务和社会保障职能。

（3）政府的经济职能，是指政府所承担的组织和管理社会经济建设的职能。

（4）政府文化职能，是指政府指导和管理文化事业，即领导和组织一个国家思想道德、舆论文化建设的职能。

政府的经济职能和文化职能，可以说是政府实现其政治功能与社会管理职能的衍生功能。

3. 政治职能与社会职能的关系

政府的政治职能与社会管理职能既存在根本的区别：前者体现了政府的阶级本质，即政府是统治阶级进行阶级统治的工具；后者体现的是政府的公共性质。二者的关系也可以相互转化：

（1）政治统治职能的实施必须以社会管理职能的履行为必要条件。一方面，社会管理职能的履行为政治统治职能提供了物质基础；另一方面，社会管理职能的有效运行为政治统治职能提供了合法性基础。政府只有在社会管理方面卓有成效，才能巩固其政治统治。

（2）社会管理职能的履行需要政治统治职能的保障。政府只有实现其政治统治，才具备进行社会管理的资格。政治统治职能的履行，创造了一个相对稳定的社会秩序，从而为社会管理提供良好的环境。

（3）政治统治职能与社会管理职能在一定条件下可以互相转化。政治统治职能的目标往往要借助社会管理职能的手段来实现；而现代政府政治统治的合法性也越来越依赖于社会管理的有效性。另一方面，社会管理职能在根本目标上始终具有政治性，即维护政治统治的合法性。

在现代社会，社会管理变得越来越复杂，而政治统治职能与社会管理职能相互渗透的程度越来越高。现代政府职能最为显著的发展趋势是政治统治的色彩淡化，社会管理职能泛化和深化。由于阶级矛盾相对缓和，现代政府一般很少直接诉诸政治统治职能来维护自身的统治，而是将政治统治逐渐归并于社会管理职能之中，并在很大程度上依赖于社会管理职能的有效履行来维护政治统治的合法性。在这样的条件下，政府的社会管理职能的作用越来越大，在政府职能履行中的比重也越来越高。

（二）政府的社会保障职能

现代社会中，市场机制的失灵有时是难以避免的。为克服市场机制下收入分配的缺陷以体现社会公平，政府要介入社会保障领域并发挥其特定职能。

1. 政府职能的含义

政府职能是指国家行政机关根据社会环境和社会发展的需要，依法对国家政治经济和社会事务进行管理时应承担的职责和功能。具体地说，就是指政府作为国家行政机关，依法在国家的政治、经济以及其他社会事务的管理和服务中所应履行的职责及其所应发挥的作用。

政府职能的这一定义，至少包括了以下内涵：

（1）政府职能的实施者是整个政府行政组织系统，包括政府的各级各类行政机构及其所属公务人员；

（2）政府职能是国家职能的一个重要组成部分；

（3）政府职能是一个由相互联系的行政管理活动的各职能构成的严密体系；

（4）政府职能行使的依据是国家宪法和法律赋予行政主体的行政权力。

政府可以通过统筹规划、掌握政策、信息引导、组织协调、提供服务和检查监督，行使领导和管理职能。

2. 政府职能的内容

政府职能的内容主要表现在以下几个方面：

（1）政府的政治职能，也称阶级统治职能，是指政府所承担的维护和实行阶级统治、保卫国家和社会安全的职能，包括保护国家的独立和主权、维护社会治安、界定和保护产权。从市场经济的角度看，界定和保护产权是政府的首要职责，也是保障市场机制有效运作的基本前提；

（2）政府的社会职能，指政府对社会公共事务的一系列管理活动或过程，以改善和保障人民物质和文化生活为依归。政府的社会职能包括政府组织动员全社会力量对社会公共生活领域进行管理所承担的社会服务和社会保障职能。

（3）政府的经济职能，是指政府所承担的组织和管理社会经济建设的职能。

（4）政府的文化职能，是指政府指导和管理文化事业，即领导和组织一个国家思想道德、舆论文化建设的职能。

政府的社会职能一般是通过建立专门机构来行使的，面向全体社会成员建立的社会保障制度属于社会职能的范畴。政府社会职能是指政府所承担的社会服务和社会保障职能，社会职能是维护社会安定团结、保证社会正常秩序的基本前提之一，从某种意义上说，社会职能是政治职能的基础。

3. 政府政治职能与社会管理职能的关系

政府的政治统治职能与社会管理职能存在根本的区别：一是前者体现了政府的阶级本质。即政府是统治阶级进行阶级统治的工具；二是后者体现的是政府的公共性质。政治统治职能与社会管理职能的联系在于二者可以相互转化：

（1）政治统治职能的实施必须以社会管理职能的履行为必要条件。一方面，社会管理职能的履行为政治统治职能提供了物质基础；另一方面，社会管理职能的有效运行为政治统治职能提供了合法性基础。政府只有在社会管理方面卓有成效，才能巩固其政治统治。

（2）社会管理职能的履行需要政治统治职能的保障。政府只有实现其政治统治，才具备进行社会管理的资格。政治统治职能的履行，创造了一个相对稳定的社会秩序，从而为社会管理提供良好的环境。

（3）政治统治职能与社会管理职能在一定条件下可以互相转化。政治统治职能的目标往往要借助社会管理职能的手段来实现；而现代政府政治统治的合法性也越来越依赖于社会管理的有效性。另一方面，社会管理职能在根本目标上始终具有政治性，即维护政治统治的合法性。

在现代社会，社会管理变得越来越复杂，而政治统治职能与社会管理职能相互渗透的程度越来越高。现代政府职能最为显著的发展趋势是政治统治的色彩淡化，社会管理职能泛化和深化。由于阶级矛盾相对缓和，现代政府一般很少直接诉诸政治统治职能来维护自身的统治，而是将政治统治逐渐归并于社会管理职能之中，并在很大程度上以来于社会管理职能的有效履行来维护政治统治的合法性。在这样的条件下，政府的社会管理职能的作用越来越大，在政府职能履行中的比重也越来越高。

（三）政府社会保障职能的定位

社会保障属于交叉学科，不同学科对社会保障的政府职能有不同的关注视角。

1. 公共管理学的视角

公共管理学者从政府公共管理领域研究政府职能，注重管理方式的研究。

认为政府可以从事许多市场力所不能及的事情，社会保障管理的目标是取得结果、改进技能与增强责任，社会保障改革要求政府强化责任但不是代替一切。在社会保障公共服务方面，政府则应比以前有更大的创造力与自主性。公共管理学者更多地从政府角色的有关理论来讨论在不同时期政府应该做什么？不应该做什么？

当过去由政府从事的活动开始走向市场化时，公共管理学者十分关注市场化的效果。政府角色主要侧重于经济职能，如果实施效果显著，就应该更多地变换政府的角色与缩减政府进入的规模。但是，政府是通过政治过程表现出来的人民意愿的集中代表，其行为是不存在界限的。公共福祉一定是建立在价值判断的基础之上，确定公众对社会保障的偏好程度或是预期的高低，应该作为调整政府社会保障行为的价值判断基础。社会保障属于治理“市场失灵”的领域，社会保障活动作为对市场经济缺陷的弥补，要由公共行为来完成。

政府通过供应、补贴、生产和管制四种手段实行政府干预：其一，福利国家在很大程度上通过税赋收入提供公共商品和服务，并通过再分配将社会资源转移到穷人手中。政府通过社会保障预算供应和配置社会保障资源，如我国中央财政对国务院社会保障基金理事会的年度基金拨付、通过财税分配政策提供社会福利，包括对某一公民阶层的转移性支出等；其二，当凯恩斯主义在中国遭遇“水土不服”时，中国财政部门提出的建立“社会保障基金自主平衡机制”，就旨在尽量减少社会保障基金收不抵支对财政带来的影响。

2. 社会学的视角

社会学者从社会学角度研究社会保障问题，更多的是从社会分层理论、角色理论、社会排斥理论、贫困理论等视角加强对社会保障的研究。马克思和韦伯关于发展的观念形成了大多数关于阶级和分层的社会学基础。针对各阶层发生的各种矛盾和冲突，建立各阶层利益的整合机制、矛盾和冲突的化解机制，结合社会保障的特性来平抑阶层之间的不公平。当大量的农民转化为城市产业工人或其他社会阶层的时候，人们就有必要根据社会分层的变迁和城市化要求来确定社会保障的发展目标。在社会学视角中，角色理论更多地倾向于对边缘群体或弱势群体社会角色与地位的关注，减少社会排斥，主张对进城农民工或城市下岗职工的反贫困措施，应注重他们的社会参与，要为他们提供更多的参与社会活动的机会，让他们通过广泛的社会参与来实现社会融合。社会学同样主张政府通过提供某些社会商品和服务，在减少人们之间的不平等方面发挥重要作用，抵销市场由于种种原因给那些难以满足基本需要的人所造成的负面影响。

目前，我国正处于社会转型期，也是各种社会矛盾比较集中的爆发期，农民失地、城市部分居民贫困化现象加剧、收入差距进一步拉大、劳资纠纷不断、矿难事故频发、大规模人口流动等，社会学者强调政府在社会领域加强政府的社会保障职能，以避免社会领域存在的种种问题影响经济的健康发展。社会保障作为社会学的一个重要的研究分支，近年来，从农民工社会地位的沦落谈论城市社会治安问题、从“民工潮”到呼吁建立社会有序的农民工流动与建立社会关系网络与社会现代劳动组织、从失业人群的分类到倡导社会关注“4050”人员再就业工程、从关注人们的社会参与到呼吁建立“公民社会”与完善社区建设与人文关怀等，社会学的研究视角与研究内容对政府主导性社会保障在社会职能的完善方面做出了贡献。国家处理社会问题从“两个确保”到“五个统筹”，继而提出“以人为本”的科学发展观，其核心是注重经济与社会的协调发展，缓解各种社会矛盾。政府社会保障职能中的社会职能与政治职能、经济职能一样，成为整个政府社会保障中不可或缺的一部分，在建立和谐社会的主题下，注重社会保障职能的细化研究，有利于建立完善的社会保障体系。

3. 经济学的视角

从经济学的角度研究政府职能，西方学者强调市场优先，政府职能主要是弥补市场不足。如美国学者安德森提出，政府应该有七项基本职能：提供经济基础、提供各种公共商品和服务、协调与解决团体冲突、维护竞争、保护自然资源、为个人提供获得商品和服务的最低条件、保持经济稳定。① 中国的经济学者从经济学角度研究政府社会保障职能，主要包括：从收支平衡视角探讨政府财政保障能力与社会保障预算管理机制；从人口老龄化与高龄化角度研究社会保障基金筹资模式并着重于研究现收现付制向部分基金制过渡的途径与方式；从基本养老保险个人账户“空账化”现象研究如何转置部分国有资产，充实社会保障基金等多种途径做实个人账户；从国企改革与保障国企职工个人利益机制角度探讨社会保障改革的一系列制度设计，如财政、企业、社会保障各负担1/3的“三三制”“三条保障线”向“两条保障线”过渡、财政扶持的再就业工程与国企职工社会保障关系的转续问题等；从社会保障制度运行与国民经济增长的关联研究社会保障宏观管理问题，尤其是在节约型社会如何降低社会保障运行成本以提高社会保障经济与社会绩效问题。

---

① ［美］詹姆斯·E·安德森，唐亮译：《公共决策》，华夏出版社1990年版，第31页。

政府社会保障的经济职能要充分地运用政府的经济政策工具来实现政府的社会保障经济职能目标，包括一系列的财税政策、金融投资政策、人口与计划生育政策、劳动政策与人力资本政策等。从经济变量与社会变量分析，为了提高社会保障基金的缴纳力度，政府通过试点并计划实施社会保障税费改革，以达到提高缴费能力、降低拒缴率的目标，但由于税收体制方面的一些问题及部门分割问题，社会保障税费改革在全国进展不快，在财政支出中不断扩大对社会保障的支出比重逐年上升，中央财政对基本养老保险金的缺口补贴逐年增加。

二、政府履行社会保障职能的原则与作用

（一）政府的社会保障职能

虽然各国政府在社会保障中发挥的作用各异，但在承担社会保障制度设计、法律制定、监督管理、财政支持与推动制度变革等基本职能方面是一致的，只是由于介入程度的不同，各国在履行社会保障职能的实现方式上存在着一定的区别。

1. 政府是社会保障制度的设计者与建立者

在现代社会，社会保障是一项涉及久远、关乎民生的重要社会经济制度，绝非个人、群体所能负担和承受的，只有对社会公共事务承担管理职能的政府才能成为这一制度设计的主体，才能在如此复杂的环境下达成各方面的均衡与妥协，并通过政府权威与强制性来建立社会保障制度。

2. 政府是社会保障法律体系的建立者

无论是被视为近代社会保障先驱的德国社会保障制度，还是被视为现代社会保障典范的美国社会保障制度，都是借助法律手段来实现其社会保障制度的职能的。社会保障的法律系统是建立和规范社会保障制度的起点和必要的条件，同时也是规范和促进市场经济健全发展的有力武器。在现代国家，立法资源是由政府统一掌握的，只有政府部门通过一定的立法程序，才能制定出正式的法律。

3. 财政支持与“最终付款人”

社会保障制度是一项重要的社会经济制度，涉及大量的资金流转，这种资金流转具体表现为社会保障基金的筹集、运营和发放。政府对社会保障的财政支持与财政兜底责任是社会保障财务稳定的重要保证。

4. 政府承担着社会保障的管理与监督职能

政府对社会保障的管理，是指通过一定的机构与程序，采取一定的方式、

方法和手段，对各种社会保障事务进行计划、组织、协调、控制及监督的过程，具体包括社会保障行政管理、社会保障业务管理和社会保障基金管理等。

5. 政府还是社会保障制度创新的主导者与实施者

社会保障制度作为协调社会经济关系的一种制度安排，随着社会经济环境的变化也需要不断改善以与之相适应，从而就会发生社会保障制度的制度创新与变革。在社会保障制度变迁中，政府主导的色彩会更为强烈。

因此，在社会保障制度变革时期，政府是制度创新的主导者，在设计新的社会保障制度、推进社会保障制度转换和承担转制成本等方面都需要政府发挥主导性作用。

（二）政府履行社会保障职能的原则

有效发挥政府在社会保障领域中的作用，意味着政府必须将注意力和发挥作用的基本点放在规范市场秩序，弥补市场失灵和满足社会公共需要、促进就业、创造有效率的市场运行机制和提高生产率的基础上。

1. 有序推进原则

政府履行社会保障职能，应该在其他经济社会制度或政策的改革完善的过程中，合理安排、有序推进社会保障制度建设，避免在社会保障领域中制度安排或政策改变的随意性。西方现代社会保障制度体系是与成熟的完全市场经济形态相适应的，中国的不完全市场经济形态则完全不同，还必须优先进行市场经济经济制度改革、企业制度改革、财政税收制度改革、政府职能的重新设计与调整等一系列经济社会政策的重大调整，在此基础上才有可能建立统一的比较完备的社会保障制度体系。

2. 分类设计原则

政府在适应市场经济的环境对社会保障不同领域与机制选择过程中，应逐步退出生产性领域，加大公共物品的提供，设计好社会保障制度的不同结构与功能，协调好费性支出与生产性支出的关系。根据不完全市场经济条件的现实要求，政府在基础性社会保障体系中应更多采取直接干预的方式，保证绝大多数社会成员的福利实现；在选择性社会保障体系的建设中应对特殊社会保障对象提供有选择的社会保障，并发挥社会保障体系在区域经济社会发展中的基础性作用；在补充性社会保障体系的建设中则应更多地提供法律法规的支持，依靠私人部门与中介组织，并强化监管与评估体系以实现制度的目标。

3. 明确事权原则

政府履行社会保障管理职能务必分清缴费责任，明确划分社会保障各方面事权，厘清各级政府的职责。在统筹社会保障基金工作中，要严格区分旧债与在职职工积累的社会统筹之间的界限。社会统筹积累是计发基础养老金数量的一个主要变量，也是未来退休职工积累的资产，它与实施社会保险制度之前已经退休的和尚未退休的人理应享受的部分“国家旧债”在性质上是十分不同的。

4. 社会参与原则

政府虽在社会保障领域中发挥着不可或缺的重要作用，但政府的这种作用并不是完美无缺的，仍存在着令人遗憾的种种缺陷需要政府以外的力量介入社会保障领域，而市场和“非营利组织”的力量就是最好的选择。目前，政府在社会保障领域承担的许多社会性事务，应逐步由政府管理移交到相应的社会组织。实现政府社会保障职能的社会化，与传统社会向现代社会转化的过程是一致的，应充分调动社会组织的广泛参与。在这一过程中，扩张的社会组织（第三部门）能够承担起政府退出的社会保障领域和其他社会事务领域并发挥积极作用。与此同时，发挥社会组织的作用，政府有利于集中优势资源建设市场经济运行的平台，从而降低整个社会的交易和运行成本来获得制度创新和政策协调带来的整体收益。

（三）政府对社会保障制度建设起主导作用

现代社会保障制度自建立之日起，政府就承担着义不容辞的责任。而确定政府在社会保障中的作用范围，明确政府的职能定位，是设计与选择社会保障制度与管理模式的重要内容。

1. 弥补缺陷，体现公平

在市场经济条件下，经济决策的主体是具有法人地位的企业，其生产和交换的目的是企业盈利的最大化，而生产和交换受市场供求关系的调节。与此相适应，收入在不同社会成员之间的分配依据是其拥有的生产要素市场稀缺程度和要素价格，收入分配的形式是与各种提供给市场的要素相对应的报酬形式。而不同的要素所有者，由于拥有要素的数量和质量不同，竞争机会也就不均等，从而收入也不平等。由此一来，必然酿成不良的社会、政治和经济后果，因而政府有必要对市场机制的缺陷进行整治以体现公平。而政府通过介入社会保障制度建设是弥补市场机制的重要手段，即通过社会保障立法对市场机制下收入分配的缺陷进行矫正和弥补。

2. 降低成本，提高效率

政府对市场机制下收入分配缺陷的矫正和弥补，是通过社会保障基金的筹集和支付来实现的。一方面，政府介入社会保障领域，能减少在筹集社会保障资金和支付社会保障资金过程中的成本和相关费用，因为政府可以通过法律、法规形式对筹集资金的对象、依据、标准、方式予以强制性规定，使社会保障基金按规定足额征缴，减少征缴过程中的非正常成本、费用。另一方面，政府介入社会保障领域对基金能按规定的对象、依据、标准及时足额支付，从而减少基金支付中的损失，并且能够避免企业、社会团体、慈善机构等多头举办而引起的机构重叠、管理人员臃肿而增加的成本和费用。

3. 均衡负担，提供机会

政府介入社会保障领域的职责主要是筹集和支付社会保障基金。尽管世界各国在社会保障基金筹资方式上有所不同，但大多数国家都是坚持政府、企业、个人三方出资的原则，即政府以目的税形式从用人单位和个人手中征收社会保障费（税），支付给那些需要提供保障的社会成员，不足部分由政府以非目的性的各种间接税或直接税增补。这种筹资方式，从表面上看增加了企业和个人的负担，减少了企业的盈利、降低了个人的收入，但实际上是将少数企业和个人的未来风险，由社会共同负担。政府介入社会保障领域后，这种风险负担通过社会共担的原则，具体到所有用人单位和个人，其负担额是有限且是能够承受的。由于负担均衡，使企业和个人能够站在同一起跑线上平等竞争，为企业提供了一个公平竞争的环境，为个人增加了平等参与的机会。

4. 调控经济，促进发展

政府运用社会保障调控经济主要体现在自动稳定器、相机抉择的财政政策和基金的投向等方面。首先，政府可以根据社会总供给和总需求的状况，调高或调低社会保障支付水平、支付标准，从而达到影响社会总需求的水平，使社会保障的支出随经济情况的变化而调节社会供求关系。其次，政府可以根据国民经济的总体情况，调整社会保障征税的范围、税率，对国民经济进行调控。当经济发展时，可以扩大征税的范围，提高税率来减少需求，抑制投资，以避免经济过热；当经济萧条时，降低税率，缩小征税范围，来增加需求，增加投资，以刺激经济的发展。再次，社会保障基金作为一项储备资金，政府可以通过调控投资方向和投资数量调节社会供求关系，达到供求总量平衡和结构均衡。

三、我国政府承担的社会保障管理职能

（一）我国政府社会保障管理职能的设计

现阶段的中国，经济发展起点低，人均收入不高，地区之间、城乡之间

发展不平衡，完善社会保障体系的任务十分艰巨和繁重。从我国经济和社会发展的实际来看，当前我国经济和社会中的一个结构性矛盾是经济与社会发展不协调，其突出表现是社会事业管理体制落后于经济管理体制，政府社会职能滞后于政府经济职能。因此，我国政府的社会职能应从以下几个方面展开：

1. 建立有效的政府主导型社会保障模式

从历史文化传统看，我国自古以来实行的都是中央集权的政府管理体制，政府具有较高的权威力，社会成员对政府持高度认同的态度，由政府主导并推行和发展社会保障是符合我国社会发展基本要求的。另外，从目前的现实情况看，我国正处于经济体制由计划经济向市场经济转轨的时期，同时也是社会保障由旧的制度安排向新的制度安排转换的关键时期，这种制度的变迁必然会引起社会利益的调整和重新分配。此时，如果单纯依靠市场来进行这种调整和重新分配，其结果要么是无法完成对原有利益的调整和重新分配，导致制度转换无法实现；要么是形成一种在保留原有既得利益集团权力基础上的不公平的新制度，背离了制度转换的目标。而我国新的社会保障制度应是既强调效率，也兼顾公平，只有依靠政府的力量才能达到制度转换的预期目的，才能实现新的社会保障制度所追求的目标，所以必须加强我国政府在社会保障中的主导性地位和作用。但有一点必须明确，发挥我国政府在社会保障中的主体作用要避免政府在社会保障领域凡事都“事必躬亲”，而是应有重点地将主要精力投入对社会保障事务的宏观调控方面。目前，世界上大多数国家都建立了社会保障制度，基本选择了与本国国情相适应的社会保障模式。而我国又具有面积大、人口多和经济发展相对落后的基本特点，这就决定了我国决不能一味套用其他国家的社会保障模式，而应是寻找与中国国情相适应的具有中国特色的社会保障模式。这就要求我国政府组织力量进行深入地调查研究，切实把握中国的实际国情；广泛分析别国社会保障模式的特点和优劣，汲取他国在社会保障模式确立过程中的得失，从而为确立我国的社会保障模式提供经验。

2. 为社会保障制度的正常运行提供有效的法规体系

纵观世界各国的社会保障制度，虽然各国政府在社会保障中的职能各有千秋，但有一点非常相似，那就是各国政府都不约而同地承担着为社会保障制度提供完备的法律体系的职能。我国的社会保障制度还不成熟、不完善，尤其是现阶段又处于制度转换的时期，政府为社会保障提供法律体系以维护其健康运行就至关重要。从一些发达国家的社会保障立法发展来看，在 20 世纪初，政府对社会保障进行立法大都是出于实现社会稳定和社会公平；但二次世界大战以后，立法的出发点就不仅仅局限于维护社会稳定和公平，而是加进了促进经济发展的愿望，社会保障制度也成为一种长期稳定协调发展的战略措施。① 那么，我国政府在社会保障立法过程中也应明确其出发点，即是以维护社会稳定与社会公正为出发点，还是要借鉴发达国家长期协调发展的战略观。另外，就我国社会保障立法存在的问题而言，政府应对社会保障立法进行统筹规划，逐步完善以社会保险法、社会福利法和社会救助法为骨架的社会保障法律体系。我国政府应提高社会保障立法的层次和立法规格，强化国家立法机关立法，改变我国社会保障立法中以行政代法或是以政策代法的现状；通过减少国家行政机关的立法行为，在保证社会保障法律的稳定性的同时，使国家行政机关将更多的精力投入到社会保障的实施过程中。

3. 为社会保障制度发挥重要的财政后盾作用

国家财政的功能就是为了满足社会的公共需要，对一部分社会产品进行集中性分配，因而政府理应承担社会保障的最终财政责任。就我国目前处于社会保障制度的转型期而言，政府更应为社会保障提供必要的财政支持。而要想为社会保障提供有效的财政支持，我国政府就必须建立固定的社会保障财政机制，包括稳定的财政来源、确定的支出比例、明确的供款项目等内容。就具体的社会保障项目而言，政府财政应对社会救助实行包办，以促进和体现社会公平；对社会保险以及社会福利中的住房、教育、残疾人福利等给予一定的财政补贴。但需要引起注意的是，我国目前正处在社会保障制度的形成时期，要特别防止出现“福利国家”。由于政府财政在社会保障方面的支出失去控制，而使社会保障成为政府财政的沉重包袱，进而成为经济发展的障碍的严重问题。从我国的实际情况出发，政府应从改革、发展、稳定的全局出发，统筹考虑对社会保障的资金投入，形成个人、企业共同负担，政府进行财政兜底的社会保障资金筹集模式。

4. 加强对社会保障制度运行的管理和监督工作

政府是社会保障最重要的主体，而政府履行对社会保障的管理和监督职能正是这种主体责任的体现。政府对社会保障进行管理可以保证社会保障法律制度得到切实的贯彻实施，可以通过制订社会保障计划来主导社会保障制度的长期发展，可以及时监控和纠察社会保障的具体实践以保证其健康运行和发展。就我国目前的实际情况而言，要想提高政府对社会保障的管理效率，

---

① 郑功成:《社会保障学》，商务印书馆 2000 年版，第 381 页。

就必须改革和完善现有的社会保障管理体制。虽然中央政府在 1998 年成立了劳动与社会保障部，各地也建立了相应的劳动与社会保障厅（局），但劳动与社会保障部门实际只负责社会保险制度的管理，社会救济、社会福利、社会救济等仍由民政部负责管理。因此，统一社会保障的管理机构就成为我国政府提高社会保障管理效率的当务之急。就社会保障制度的健康发展而言，仅有社会保障法制规范和政府为责任主体的管理体制是不够的，还需要有健全灵敏的监督机制，以纠正社会保障运行过程中的非正常状态，维护社会保障制度沿着健康的道路发展下去。尤其是我国正处于新旧社会保障制度转换的时期，社会保障运行过程中出现非正常状态的概率更高，监督机制对我国社会保障制度健康发展的作用极为重大。在这种情况下，政府履行社会保障职能的一个重要方面就是监督社会保障制度的运行，而当务之急是要建立独立于社会保障管理机构之外的监管部门，只有这样才能不受影响地真正发挥对社会保障运行进行监督的职能。

（二）我国政府履行社会保障职能存在的问题

改革开放以来，我国已经初步形成了与社会主义市场经济体制相适应的社会保障制度的框架，但我国政府社会保障职能的履行仍面临一些问题。其中，既有历史问题，也有改革中未能妥善处理好的问题；既有制度之内的问题，也有制度之外的问题。

1. 社会保障立法比较滞后

社会保障制度的一个重要原则就是立法先行，大多数国家在建立或修订自己的社会保障制度时都遵循这一原则，即任何一项社会保障制度的建立或改革，通常都是以立法机关制定或修订相关法律、法规为先导，以管理部门制定相应的实施细则为条件，随后才进行社会保障项目的具体组织实施工作。改革开放的 40 年来，我国的社会保障立法仍处于初级阶段，目前只有一部《社会保险法》出台且未尽完善，尚无一部综合性的社会保障法律，其余组成部分如社会救助、社会福利和优抚安置等仍处于立法的空白地带。大量的社会保障事务，只能依靠行政机关的政策或指示来推动①，导致了社会保障政策代替社会保障法律的现象十分严重，这就造成了中央政府与地方政府、政府与企业和被保障人之间事权不清，社会保障的历史责任与现实责任不明，这都严重地影响了我国社会保障制度发展的进程。另外，我国的社会保障立法

① 郑功成：《社会保障概论》，复旦大学出版社 2005 年版，第 67 页。

还有一个相当特别的情况，就是“人大立法少，行政立法多”①。与通常所说的，社会保障立法主要应由立法机构颁布的情况大不相同。这种现状降低了社会保障法律法规的权威性。

2. 社会保障责任尚未厘清

政府、市场、社会以及个人都是社会保障领域内不可或缺的责任主体，但如果这几个主体间的责任边界划分不清，也就是说无法准确定位各个主体应发挥作用的范围，那么不仅无法确定政府责任，使政府的负担日益加重，更重要的是无法有效地引导市场、社会乃至单位组织发挥应有的作用。如政策制定与制度规范责任划分不清，我国政府就扮演了本应由立法机关扮演的角色，承担着制定法律、法规、政策的任务；财政责任划分不清，政府与企业、个人和社会各自应承担的财政责任划分不清，中央政府与地方政府间的财政责任划分不清，存在着地方过度依赖中央，中央政府负担过重的问题等。

3. 社会保障力度尚较欠缺

改革开放40多年来，我国的社会保障制度已基本由计划经济体制下的“国家型保障”转变为市场经济条件下的社会化保障，越来越多的社会成员被纳入社会保障的覆盖范围。但即使是这样，我国社会保障制度的覆盖面仍然较窄，大量的城市集体和私营企业的劳动者、自由职业者、个体工商户以及进城务工的农民工仍未被纳入社会保障范围之内。另外，我国还有数量众多的小城镇和广大的农村地区，这些地区的社会保障制度还处于探索阶段，有些地区的社会保障事业甚至还处于空白状态。总的来说，我国现有的社会保障体系还存在很多缺漏，不仅现有的保障项目无法覆盖全体应被覆盖的社会成员，而且还存在着保障项目不足的缺陷。绝大多数社会成员缺乏基本养老保障和基本医疗保障，数以千万计的农村贫困人口缺乏应有的社会援助制度，同时面向老年人和残疾人等特殊群体的社会福利事业也严重滞后，一些迫切需要得到国家和社会帮助的弱势群体不知该如何寻求帮助。

4. 社会保障效率尚不够高

政府虽然是社会保障制度的主体，社会保障中有些项目的实施确实需要政府部门具体组织，以高度的统一性和标准化来提高实施的效率，但这并不意味着政府就可以对社会保障事务大包大揽。社会保障领域内政府权力的扩大化和无序化是不利于社会保障制度的发展的。如政府在社会保障管理上行政干预过多，就会大大影响社会保障的社会化管理。就我国的实际情况而言，

① 郭士征：《社会保障学》，上海财经大学出版社2004年版，第76页。

目前养老保险社会化管理和服务还未到位，养老金社会化发放还未全面实现，其他社会组织包括社区组织的服务功能仍然由政府包办，这都对我国社会保障制度的发展产生了不利影响。此外，虽然我国政府对社会保障事务大包大揽的情况值得注意，但政府未能对自己的本源责任进行充分履行的现状也是不容忽视的。如我国政府对社会保障的监管职能就履行得不够充分。政府在改善和提高社会保障管理的效率以及增强监督力度等方面投入的精力不足，结果造成了社会保险基金征缴难、拖欠现象严重，基金管理缺乏效率，不仅无法做到基金的保值增值，还存在挪用基金的致命问题。

（三）我国政府社会保障职能的提升

我国政府在社会保障中的职能定位必须与我国的经济发展状况相适应，这就要求政府在对社会保障制度进行集中管理和统一协调的同时还要尊重这种经济发展差异性，根据不同的保障需求采取不同的政府干预形式、承担不同的职能。

1. 坚持政府在社会保障工作中的主导性

从历史文化传统来看，我国长期实行的是中央集权的政府管理体制，政府具有较高的权威力，社会成员对政府的认同度也较高，由政府来推行和发展社会保障阻力较少，效率较高；从现实国情来看，我国政府规模比较庞大，由政府来负责社会保障制度具体实施，成本也较低；尤其是我国目前处于经济体制与社会保障制度的双重转型时期，政府在社会保障中的主导性作用和所需承担的职能不仅不能削弱，反而需要增强。所以，我国的社会保障模式的选择在今后相当长的一段时期内都应以政府主导型为宜。即政府应该致力于建立一个公民可以信赖的，并能把自己的将来寄托于此的社会保障。无论是“先富带动后富”，还是经济发展带动社会发展，都不可能自我实现，它需要政府有效发挥汲取资源、进行再分配、实行监管等一系列重要职能，确立政府在社会保障领域的主导作用。

2. 建立全国统一的社会保障制度

《中华人民共和国宪法》赋予每一个公民享受社会保障的权利，因此，政府给予所有的公民同等的待遇和平等的机会，必须建立全国统一的社会保障制度。也就是说，政府提供的社会保障受益对象应是所有中华人民共和国公民（当然包括农村居民在内）。从我国社会保障发展的实践来看，立法滞后是制约其发展的重要因素。我国的社会保障目前仍为政策主导型，这与社会保障作为一项基本社会制度的地位极不相符。条例、政策和规定没有法律的强制力和约束力，使社会保障的相关规定难以落到实处，对于违规者无法可依，难究其责；政策、条例执行起来有较大的灵活性和回旋余地，阻碍了社会保障制度化、规范化进程；缺乏社会保障相关法律，人们对未来生活预期充满悲观；从社会保障法律文本的历史渊源来看，其阐释和规定有些已不能适应和涵盖社会发展的要求。

3. 建立健全社会保障管理体制

真正发挥社会主义市场经济的社会保障作用，就必须改善社会保障管理体制和建立统一管理机构，以消除目前我国社会保障存在的多部门分管、政事不分、监督乏力的弊端。既不应当维持现状，也不要急于统一。在建立新型社会保障时，除坚持统一管理、职责分明、相互协调之外，还需要坚持与中国的经济、政治体制相吻合，符合社会保障的内在要求；同时坚持平衡过渡。中国的改革是渐进式的推进，因此我国的社会保障也应当是分步骤、分阶段、分层次进行；坚持适度统管，中国社会保障应按照统一管理的原则加以建设，但追求的只能是适度统管，高效率运行；坚持党的领导，加强对社会保障管理体制的宏观设计和监督职能。

4. 理顺社会保障制度的运行机制

在中国现实国情的基础上，要构建科学、合理、高效和协调的社会保障宏观运行机制。首先，新型社会保障运行机制必须实现科学和合理化。在构建社会保障宏观运行机制尽可能减少震荡的同时，促使社会保障运行走向科学和合理化；其次，新型社会保障运行机制必须实现一体化。管理的实施相互分离又相互制约，同时实行运行机制的一体化，运行机制中的各系统能够共同构成一个紧密相关、协调运转的大系统。再次，运行机制必须符合高效、经济、灵活的原则；最后，新型社会保障运行机制应当做到与社会经济大系统的协调运转。

5. 创新社会保障管理手段

回顾改革历程，可以清楚地看到，政府在促进经济发展方面的职能远强于促进社会发展方面的职能，政府在促进城市发展方面的职能远强于促进农村发展方面的职能。因此，强化政府在社会发展和农村发展方面的职能，促进经济与社会的平衡发展，促进城乡的协调发展是下一阶段政府职能转变与创新的关键。现阶段，政府手中依然掌握着大量的资源，因此仅仅明确政府职能是不够的，还必须有管理手段的创新，让应受保的人真正受保，把有限的资金用在最需要的人和地方，以避免资源的浪费和不合理配置，实现社会利益的最大化。

第四章

社会保障行政管理

行政管理是指国家行政机关在管理国家事务、社会事务和机关内部事务的过程中进行的计划、组织、指挥、协调和控制等各项管理活动。社会保障旨在为全社会成员提供基本的生存保障，项目众多，过程复杂，不论是在申请、审批、发放或者在收缴，以至于更宏观的目标设置上，都需要有广泛的行政参与和非常严格有效的行政监督。科学的社会保障行政管理，是社会保障事业正常进行的保证。

一、社会保障行政管理概述

（一）社会保障行政管理概念

广义上的行政管理，是指一切社会组织、团体对有关事务的治理、管理和执行的社会活动，同时也指国家政治目标的执行，包括立法、行政、司法等。狭义的行政管理，指国家行政机关对社会公共事务的管理，又称为公共行政。

社会保障行政管理是狭义的行政管理，专指政府负有社会保障职能的行政部门及其办事机构对社会保障各方面工作的管理。一般说来，社会保障行政管理可以分为外部行政管理（法制管理）和内部行政管理（具体事务管理）。

1. 社会保障的外部行政管理

政府的社会保障部门负责这项工作，具体包括以下两个方面：

（1）政府根据立法制定社会保障方面的相关法规和政策。这些法规和政策对社会保障的实施对象、资金来源及其征收方法、支付待遇及其支付办法以及社会保障基金的管理方法等方面作出了明确的规定。这些法规和政策具体由社会保障管理机构落实。

（2）建立社会保障管理机构和监督机构，一般需要建立四个机构，即社会保险的决策机构、社会保险的具体事务实施机构、社会保障基金的投资运行机构以及社会保险的监管机构。

2. 社会保障的内部行政管理

社会保障的内部行政管理，主要是对社会保障具体事务的管理，主要内容包括对社会保障对象、社会保障基金、社会保障工作人员的管理等。这项工作由社会保障的具体事务实施机构来承担，其中，社会保障行政组织是社会保障行政管理的主体，是社会保障管理得以展开的具体承担者，行政过程中的一切活动都是以行政组织为基础而展开的。同时，得力的行政领导、合理的人力资源、可行的行政决策、有效的行政监督、畅通的行政沟通、和谐的行政协调，均依赖于科学合理的行政组织。

（二）社会保障行政管理的特点

社会保障行政管理具有以下四个特点。

1. 政治性

作为国家职能重要组成部分的社会保障行政管理，是贯彻和体现国家社会职能的一种直接手段，具有明显的政治性。一般说来，社会保障行政管理作为国家的组织活动，也不例外，必然要为掌握国家政权的政治阶级服务，其目的是执行代表国家利益的阶级意志，维护统治阶级的统治秩序和利益。

2. 服务性

社会保障行政管理的对象和范围日益扩大到社会经济生活和文化生活的各方面，为促进社会经济文化事业的发展和保障社会生活的正常秩序服务。在社会主义制度下，社会保障行政管理机关的国家工作人员是“社会公仆”，其服务性直接体现在为人民服务，为社会大多数人谋利益。

3. 法制性

社会保障行政管理的法制性表现在以下几个方面：各个领域都有健全的法律规定，任何社会保障行为都能有法可依；各个部门、各个机构的权力都是法律授予的，在法律赋予的范围内活动，对社会保障事务的管理都必须有法律依据，依法行政，并承担相应的法律责任；一切行政机构都是依据法律或行政法规设置的，行政机构中的各个组织和工作人员的职责、权利和义务都用法律的形式明示。

4. 系统性

行政管理是依赖行政机构和管理渠道进行的，所以选择和设计符合社会发展要求的组织系统是保证行政命令、指示等迅速流动贯彻的重要前提，是达到行政管理目标的必要条件。而支撑管理系统有效运行的根据是优秀的行政管理人员，他们应有与时代相适应的素质、能力和知识结构。如素质结构包括良好的个性和心理特征、强烈的创新素质和健康的身体素质；能力结构包括以信息处理能力、组织咨询能力、分析综合能力、择优决断能力；知识结构包括社会知识、管理知识和技术知识三大方面。

（三）社会保障行政管理的职责

社会保障行政管理，是推行国家有关社会保障法律和加强社会保障管理的方法、技术、程序和规范的过程。其工作职责主要有：

（1）计划与预测。对社会保障事业有效的管理应该是有计划的管理，而有计划的管理离不开对事物的发展前景作出科学预测。

（2）组织与指挥。社会保障事务十分复杂，对一群人、一批物、一堆事要管好，就要善于组织和指挥，使无序变为有序。

（3）用人与协调。所有社会保障计划要靠人去执行，必须研究选用什么人，怎么分工，如何协作，才能互相配合，共同前进。

（4）监督与控制。社会保障的工作任务布置后就要跟踪检查监督，发现偏差及时纠正，从而控制整个工作朝预定的计划目标发展。

（5）教育与激励。在管理全过程中都要宣传社会保障和为社会保障服务的义务和权利，不断激励士气，保持旺盛的工作积极性。

（6）总结和提高。履行社会保障职能是一项长期性工作，应潜心研究、总结经验教训，发扬成绩、优点，找出差距和不足，通过改革扫除阻力，让社会保障制度释放出更大的能量。

二、社会保障行政管理的内容和手段

（一）社会保障行政管理的内容

现代意义的社会保障无一例外都是以国家为主体强制实施的政府行为，只是政府介入社会保障领域的程度和范围受社会经济发展水平决定，受社会保障的层次和自身发展水平的影响。当然，要有效地发挥政府在社会保障领域中的作用，对政府在社会保障领域行政行为应有一个明晰的界定。

社会保障行政管理的内容有：

（1）拟定社会保障发展规划和计划，统筹协调社会保障政策，统筹处理地区和人群之间的利益和矛盾。

（2）制定社会保障法律、法规和政策，以及相关法律的实施办法。其基本内容包括：社会保障的实施范围和对象，享受社会保障待遇的基本条件，社会保障资金来源，基金管理和投资办法，待遇支付标准，社会保障中有关方面的责任、权利、义务和违法处罚等。

(3) 贯彻、组织和实施各项社会保障法规，并负责监督检查。

(4) 受理社会保障方面的申诉、调解和仲裁。

(5) 建立和完善社会保障信息化、社会化服务体系。

(6) 培养、考核、任免社会保障管理干部。

此外，社会保障行政管理的内容还包括：设置高效的社会保障管理机构，配置精干的社会保障管理人员，明确社会保障管理组织的职责；调解和处理社会保障活动中出现的纠纷，等等。①

(二) 社会保障行政管理的类型

社会保障行政管理，是国家社会保障行政管理机关凭借政权的威力，通过发布法规、命令、指示等形式推行社会保障政策的行为。在市场经济条件下，行政管理手段的使用，应当限制在必要的范围内。目前，社会保障行政管理的方法基本主要有四种类型。

1. 指令手段

指令手段又称为行政命令，是社会保障行政管理机关或工作部门，为开展行政工作和实现行政目标所采取的各种管理措施、手段、办法、技巧等的总和。行政命令是行政组织系统和行政程序，直接影响行政管理对象的意志和行动的管理方法，是行政组织中最常用的行政管理手段。行政指令方法的优点在于政令集中统一，工作重点突出，资源调配集中迅速，能尽快地实现国家行政权力对社会经济生活的有效干预。但是，行政命令手段极容易产生与“人治”相联系的一些弊病，影响横向联系及下级组织及其成员的积极性、创造性。

2. 法律手段

社会保障行政管理的法律手段，是指政府根据国家制定的各种法律、法令、条例进行调整社会经济的总体活动和处理各企业、单位在社会保障事业中所发生的各种关系，以保证和促进社会经济发展的管理方法。法律手段具有严肃性、权威性、规范性的特点，减少了行政管理的主观随意性，达到了行政管理的统一化、稳定化，但它只能在有限的范围内发生作用，有很多经济关系、社会关系还必须结合使用其他手段才能发挥作用。

3. 经济手段社会保障行政管理的经济手段，是根据客观经济规律，运用各种经济手段，调节社会保障不同主体之间的关系，以获得较高的经济效益与社会效益的管理方法。经济手段具有间接性、有偿性、平等性和关联性的

---

① 史柏年:《社会保障概论》，高等教育出版社 2006 版，第 53 页。

特点，其最适于管理经济活动，但它只是调节经济利益关系，不能靠它去解决一切问题。经济手段主要包括价格、税收、信贷、工资、利润、奖金、罚款和经济合同等。

4. 教育手段

社会保障行政管理的教育手段，指社会保障行政管理者面向大众普及社会保障知识，通过疏导、宣传等方法帮助民众了解社会保障的运作以及相关的社会保障法律法规，以保障公民的公平发展权、受益权，使之更好地参与到社会保障建设之中，履行自己的义务，并对社会保障进行监督。教育手段包括物质和精神两种形式，教育的物质形式指进行教育时需要辅助的一定的物质条件，如教育的活动场所与设施、教育媒体及奖惩手段；教育的精神形式指管理者的教育方法与途径。教育方法就教法而言有语言的方法、直观的方法与实践的方法，就学法而言有发现式和接受式两大类。

5. 技术手段

社会保障行政管理的技术手段，指组织中各个层次的管理者（高层、中层和基层）根据管理活动的需要，运用专业技术提高管理的效率和效果的管理方法。主要包括信息技术、决策技术、组织技术、人力资源管理技术（社保管理中的人力资源管理技术）等。

（三）社会保障行政管理手段的特点

社会保障行政管理方法是使国家社会保障制度得以落实的中间媒介，特别是以行政指令为主的手段更是政府履行社会保障职能的基本方法。该手段通过行政组织的层级管理和职权专属原则运行，并与其他几种手段结合使用。社会保障行政管理过程，具有以下特点：

（1）权威性。行政权威基于行政组织所负有的公共行政职责和行使的国家行政权力，行政组织和行政职能的层级越高，行政权威则越强。

（2）强制性。行政主体与行政对象之间的关系不是经济利益关系，而是一种无偿的行政统辖关系，两者之间不存在经济利益利害关系的纽带。行政组织发出的命令和决定必须无条件执行，不存在协商谈判、讨价还价、交换条件的前提。

（3）层次性。行政指令按行政组织的纵向隶属关系下达，无论垂直管理还是区域管辖，都是自上而下实行层级管理，下级服从上级，地方政府服从中央政府，保证了行政指令的有效贯彻执行。

（4）具体性。指一定的行政命令、指示只在特定时间对特定对象起作用。行政指令的对象和内容，都是十分具体的，产生的行政效果也是直接而迅速的。

（5）时效性。时效性是指信息的新旧程度、行情最新动态和进展。社会保障的行政管理十分强调时间的有效性，因为管理的时效性很大程度上制约着政策的客观效果。

（6）封闭性。行政方法依靠行政组织和行政机构，以行政区划和行政系统的条块为基础实施，具有系统的内化约束力，因而产生封闭性。

三、我国社会保障行政管理的现状与改革

（一）我国社会保障行政管理的现状

当前，我国社会保障管理主要由人力资源和社会保障部、民政部两家主管，其他部委多家协管。

1. 社会保险的管理部门

我国社会保险行政部门是人力资源和社会保障部，其主要职责是统筹建立覆盖城乡的社会保障体系。根据2010年10月28日通过的《中华人民共和国社会保险法》第七条的规定，"国务院社会保险行政部门负责全国的社会保险管理工作，国务院其他有关部门在各自的职责范围内负责有关的社会保险工作。县级以上地方人民政府社会保险行政部门负责本行政区域的社会保险管理工作，县级以上地方人民政府其他有关部门在各自的职责范围内负责有关的社会保险工作"。社会保险事务管理的内容，主要是制定社会保险政策、社会保险基金征缴、参保社会成员的账户管理和保险待遇的发放工作。

2. 社会救助和社会福利的管理部门

在我国，民政部是主司社会救助和社会福利的机关。根据2018年12月31日中办、国办印发了《民政部职能配置、内设机构和人员编制规定》，其职能定位更加聚焦于最底线的民生保障（主要是保障低收入的贫困群众、生活无着的流浪乞讨人员、孤儿弃婴、生活困难的残疾人和重度残疾人等特殊困难群体的衣食冷暖。对留守和困境儿童、留守老人、家庭暴力受害者等群体给予必要的关爱和监护，发展慈善事业，动员社会力量参与民生保障的工作），最基础的社会治理，最基本的社会服务（包括社会养老服务、婚姻登记服务、殡葬管理服务等方面的工作）和专项行政管理职能。

3. 退役军人事务的管理部门

在2018年的党和国家机构改革中，国务院将民政部的退役军人优抚安置职责，人力资源和社会保障部的军官转业安置职责，以及中央军委政治工作部、后勤保障部有关职责整合，组建了退役军人事务部。其职责是：拟订退

役军人思想政治、管理保障等工作政策法规并组织实施，褒扬彰显退役军人为党、国家和人民牺牲奉献的精神风范和价值导向，负责军队转业干部、复员干部、退休干部、退役士兵的移交安置工作和自主择业退役军人服务管理、待遇保障工作，组织开展退役军人教育培训、优待抚恤等，指导全国拥军优属工作，负责烈士及退役军人荣誉奖励、军人公墓维护以及纪念活动等。

4. 与社会保障事务相关的其他部门

在我国，与社会保障事务相关的管理机关还有财政部门、审计机关、卫生行政部门等。财政部门的职责是负责各项社保基金不足时给予补贴，负责核定和拨付各类社会保险经办机构的经费，负责社保基金存入的财政专户的管理，负责审核全国社保基金预算、决算草案，负责对社保基金的收支、管理和投资运营情况实施财政监督。审计机关的职责是对社保基金的收支、管理和投资运营情况实施审计监督。

（二）我国社会保障行政管理改革的目标

随着法制建设在我国的不断深入，特别是依法治国方略的确立和写入宪法，必然要求国家行政管理实行依法行政、建设法治政府。根据 2004 年 3 月 22 日国务院颁布的《全面推进依法行政实施纲要》精神，社会保障依法行政的基本要求是：

（1）合法行政。行政机关实施行政管理，应当依照法律、法规、规章的规定进行；没有明确的规定，行政机关不得作出影响公民、法人和其他组织合法权益或者增加公民、法人和其他组织义务的决定。

（2）合理行政。行政机关实施行政管理，应当遵循公平、公正的原则。要平等对待行政管理相对人，不偏私、不歧视。行使自由裁量权应当符合法律目的，排除不相关因素的干扰，所采取的措施和手段应当必要、适当。

（3）程序正当。行政机关实施行政管理，除涉及国家秘密和依法受到保护的商业秘密、个人隐私外，应当公开，注意听取公民、法人和其他组织的意见；要严格遵循法定程序，依法保障行政管理相对人、利害关系人的知情权、参与权和救济权。

（4）高效便民。行政机关实施行政管理，应当遵守法定时限，积极履行法定职责，提高办事效率，提供优质服务，方便公民、法人和其他组织。

（5）诚实守信。行政机关公布的信息应当全面、准确、真实，非因法定事由并经法定程序，行政机关不得撤销、变更已经生效的行政决定；需要撤回或者变更行政决定的，应当依照法定权限和程序进行。

（6）权责统一。行政机关依法履行经济、社会和文化事务管理职责，要有法律法规赋予其相应的执法手段。行政机关违法或者不当行使职权，应当依法承担法律责任，实现权力和责任的统一。

（三）对我国社保行政管理改革的建议

随着我国社会主义市场经济体制的逐步确立、立法进程的不断加快以及公民法治观念的不断加强，依法行政理念已日趋深入人心，并取得一定进展，但仍存在诸多问题，亟待解决与完善。我国社会保障管理体制中存在的问题如果得不到妥善解决，将阻碍我国社会保障事业的顺利推进，进而影响我国社会主义和谐社会的建设。从当前的现实情况来看，结合社保行政管理原则，我们认为需要从以下几个方面对我国社会保障管理的改革和建设进行创新。

1. 加强立法工作，提高立法质量

首先，修正《行政诉讼法》《国家赔偿法》等法律中已经过时的条款；在《行政处罚法》《行政许可法》和其他规定行政行为程序的有关单行法律的基础上，制定统一的行政程序法，以规范整个行政机关的行政行为，使体现现代民主、法治精神的公开、公正、公平原则贯穿在整个行政的运作过程中。长期以来，我国偏重于行政实体法，忽视行政程序法，致使政府行政行为的法律程序化工作十分薄弱，影响了依法行政的运作，因此，完善行政程序法已成为当前依法行政中亟待解决的问题之一。行政程序法制化是监督行政主体公平实施行政权，保护行政相对人合法权益的需要。由于行政自由裁量权的广泛存在，行政法治要求行政主体必须公平行政，而行政程序的法制化，也正是起着保证行政权力的公平行使，体现行政法公平的价值追求的作用。现代市场经济要求对它的生产、经营活动不能随意进行非法干预，行政程序立法的主要目的就是将对市场主体的非法干预减少到最小程度。另外，行政程序法所设定的公开制度、参与制度等，扩大了相对人了解和参与行政管理的机会，拓宽了公民对行政管理进行有效监督的渠道，有利于行政管理民主化的提高。行政程序法还有保障行政效率的功能。行政行为方式的良好选择、环节的合理安排、过程的巧妙组合，无疑会有助于行政机关活动的合理化和科学化。

其次，注意提高立法质量，增加法律法规条文的严密性、规范性、统一性和可操作性。由于公共行政具有多层次性、宽泛性、专业性和技术性的特点，这就决定了行政法规范制定主体的多样性和行政法规范效力层次的不同，这就需要把现有的行政法律法规加以整理，总结正反经验，同时吸取国外的先进立法经验，提高行政立法技术，使法律法规统一协调，具体明确，易于执行，从而堵塞由于条文本身造成的执法过程中有法不依或执法不严的漏洞。

2. 健全行政执法监督，推进依法行政

首先，切实加强权力机关对行政机关的监督。我国权力机关对国家行政机关及其工作人员的监督的根据，是宪法确定的“国家一切权力属于人民”的原则和民主集中制的原则。根据民主集中制的原则，包括国家行政机关在内的国家机关都由人民代表大会产生，对它负责，受它监督。权力机关对行政机关的监督，是一种全面性的监督，可以监督行政机关，也可以监督国家公务员，而且从监督情况上说，权力机关不仅可以监督行政机关的行为是否合法，而且可以监督行政机关的工作是否有成就。所以在行政法制监督体制中，权力机关的监督非常重要。要加强权力机关的监督，主要通过立法权、调查权、质询权、撤销权、罢免权等追究违法的行政机关及其公务员的违法行政责任。

其次，加强司法监督的力度。根据宪法和《行政诉讼法》的规定，人民法院有权对行政行为进行司法审查，这是对依法行政实施监督的最有力、最有效的监督，是实现依法行政的法律保障。但是，目前我国司法审查的核心仅是对具体行政行为的合法性进行审查，一是把抽象行为排除在行政诉讼的可诉范围之外，二是原则上不审查行政行为的合理性与适当性，三是没有建立行政公诉制度，使得这种监督在很多方面还不完善。此外，还有的法律规定行政终局裁决行为。因此，加强司法审查的范围和强度是完善依法行政制约机制的有效途径。另外，要从制度上维护司法独立。目前迫切要解决的是按行政区划划分管辖权的体制以及两院的人权和财权问题。为了保证法院、检察院独立公正地行使审判权、检察权，应该使法院、检察院的人权、财权相对独立于地方行政。再次，要切实加强行政机关系统内部的监督，包括上级行政机关对下级行政机关的管理监督，下级政府对上级政府的监督，政府各工作部门之间的监督，行政监察、行政审计部门的监督。行政系统内部的监督在整个监督体制中意义特别重大，尤其是在目前情况下如涉及行政行为的合理、适度问题等，只有行政机关本身最有发言权。在行政机关的监督方面，需要严格按照法律的规定进行。

最后，要把社会民主监督纳入法制监督的轨道。我国现有的社会民主监督渠道并不少，有政党、政权、人民团体、社会舆论、群众个人等，只是由于这些监督缺乏相应的法律保障，因此显得力度不够，所以要通过相应的制度的建立，如行政公示制度、答复制度、接待制度等来保障社会民主监督渠道的畅通，并保证其效力的真正实现。

3. 切实加强执法队伍建设，提高行政执法水平

从严格意义上说，“执法比制定法更重要”，“如果法律不能被执行，就等于没有法律”。因此，除了要加强立法提高立法质量外，要加强行政执法，执法者的素质至关重要。

首先，切实把好公务员进口关。《公务员法》已经颁布实施，为我们依法录用公务员提供了坚实的法律依据，但是，关键点还在于落实。我们不否认以高薪的办法吸引专业的高层人才，可以为政府提供更加优质、高效的服务，改变政府工作人员不能合理流动的弊端。但是，我们也应当看到，行政执法需要的是大量的复合型行政人才，是通才，除特殊专业技术人才外，我们仍要坚持“凡进必考”的录用标准，以达到逐步净化公务员队伍、提高执法队伍素质，进而加强行政机关依法行政所需要的中坚力量。

其次，提高公务员的业务素质。树立了国家机关及其公务员的法律至上观念，只是实现依法行政的第一步，要保证广大执法者有能力实现依法行政，还要提高公务员的业务素质。通过各种各样的学习班，提高公务员的法律及专业知识，使广大公务员在日常公共事务的管理中严格依法办事，这可以通过对公务员的业务培训来完成。通过培训并经严格考核，包括书面考核和实地考核，然后实行“佩证上岗”。再次，推进机构改革。通过机构改革，建立办事高效、运转协调、行为规范的行政管理体系。通过行政组织立法，实现各政府机构职能、编制的法制化，从而杜绝由于机构庞大、人员臃肿所滋生的官僚主义和不正之风。要深化人事制度的改革，引入竞争机制和激励机制，进一步完善罢免、弹劾、考试、奖惩、晋升、退休、退职等制度，尽快建立完善违法行政的责任制度，努力实行明确责任、严格考评、奖惩兑现，这也是实现依法行政的制度保证。

4. 转变政府职能，建设法治政府

转变政府职能，建设法治政府是依法行政的追求目标。法治政府首先应当是有限政府。法治政府应当保障人民的权利和自由，这就必须限制政府的权力，限制政府规制的范围。

首先，建设法治政府，要求各级政府行使权力必须于法有据，行使有规，法无明确授权，政府不得任意行使权力。从更深层次来讲，法治政府所要求的必然是职能与经济社会发展需要相适应的政府。在市场经济条件下，市场机制成为配置社会资源的基础性手段，政府职能主要是经济调节、市场监管、社会管理和公共服务。这就要求正确处理政府与市场、政府与社会的关系，凡是老百姓可以自主决定、市场竞争机制能够有效调节、行业组织或者中介

机构能够自行管理的事项，政府就不应当干预。

其次，法治政府应当是服务政府。法治政府的一个重要职能就是提供优质、高效的公共服务和公共产品。我们的政府是人民的政府，我们的法律是党的主张和人民意志的统一，政府依法行政从根本上讲是依人民意志行政。因此，建设法治政府，必须坚持执政为民的根本宗旨，努力建设服务型政府。在建设法治政府的过程中实现建设服务政府的目标，就必须进一步创新政府管理方式，寓管理于服务之中，更好地为基层、企业和社会公众服务；整合行政资源，降低行政成本，提高行政效率和服务水平；健全社会公示、听证等制度，使人民群众更广泛地参与公共事务管理；大力推进政务公开、增强政府工作透明度；加强政府信用建设，提高政府公信力。

再次，法治政府还应当是责任政府。法治政府意味着政府对权力行使的后果负责，是一个能担当起法律责任的政府。承担责任是现代法治政府的第一要义，政府的权力来源于人民，政府理应承担起与权力对等的责任，对人民负责。政府行使权力的过程，也是履行职能、承担责任的过程。政府行使行政权力违法、越权或者不遵守法定程序，都要承担相应的法律责任，违法不作为也要承担责任；造成公民、法人和其他组织利益损害的，要依法承担赔偿责任。

第五章

社会保障资金管理

社会保障资金是社会保障制度运行的基础，社会保障资金管理是社会保障管理的核心。没有社会保障资金，整个社会保障制度就是无源之水。由于社会保障涉及经济、政治、社会、法律等各个方面，并且是介于各个领域之间的交叉领域，这决定了社会保障基金管理是一个极其复杂的社会系统工程，具有很强的综合性特征。加之社会保障内容纷繁复杂，涉及劳动者和社会成员的切身利益，更使社会保障基金管理中通盘考虑综合协调至为重要，否则可能会影响社会保障计划的实施效果。

一、社会保障资金管理概述

（一）社会保障资金管理

“资金”，是一个比“基金”更为宽泛的概念，泛指包括各种基金在内的各项经费。基金是为特定目的设立的、带有专款专用性质的资金。

1. 社会保障资金

社会保障基金是为保障一定社会成员基本生活专设，带有专款专用性质的资金。社会保障资金是国家和社会用于社会救助、社会保险、社会福利事业资金的总和。

社会保障资金涉及面广、数额大、期限长，而且每一类社会保障资金各有不同的特点及来源，认识并把握社会保障资金的种类及其特点，是管好、用好社会保障资金的前提。

（1）专款专用性。社会保障资金是为满足社会保障的需要而建立起来的专项资金，是保障全社会成员由于年老、疾病、失业、工伤、贫困等各种原因生活水平下降甚至无法维持基本生活而建立的具有特点用途的资金，如社会救济金是在公民不能维持最低生活水平时，由国家和社会按照法定标准向其提供满足最低生活要求的资金；社会保险资金是为保障劳动者的基本生活，按照国家法律、法规，由缴费单位和缴费个人分别按缴费基数的一定比例缴纳以及其他合法方式筹集的专项资金；住房公积金是由各企业、单位及其在职职工缴存的长期住房储蓄金。由此不难看出，各项社会保障资金都有专门的用途，既不能混合使用，更不能挪作他用。

（2）覆盖面广。首先是社会保障资金来源多渠道，既有来源于用人单位的缴费，又有来源于劳动者个人的缴费，也有来源于政府的一般税收，还有基金投资所得和来源于第三次分配的慈善捐赠等，其来源的广泛性超过了一般意义上的基金；其次是社会保障资金受众范围广，老弱病残困以及全体社会成员均为受众对象。正是因为来源多渠道和受众范围广，所以社会保障资金覆盖面之广是其他各种资金难以比拟的。

（3）积累期限长。在社会保险制度中的养老保险和医疗保险的个人账户都是劳动者为其退休后的基本生活或生病医疗储存的基金，贯穿劳动者的一生，其储存时间长达几十年。

（4）统筹互济性。通过国民收入低的分配和再分配形成专门的消费性的社会保障资金被统一调剂使用，使社会成员共同承担风险。在社会保障资金筹集过程中，收入较多的人比收入较少的人缴纳的费用一般要多一些，而在资金使用的过程中，是根据制度的规定统一分配，个人享受的权利与承担的义务并不严格对应，具有较强的统筹互济性。

（5）管理多样性。适应社会保障项目的不同特点，社会保障资金管理具有多样性。医疗、工伤与生育等社会保险资金一般只要求依据大数定律进行短期平衡，而养老保险基金所对应的是必然风险，往往要求长期平衡。积累性养老保险基金需要进行投资性运作，政府财政性社会保障资金一般只按照需要进行事业性分配。事业性分配的社会保障资金要纳入政府预算内管理，而投资运作的社会保障资金一般无须纳入政府预算内管理。住房公积金由于其特殊性而需要住房公积金管理委员会决策、住房公积金管理中心运作、建设银行专户存储、财政监督的方式进行管理。

2. 社会保障资金的功能

社会保障资金具有政治的、经济的和社会的多重功能，主要表现在以下方面：

（1）提供收入补偿。社会保障资金的收入补偿功能，就是保障劳动者在遭遇社会经济风险事故，暂时或永久失去经济收入时，能从社会保障计划、项目中得到保险金以补偿收入损失。社会保障资金的这项功能，是为了有足够的支付能力，保障劳动者在遭遇风险事故时，如年老退休、失业、工伤、疾病或生育等情况下，仍能得到适当补助以维持自己及家人的基本生活水平。

（2）均衡社会消费。社会保障资金的均衡消费功能，就是通过居民收入的转移支付或延期支付，使用于消费的居民收入在每一时期保持大体的均衡，从而维持社会消费品供求关系的平衡。

（3）激活资金市场。为满足未来的、长期的支付需求而积累起来的庞大的社会保障资金，有可能形成国家的建设资金而对金融市场的繁荣起积极作用。在金融市场中，不同的金融工具如银行存款、公司债券、公司股票、国家建设债券、抵押贷款、不动产投资等，其利润率、安全性、回收期变现能力等都各不相同，可以根据各社会保障制度、计划和项目基金的特点进行多方面的投资，在基金保值增值的同时，也使金融市场获得长期的、稳定的资金来源。

（4）规避社会风险。社会保障资金的一个重要功能，是通过资金的积累和调剂余缺，达到规避社会经济风险的目的。在众多的社会经济风险中，有些风险是可以预测的，如年老退休等；有些风险是不可预测的，如疾病、伤残等；有些风险是当事人可以控制的，如生育等；有些风险是人类无法控制的，如灾害等。正因为有如此之多的社会经济风险，而且风险情况又各不相同，所有人类必须在风险发生之前未雨绸缪，预先准备好足够的资金，满足风险发生时的支付需求。

（5）协调社会公平。社会保障资金的收缴和支付，实质上是国民收入的再分配。之所以要进行再分配，是因为市场机制造成了社会的不公平现象。在市场经济体制中，通行的是效率原则和竞争原则，一些人因社会的或个人的原因，无法适应市场经济环境，所以被边缘化为社会的弱势者。但是，人类社会是一个相互联系、相互依存的整体，不同于动植物界通行适者生存、优胜劣汰的原则，人类社会要讲平等、公正，要扶助弱者，要和睦相处。社会保障资金的设立，就是起到在经济上扶助弱者从而体现社会公平的作用。

3. 社会保障资金管理

社会保障资金管理，是为实现社会保障的基本目标和制度的稳定运行，对社会保障资金的运行条件、管理模式、投资营运、监督管理进行全面规划和系统管理的总称。

从管理的环节来看，社会保障基金管理的具体内容包括：

（1）社会保障基金的运行条件与平衡条件。对于任何一项货币收支计划，尤其是长期性的养老保险基金计划的管理，涉及基金的运行条件与平衡条件。研究社会保证基金的制约因素，如人口、经济、精算、法律、体制等因素，构成了基金管理的内容之一。

(2) 社会保障基金管理体制的选择。能够促使社会保障基金正常运行的管理体制，是强化社会保障基金管理的前提。研究社会保障基金管理体制，目的在于明确社会保障基金管理的主体，规范各主体在基金管理中的责任与权限，以及相互间的制约关系，以便提高基金管理效率。

(3) 社会保障基金筹集与支付管理。如何在市场经济条件下，选择合适的基金筹资模式，筹资手段，及时足额地取得社会保障资金，并且管好、用好这些资金，以保障社会成员的基本生活，构成了社会保障基金管理的重要内容。

(4) 社会保障基金的投资管理与保值增值途径。如何在动态经济条件下实现社会保险基金的有效投资，使其保持较好投资收益是实现社会保障制度正常稳定运行的重要条件和关键因素之一，它构成社会保障基金管理的一个核心内容。

(5) 社会保障基金管理的内外部环境协调。社会保障基金管理的成败取决于若干环境因素和制度因素，如决策因素、法律及体制因素经济和金融市场环境等。基金管理的成败也在相当程度上取决于内部环境和外部环境的协调。

(二) 社会保障资金管理的意义、目标与内容

社会保障资金管理的方法手段是实现社会保障资金管理目标的工具。社会保障资金被老百姓称作“养命钱”，这笔资金主要来自企业和个人的缴费，以应对职工生、老、病、残、失业之急。没有资金，社会保障就无法运作，没有资金，就没有社会保障。

1. 社会保障资金管理的意义

做好社会保险资金的筹集、管理和投资运营，对实现社会保险资金的安全、完整和保值、增值，保证各项社会保险待遇的支付有着重要意义。

(1) 加强社会保险资金管理，可以保证社会保险制度运行的正常稳定。社会保险资金运行要经过投资、运行等若干个环节，这几个环节相互关联，相互制约，任何一个环节出了问题都会影响到资金的顺利流动。通过实施保险资金管理，对资金的需要量进行科学预测和全面规划，合理分配资金，规范资金的运行程序，就可以保证资金的顺利运行，及时为劳动者提供保障和服务。

(2) 加强社会保险资金管理，有助于减轻政府日益增大的社会保险费用负担。世界上许多国家的经验表明，社会保险发展到一定阶段，会出现保障面扩大、待遇水平提高、费用负担增长的情况，使社会保险资金收支出现缺

口。为了弥补社会保险资金之不足，政府将不得不拿出巨额财政补贴，从而导致国家财政赤字加大。加强对社会保险资金的管理，可以确保社会保险资金运营获得较高的收益，不断提高了社会保险资金的自我发展的能力，从而为社会保险制度提供源源不断的资金保障，进而减轻政府负担。

（3）加强社会保险资金管理，有助于促进经济发展。各国的经验表明，社会保险已不再是传统意义上的简单地为国民提供物质保障的一种货币收入计划，而是制约和影响一国经济运行的不可忽视的重要因素。社会保险资金的运行对国民储蓄、投资、财政收支、金融市场乃至国际经济活动都会产生重要的影响。加强对社会保险资金的管理，提高社会保险资金的投资与效率，将有利于促进经济发展和金融市场的完善。

2. 社会保障资金管理的依据和目标

社会保障资金管理是为实现社会保障的基本目标和制度的稳定运行，对社会保障资金的运行条件、管理模式、投资营运、监督管理进行全面规划和系统管理的总称。主要包括社会保障资金管理体制、社会保障资金的筹集、使用和投资运营与监控管理。

社会保障资金管理的依据是法律。法律是对社会保障资金进行规范管理的前提。社会保障法律是国家依据社会政策制定的扶助弱势群体以保障其生存安全以及促进全体社会成员福利的立法。我国社会保障资金管理的法律依据分为两类：一类是内含于社会保障制度之外的社会保障资金管理规定，另一类是专门的社会保障资金管理规定。同时，这些法律依据又分别体现为人大立法、行政法规和规范性文件等不同的立法层次，以及中央、省、市（县）等各级政府的不同层面。

社会保障资金管理目标是我们最终要达到的理想状态，它的选择涉及整个社会保障体制是否顺畅。在建立独立于企事业单位之外、资金来源多元化、保障制度规范化、管理服务社会化的社会保障体系的总目标之下，社会保障资金管理的具体目标：一是确保社会保障资金安全；二是讲求社会保障资金效益；三是促进社会保障制度可持续发展；四是实现社会公正与和谐。

3. 社会保障资金管理的内容

社会保障资金管理包括各种社会保障资金的全部运动过程的管理，即从社会保障资金的收入至社会保障资金的支出再到社会保障资金的结余与投资等。在资金运动的过程中还需考虑社会保障资金的风险管理与社会保障资金的监督管理等全方位管理。从管理的环节来看，社会保障基金管理的具体内容包括以下几点：

（1）社会保障基金的运行条件与平衡条件。对于任何一项货币收支计划，尤其是长期性的养老保险基金计划的管理，涉及基金的运行条件与平衡条件。研究社会保证基金的制约因素，如人口、经济、精算、法律、体制等因素，构成了基金管理的内容之一。

（2）社会保障基金管理体制的选择。能够促使社会保障基金正常运行的管理体制，是强化社会保障基金管理的前提。研究社会保障基金管理体制，目的在于明确社会保障基金管理的主体，规范各主体在基金管理中的责任与权限，以及相互间的制约关系，以便提高基金管理效率。

（3）社会保障基金筹集与支付管理。如何在市场经济条件下，选择合适的基金筹资模式，筹资手段，及时足额地取得社会保障资金，并且管好、用好这些资金，以保障社会成员的基本生活，构成了社会保障基金管理的重要内容。

（4）社会保障基金的投资管理与保值增值途径。如何在动态经济条件下实现社会保险基金的有效投资，使其保持较好投资收益是实现社会保障制度正常稳定运行的重要条件和关键因素之一，它构成社会保障基金管理的一个核心内容。

（5）社会保障基金管理的内外部环境协调。社会保障基金管理的成败取决于若干环境因素和制度因素，如决策因素、法律及体制因素、经济和金融市场环境等。基金管理的成败也在相当程度上取决于内部环境和外部环境的协调。

（三）社会保障资金管理的原则和模式

社会保障资金是社会保障之本，资金的管理构成社会保障制度运行的核心环节。社会保障资金的管理分为三个部分：资金的筹集、使用和保值增值。筹集是基础，使用是目的，保值增值是解决资金在未来遭遇贬值风险时，确保实际支付能力不降低的重要手段。

1. 社会保障资金管理的原则

为加强管理和保证上述目标较好地实现，社保资金管理应遵循以下五项原则：

（1）安全完整。社会保险资金是国家为行使社会管理职能，保障劳动者年老、失业、疾病、伤残、生育时的基本生活需要，依照法律法规强制建立的专项资金，主要有基本养老保险、基本医疗保险和失业保险资金等。社会保险资金是劳动者的“血汗钱”和“保命钱”，必须专项管理、专户存储、专款专用，任何部门、单位或个人都不得挪作他用。

（2）以收定支。“以收定支，自求平衡，略有结余”是社会保障资金管理的主要原则。在坚持社保资金单位与职工“双负担”的基础上，强化资金征缴力度，积极解决拖欠和扩面问题。在我国，针对目前部分企业存在拖欠保险费的情况，各级经办机构应加大催收力度，视具体原因，依据社会保险相关条例法规采取措施。对符合参保条件、有钱不缴的单位，应由社保经办机构责令限期缴纳，逾期拒不缴纳的，可申请人民法院强制执行；对有参保意识、经济承受力薄弱的单位，可考虑放宽政策期限，采取办理延期缴款或分期缴款等方式，给予适当照顾。强化归集，加大社会保险扩面工作，逐步增加资金积累，努力营造“人人自我保障，社会保障人人”的社保大格局。

（3）专款专用。社保资金是老百姓的“养命钱”“救命钱”，使用的好坏关系到社会稳定。各级财政和社会保障主管部门、经办机构要确保资金专款专用。一是要保证资金及时足额支付，确保当年符合享受社会保险待遇条件的群体，全部享受和领到社保救助金；二是要切实采取措施杜绝各级经办机构挤占挪用社保资金问题的发生。财政、审计部门要从制度的落实和执行上入手，加大对资金经办机构的监管力度。对因制度执行不到位或其他原因造成资金损失的，应依据《条例》给予严惩。若确因经办机构办公经费紧张造成挤占挪用资金的，各级财政要给予必要扶持。

（4）保值增值。出于支付和资金安全性考虑，各级财政将所管理的社会保险资金用于购置国债和其他安全系数高的金融工具总量很少，绝大多数社保资金处于银行储蓄状态，这种资金投资方式没有考虑货币时间价值因素的存在，缺乏抵御风险的能力。从保值增值的角度分析，大量资金闲置将无法应对未来非预期的货币贬值风险。沉淀资金管理应采取更为有效的方式。可考虑适当提高资金投资比例，如增大国债购买量等，积极探索和挖掘新的投资渠道。建议成立社会保险资金专职投资机构，由财政、审计、劳动和社会保障。

（5）严格监管。各级政府应着力构建“自管、上管、社管”的全方位社保资金监督体系，确保资金安全完整。一是各级社会保险经办机构应逐步建立内部审计制度，突出内部控制制约，保证各项规章制度能够有效执行；二是财政、审计和社保资金主管部门应定期对经办机构的资金管理情况进行检查，堵塞漏洞，依法规范各级社保经办机构的资金运作行为；三是社会保险经办机构应主动公开内务，积极接受群众监督。

2. 社会保障资金管理模式

世界各国因具体国情的不同，对社会保障资金的监管有着不同的模式。

依据监管机构的不同，主要有如下几种模式：

（1）政府直接管理。政府管理的内容不仅包括制定有关社会保障的政策法规，还包括负责社会保障的业务管理，如社会保障基金的征集、支付和运营。采取这种模式的国家通常由中央政府的一个部或专门委员会，下设各分支机构，对社会保障基金实行自上而下的统一管理。例如，英国的卫生社会保障局为全国的最高管理机构，各地设置国民保障局，在县设有国民保障办事处。在这种模式下，社会保障基金机构既是一个公职部门，又是一个金融单位，由国家机关和财政部门给予监管。国家机关的监管内容包括对该机构的活动及其结果提出定期的观察报告，就某个问题进行专门的调查。财政部门的监管内容包括对储备基金的管理，通过查账查钱对地方财政实施检查，了解有无非正常状况。

（2）政府间接管理。政府负责社会保障的立法和监督，公法机构负责社会保障基金的收支和运营，即监督和具体的业务管理分开。公法机构是区别于政府机构和私人企业的具有自治性的公共团体，一般由政府、雇主、雇员三方组成各种社会保障委员会或基金会，下设办事机构。委员会一般拥有较大的自主权，政府主管部门无权干涉其正常业务，但有权对他进行检查和监督。在实行政府间接管理的国家，法律对于社会保障基金运用一般只规定一些指导性条文，但对委员会的组成人员的规定则较详细。有些国家不只是规定要成立专门的管理委员会，还要求成立专门的投资委员会。例如，美国社会保障基金的投资由财政部部长、社会保障署署长、劳动部部长等人组成的基金委员会管理。

（3）民营化管理。采取这种模式的国家通常由高度专业化的私营公司管理社会保障基金，这些公司成为基金管理公司（AEPS）。在这种模式下，各国对私人基金管理公司都有严格的监管，尽管各国立法的具体内容不同，但大多包括两方面的内容：一是对私人基金管理公司的规定；一是关于监管机构与基金管理公司关系的规定。如智利是实行养老保险基金民营化改革的典型国家，该国设有基金管理公司监督管理委员会（SAFP），其主要职能是：批准基金管理公司的成立、章程和存续；监督基金管理公司的运作；确保基金管理公司满足基金资本和储备的最低下限；对智利养老保险体制运作的改革提出法律和管理上的建议；对有关养老保险的现行法律和规定进行解释；为基金管理公司制定强制性的一般规则；征收罚款，强迫基金管理公司停止营运。①

（4）混合管理。采取这种模式的国家通常由政府或准政府机构制定有关社会保障的规则，如供款率的高低、发放养老金的条件等，向社会成员提供优先选择性的服务产品，即服务产品相对比较简单，但人们又可以有一定范围选择；资金统一征集完成后，根据一定投资组合的要求，委托相互之间存在竞争关系的多个经营投资机构（包括国有的或民营的），由其负责投资和提供回报；投资回报及其支出安排仍由上述政府机构（或者准政府机构）来掌握，并负责保障基金的发放。

二、社会保障资金的管理运行

社会保障的组织者一旦决定设立某种社会保障项目，就必须找到保证实施这一社会保障的资金。否则，会导致支付危机乃至制度崩溃。实际上，一个国家的社会保障制度其实主要是围绕社会保障基金运行的全过程而设计和制定的。

（一）社会保障基金的筹集

社会保障基金，是指为实施各项社会保障制度依据相关法律所建立的专款专用的经费。可以说，社会保障基金是在国民收入的初次分配与再分配过程中逐渐形成的。

1. 社会保障基金筹资类型

目前，国际社会对社会保障资金来源的筹集有两种类型：

一是缴费制。缴费制是指某种社会保障津贴项目的资金来源主要依靠雇主和雇员缴费的一种筹资制度，一般适用于具有共同保险性质的社会保险类项目，如养老保险、失业保险、医疗保险等。其津贴标准与缴费额具有较强的关联性，权利与义务的对称性较强。

二是非缴费制。非缴费制是指某种社会保障津贴项目的资金来源于公共预算的一种筹资制度。一般适用于具有转移支付性质的社会福利、社会救济、社会优抚项目，其津贴发放属于单方面支付，其享受资格及其标准高低与缴费与否没有关联性，其权利与义务关系缺乏对称性。

国际社会对社会保障资金来源的筹集究竟应当采用缴费制抑或采用非缴费制始终存在争议。主张缴费制者认为，以缴费作为享受社会保险权益的前

① 徐滇庆、尹尊声、郑玉歆主编：《中国社会保障体制改革》，经济科学出版社 1999 年版，第 270 页。

提条件，对缴付者、受益者、立法者和管理者而言都是一项纪律约束。主张非缴费制者则认为，缴费制缺乏对低收入者的再分配，体现公平原则；缴费制可能加剧低收入者的贫困，乃至有可能把确有社会需要的人排除在外。在各国社会保障实践中，较为普遍的做法是因项目而异，具有共同保险特征的项目，如各类社会保险项目采取缴费制，而对具有转移支付性质的项目，则实行非缴费制。

2. 社会保障基金筹资方式

在世界上实行社会保障制度的任何一个国家，选择合适的基金筹资模式或手段，及时足额地取得社会保障资金，是社会保障基金管理的重要内容。在社会保障制度中占主导地位的社会保险基金筹集，主要有两种筹资方式：一种是横向平衡，即当年（或近几年）内某社会保险项目所提取的基金总和应与其所需支付的费用总和保持平衡；另一种是“纵向平衡”，即被保险者在投保期间提取的基金总和（包括银行利息和营运利润等）应与其在享受该项保险待遇期间所需支付的费用总和保持平衡。这两种基金平衡方式在核心机制方面的区别在于有无基金积累。由此，社会保障的筹资方式可以分为现收现付制、完全积累制和部分积累制。

（1）现收现付制的运行机理。从理论上说，在现收现付制下，其缴费率取决于替代率（平均保险津贴占平均工资的百分比）和赡养率（受益人数占参保人数的百分比）之乘积。如果考虑到实际运作中的管理费、失业率、提前退休、遗属津贴、缴费基数的封顶线以及逃避缴费等因素的影响，实际的费率水平可能更高。

（2）完全积累制的运行机理。完全积累制将自己年轻时缴纳的养老保费积累起来供自己退休后使用，实际上是本代人对自己一生的收入进行跨时期的分配，也可以看作是一种强制性储蓄。完全积累制是在对有关的人群健康水平和社会、经济发展指标（如退休率、伤残率、死亡率、工资率、利率、通货膨胀率等）进行宏观的长期测算之后，确定一个可以保证在相当长的时期内收支平衡的总平均收费率，亦即将被保险者在享受保险待遇期间的费用总和按一定的提取比例分摊到整个投保期间，并对已经提取而尚未支付的保险基金进行有计划的管理和投资运营。

（3）部分积累制的运行机理。鉴于现收现付制和完全积累制各有短长，人们在二者的适应性与局限性之间进行选择和组合，又有了第三种财务机制，即部分积累式，也称为“混合式”。它是一种介于现收现付制与完全积累制之间的具有折中性质的筹资机制。混合制的财务机制根据分阶段收支平衡的原则确定缴费率。即在某一个平衡期内确定一个保险费率，对保险费的收支进行平衡，当这种平衡被打破之后，现有基金（包括提取的保险费和投资收入）不能满足全部费用开支时，再将保险费率提高，以适应下一个平衡期的需要。保险费率呈阶梯式调整。

实践中，人们通常把社会统筹、个人账户这两种社会保险基金存储方式与现收现付制、完全基金积累制、部分基金积累制这三种社会保险基金平衡方式交叉组合。其中具备一定兼容性的可组合模式有四种：一是社会统筹的现收现付制；二是个人账户的储存基金制；三是社会统筹的部分基金积累制；四是社会统筹和个人账户相结合的部分基金积累制。

3. 影响社会保障基金筹集的因素

社会保障基金筹资模式包括基金来源的负担对象、负担比例、缴纳方式、征缴体制等多项因素的结构性、功能性组合。当今社会，影响社会保障资金筹集的因素有以下方面：

（1）人口年龄结构变动趋势以及社会保险制度的覆盖范围；

（2）设立储备金的必要性和可行性；

（3）用作储备的积累基金有无投资机会及其收益率的高低；

（4）保持相对稳定的保险费率的必要性；

（5）企业和受保人对保险费率的负担和承受能力；

（6）筹资模式的经济增长效应；

（7）改革中的“转制成本”等。

（二）社会保障财务管理

社会保障财务管理是根据财经法规制度，按照财务管理的原则，收支社会保障资金，处理财务关系的一项经济管理活动，是对社会保障管理机构的资金收支活动进行计划、决策、控制、考核及监督等内容的总称。

1. 社会保障财务管理的功能

社会保障财务管理是社会保障机构根据国家的有关法律法规，根据社会保障资金运动的规律，建立社会保障财务管理制度，编制财务计划，加强经济核算，进行财务检查，开展财务分析等，是正确处理财务关系的一项管理工作。

社会保障财务管理有两大功能：

（1）反映功能。指社会保障财务通过记录、分类、报告、分析等手段，将社会保障各项经济业务内容转换成财务信息，全面、系统、综合地反映社会保障基金的财务状况。社会保障事业本身是一项复杂的系统工程，其制度的设计、实施和完善等都需要财务管理提供及时而准确的信息。

(2) 监督功能。指社会保障财务通过其本身的活动，对社会保障基金运行的合法性、合理性和有效性进行监督。这种监督属于社会保障管理机构的内部监督，是整个社会保障监督体系的第一层次。同时，财务管理的监督又是一种全过程的监督，既是事后监督，又是事前监督和事中监督。

社会保障财务管理能够准确、迅速地反映社会保障事业的发展情况，反映社会保障基金的征收、保管、投资运行以及支付情况，因此，社会保障财务管理是社会保障决策的依据和基础。

2. 社会保障财务管理的内容

根据社会保障项目，社会保障财务管理可分社会保险财务管理、社会救助财务管理、社会福利财务管理和社会优抚财务管理。而社会保险财务管理又可细分为养老保险财务管理、医疗保险财务管理、失业保险财务管理、工伤保险财务管理、生育保险财务管理等。

今天，根据现代企业财务职能的发展趋势，社会保障财务管理的内容也将进一步丰富。

(1) 资金管理和短期投资。负责统一调度社会保障管理机构能控制的所有资金。

(2) 财务分析。综合加工社会保障会计信息和其他管理信息，为社会保障管理决策提供依据。

(3) 税务管理。研究社会保障统筹区域的财税政策；负责投资项目的税务筹划；落实社会保障待遇；协调与财税部门的公共关系。

(4) 人力资本管理。加强人力资本（资源）成本的核算管理；计量人力资本贡献，为薪酬系统提供分配依据。

(5) 信用政策。负责审查社会保障客户的信用，评价用人单位赊销和应收账款风险；加强债务管理。

(6) 资本预算。估算投资项目现金流量，分析、评价长期投资方案，提出优化投资方案供管理机构决策。

(7) 发展融资。处理好债权融资和股权融资的比例关系，优化资本结构；动态调节管理机构债务结构，降低财务成本；根据资本需求，制定并实施短、中、长期相配比，银行授信、贷款、委托贷款、信用凭证等方式相结合的融资计划等。

(8) 人员管理。会计工作岗位，可以一职一岗、一人多岗或者一岗多人。但出纳人员不得兼管稽核、会计档案保管和收入、费用、债权债务账目的登记工作。

(9) 专业技能。社会保障财会人员的工作岗位应持会计上岗证，加强会计人员业务素质的培训和思想道德的培养。

(10) 财务制度。编写、修订和健全相关社会保障财务会计管理制度，并实行及时及至的落实与执行、监督与纠正。

3. 社会保障财务管理的方法

社会保障财务管理的方法，是反映社会保障的财务内容、执行社会保障计划和完成社会保障财务管理的手段。

(1) 财务制度，即由政府统一制定基本方针，由社会保障管理机构根据这些基本方针和本单位的实际加以确定。它是组织财务活动、处理财务关系的基本准则。其具体内容包括：社会保障会计制度；社会保障财会人员岗位责任制度；社会保障管理机构所需费用的审批制度；社会保障财产物资管理制度；社会保障审计制度。

(2) 财务计划，即根据社会保障管理内容制定的，主要由社会保障基金收支计划等内容组成，通过社会保障基金预算报表等来反映。社会保障财务计划是社会保障计划管理的重要组成部分。为加强社会保险管理，规范社会保险基金收支行为，明确政府责任，促进经济社会协调发展，社会保险制度的运行一般实行基金预算制度。①

(3) 经济核算，即经济核算是根据社会保障管理机构的实际情况制定的管理制度。财务计划指标的完成情况是通过经济核算手段，全面而系统地反映出来。经济核算包括三项：一是会计核算，它是通过记账、登记和编制会计报表等方法，全面而系统地反映和监督社会保障的各项财务活动；二是统计核算，它是运用综合指标分析与研究社会保障的财务活动，利用统计方法对社会保障的财务资料进行加工整理，从中发现社会保障财务的内在联系和发展趋势；三是业务核算，通过直接观察和计量，发现社会保障财务的规律。

(4) 财务检查，即根据国家有关法律法规和政策，以会计核算资料为基础，采用检查账目等一系列方法，对社会保障基金收支的合法性、合理性等进行一种检查和监督。

财务检查的内容包括：财务预算计划的执行情况、社会保障基金的收入和支出情况、执行规章制度的情况等。财务检查根据其内容可分为会计检查、财产检查、专项检查；根据检查的时间，分为事前检查、日常检查和事后

---

① 国务院：《关于试行社会保险基金预算的意见》(国发〔2010〕2号)。

检查。

（三）社会保障资金的投资运营

社会保障基金运营，是指社会保障基金管理机构或受其委托的机构，用社会保障基金投资于国家政策和法律许可的金融资产和实际资产，以期获得适当预期收益的基金运营行为，从而使社会保障基金达到保值增值的目的。

1. 社会保障基金的投资运营的重要性

在完全储备积累制和部分积累制的模式下，社会保障基金中都会有一部分未支付出去的资金逐年滚存下来。这笔的资金“剩”出来的资金，一般不应该静静地“躺”在账户上，而应通过投资运营来实现基金的保值、增值。

（1）社会保障基金投资运营有助于积累和增加社会保障基金。社会保障基金投资运营取得的收益，是社会保险的重要资金来源之一。在安全性原则下，通过对社会保障基金的有效运营，不仅可以使社会保障基金实现保值增值，而且可以使以增收社会保险税费方式积累的保障基金避免高风险。

（2）社会保障基金投资运营有利于各国资本市场的长远发展。靠社会保险金生活的人们需要领取更多的保险金才能维持生计。社会保险基金的投资运营，可以应付通货膨胀对社会保险基金的侵蚀（基金贬值）。而要抵销通货膨胀的负面效应，又不过分增加社会保险缴费方面的负担，重要的选择就是通过投资运营使基金保值增值。

（3）社会保障基金投资运营有利于促进企业（用人单位）的经济发展。社会保障基金的来源，除个人以外主要来自各个企业。随着社会保障水平的不断提高，社会保障税费也必然随着社会保障资金的支出逐步增加，加重企业经济负担。所以，社会保障基金的有效运作，可以逐步降低企业的社会保障成本，进而促进企业的发展壮大。

（4）社会保险基金投资运营有利于确保参保人员分享经济发展成果。社会保险待遇水平要随经济的增长和物价水平的提高而相应调整，就要求社会保险基金具有强大的支付能力。而由于提高费率增加社会保险收入具有很大的局限性，因此，要在不增加国家、企业和劳动者负担的前提下提高保障待遇，就必须对社会保障基金进行投资运营。

2. 社会保障基金投资运营的原则

一般来说，社会保障基金除了突然的应急支付以外，其收缴和支取是可以预测和计算的。社会保障基金合理的投资运营，对一个国家社会保障制度的平稳运行是十分必要的，但是必须坚持以下原则：

（1）安全性原则。安全性是社会保障基金进入投资市场的首要原则。社会保障基金承担着保障社会成员基本生活的使命，被称为“活命钱”，因此在进行投资选择时，首先要考虑它的安全性原则，只有切实保障基金的安全，才能保证参保人员的利益不受损害，按时定额领取保障金。如果投资风险过大，不仅得不到预期的投资收益，还可能使整个投资本金遭受损失，导致无法收回。如果出现这种状况，将难以保证社会保障的支出需求。因此，它对整个社会政治经济的稳定都具有重大影响。

(2) 收益性原则。社会保障基金的投入，既要保值又要增值，盈利是投资的目的。通货膨胀的存在，使积累制、部分积累制的社会保障基金面临将来支付的压力。因此，社会保障基金的投资，要在符合安全性原则的条件下，保证投资能够获得最大的收益。盈利性的收益，既可为社会保障基金提供更多的积累，也可减轻国家、企业和个人的社会保障支出负担，保证社会保障基金的良性运行。

(3) 流动性原则。社会保障资金在投资时应该保持一定的流动性，以保证对国家养老保险基金的资金支付需要，以及应对一些意外的大额支付。一般而言，应根据不同基金支付期限的规律，选择变现性能与之相适应的投资工具。尤其是对短期的社会保障，投资的流动性原则更为重要，其目的在于保证投资之后，在不发生价值损失的条件下随时可以变现，这样才不至于发生收支矛盾。

(4) 多样化原则。投资都存在风险，为了使社会保障基金的投资风险最小，最有效的办法是采取投资组合的方式，即将基金按不同比例同时向多条渠道投资。这样，可以形成以高比例的低风险项目配合低比例的高风险项目，以高比例的稳定收益配合低比例的波动收益的格局，既可以降低基金风险，又可以取得满意的回报。

3. 社会保障基金的投资渠道

目前，世界上社会保障基金的投资范围也是比较广泛的，最主要的有银行存款、买卖国债和其他具有良好流动性的金融工具，包括上市流通的证券投资基金、股票、信用等级在投资级以上的企业债、金融债等有价证券等手段。以下主要介绍三种投资工具。

(1) 银行存款。银行存款是社会保障基金管理机构把基金存入银行，以取得一定利息的投资方式。银行存款有活期和定期之分，活期可随时提现，但利息较低。定期较活期利息高，但一般只能到期提取。定期又有时间长短之分，时间越长，利息率越高。银行存款的优点是安全可靠，投资风险相对较低，收益稳定，流动性较好，而且操作简便，省时省力。其缺点是收益相对偏低，不能有效化解通货膨胀的威胁。在社会保障基金刚刚进入资本市场时，银行存款所占比例较高，随着投资工具选择的多样化，比重逐步降低，只能用来做短期投资工具，以满足流动性需要。

（2）购买债券。债券是发行人按照法定程序发行，并按约定还本付息的一种有价证券。按照发行主体分类，债券可分为国家债券、地方债券、金融债券、公司债券和国际债券，其中，公司债券的票面利率最高，其次是金融债券、地方债券和国家债券。国家债券有很好的信誉，偿还有保证、安全性强、无风险，在急需时可以随时变现，具有较强的流动性，因而成为社会保障基金的重要投资工具。国家债券的收益一般高于银行利息，公司债券的风险一般处于政府债券和股票之间，收益一般也高于国家债券。同时，购买国家债券，也为国家重点建设提供了资金，因而许多国家鼓励把社会保障基金投资于国家债券。

（3）投资股市。股票是有价证券的一种主要形式。公司股票一般有较高的收益率，而且变现能力强，因而成为社会保障基金投资的一种重要工具。股票投资的收益来自股票买卖的价差和持股期间的股息收入。目前，多数国家都允许社会保障基金投资于股票市场，但是由于股票市场风险较高，绝大多数国家对于社会保障基金投资股票的比例给予了一定的限制。

除了上述传统的债券和股票外，金融创新工具还为社会保障基金投资提供了更为广泛的渠道，甚至有些创新的金融工具本身就是根据社保基金的特点及其投资要求“量身定做”的，如针对性的包括房地产、基础设施等不动产投资领域的实业投资。

（四）社会保障资金的支付

社会保障资金的支付，指按社会保障制度规定的条件、项目、标准和方式，给法定范围内的社会保障对象支付社会保障待遇，以保障其基本生活需要的行为。

1. 社会保障资金支付的项目

社会保障资金的支付项目，就是社会保障基金的最终使用范围，有两大类七个方面。

一是社会保障待遇支出，这是社会保障资金的最主要支付部分，也是其法定的职责。社会保障待遇支出按照社会保障体系的项目来设置，主要包括社会保险金的支付、社会福利待遇支付、社会救助项目支付等，其中最核心的是社会保险金的支付；二是社会保障管理支出，指社会保障管理机构及其人员的办公经费、办理社会保障基金银行业务方面的经费和社会保障对象管理以及提供服务等方面的费用，包括内部管理服务费用、银行业务服务费用、投资费用等。

社会保障资金的支付包括七个方面的内容：

（1）职工的基本生活支出，包括暂时丧失劳动能力和生活困难的职工补助费和用于永久丧失劳动能力的退休人员的退休金；

（2）符合享受失业保险待遇的失业者基本生活保障及就业培训方面的支出；

（3）国家和单位医疗保障方面的经费开支；

（4）军人保障方面的支出；

（5）社会救助方面的支出；

（6）社会福利事业方面的支出；

（7）社会保障设施方面的支出。

一般来说，一个国家的社会保障基金支出非常严格，必须按照规定的项目和标准支出，任何部门、单位和个人不得擅自调整支出项目和随意改变支出标准。同时，从社会保障基金的用途上来看，过多的社会保障管理费的支出会影响基金对国民的保障能力，所以，现代社会大都提倡事资分开，有将社会保障管理费与社会保障基金分开的趋势。

2. 社会保障资金的支付标准

社会保障基金的支付标准，是指社会保障待遇和社会保障管理费用的支付水平。它既关系到社会保障对象的生活水平，又关系到社会经济的健康发展。因而社会保障基金支付标准是社会保障制度的核心环节。

社会保障待遇支付标准的确定有两种方法，即受益基准制和缴费基准制，二者都是从社会保险津贴按何种标准发放的角度来划分的。

（1）受益基准制，又称为“待遇确定型”。它是指受益人的社会保险津贴的获得方式和数额取决于事先规定的受益标准，如工龄、年龄以及实际生活需要等，而与实际的缴费额和缴费年限无关或关系不大。

（2）缴费基准制，又称为“缴费确定性”计划。受益人社会保险津贴的获得取决于本人过去在社会保险体系中所缴纳资金的数量，而且是谁出资谁受益，受益与既往的资金贡献对等。

缴费基准制意味着受益人的缴费在相当长的时期内是固定的，而其受益程度则根据缴费所形成的基金（受缴费时间长短、费率水平高低、收缴率等因素影响）及其投资运营所形成的投资收益（受投资管理水平以及资本市场运行等因素的影响）加以确定。

（3）混合类型。受益基准制和缴费基准制的不同比例的组合，还可产生各种类型的混合制。从它们的适用性来看，一般来说，无论是短期性津贴项目，如医疗保险、工伤保险等，还是长期性津贴项目，如养老保险、伤残保险等，受益基准制都具有适用性，而缴费基准制一般只适用于长期性津贴项目。从它们所承受的风险类别来看，在受益基准制条件下，投资风险、伤残风险等各种风险是由基金管理者或筹集者承担而不是由受益人来承担，但受益人却要承担雇主破产的经济风险或政府不认账的政治风险，相反，在缴费基准制条件下，投资风险、伤残风险和长寿风险完全由受益人承担而不是基金管理者或筹集者承担。

3. 社会保障资金的支付形式

社会保障基金支付形式，是指社会保障经办机构在支付社会保障基金时所采取的具体方式或方法。最基本的方式有三种。

（1）货币支付。货币支付是指政府采取向居民发放货币津贴的形式来实施社会保障制度。因为社会保障基金基本上是以货币形式筹集的，同时货币作为一般等价物具有很大的灵活性和适应性，领取者有较大的自由支配空间。所以，社会保障基金的支付方式大部分采取货币形式；如养老保险金、工伤保险金、失业保险金、生育保险金等社会保险均采用货币形式支付，医疗保险待遇虽然以提供医疗服务的方式提供，但实际上仍然是以货币形式结算；社会救助支付也是以货币支付形式为主。

（2）实物支付。实物支付是指政府直接为社会成员提供特定物资的一种社会保障支付形式，这种支付形式在社会救助、社会福利与军人保障制度中都有不同程度的采用，如美国的食品券制度就是实物支付的典型代表，在美国的住房救助和医疗救助中也经常采用这种方式，我国的灾害救助中也常见实物救助（提供食物、衣被等）的方式。

（3）服务支付。服务支付是指通过为有需要的社会成员提供服务及服务设施而实现保障目的的一种社会保障支付方式，如医疗保险中的身体检查、疗养基地和康复基地的建立，以及敬老院、福利院、幼儿园和各种青少年活动中心等的兴建，都属于社会服务及服务设施支付。

三、我国社会保障资金管理的完善

（一）我国的社会保障资金管理制度

为了加强对社会保障基金的管理，明确有关部门的职责，目前我国的社会保障资金管理实行的是“收支两条线”的制度。

1.“收支两条线”制度

收支两条线，是指具有执收执罚职能的单位，根据国家法律、法规和规章收取的行政事业性收费（含政府性基金）和罚没收入，实行收入与支出两条线的管理制度。

社会保障资金管理实施“收支两条线”的目的在于，一方面对社会保障经办范围内的现金进行集中管理，减少现金持有成本，加速资金周转，提高资金使用效率；另一方面以实施收支两条线为切入点；构建社会保障财务管理体系中的内部控制系统，通过高效的价值化管理来提高企业效益。

建立社会保障资金收支两条线管理的基本要求是：

（1）收费主体是履行或代行政府职能的国家机关、事业单位和社会团体。罚没主体是指国家行政机关、司法机关和法律、法规授权的机构。

（2）各种收费、罚没项目的设立都必须有法律、法规依据。

（3）收费、罚没收入必须全部上缴财政，作为国家财政收入，纳入财政预算管理。

（4）收费实行收缴分离，罚没实行罚缴分离，即实行执收执罚单位开票、银行缴款、财政统管的模式。

（5）执收、执罚单位的开支，由财政部门按批准的预算拨付。

2. 实行“收支两条线”管理的原则

收支两条线资金管理模式比较适合于有多个独立的现收现付部门或分支机构。构建“收支两条线”资金管理模式的基本原则是：

（1）明确划分收入资金和支出资金的流动，严禁现金坐支。

（2）确保收入的资金能够及时、安全、足额地回笼，并能实行有效的集中管理，减少现金持有成本，加速资金周转。

（3）服务社会保障管理目标。根据预算合理安排支出，并保持经办机构运行所必需的。

（4）建立“收支两条线”资金管理内部控制体系。

作为源自企业内部的一种资金管理模式，“收支两条线”管理模式与企业的性质、发展战略、管理文化和组织架构都有很大的关系。落实“收支两条线”资金管理模式过程中，必须注意以下问题：一是加强银行账户的管理。在实行收支两条线过程中，应对现金收支部门或分支机构银行账户的开设、使用和清理实行严格的集中管理；二是强调结算纪律，严禁现金坐支；三是以现金流转为核心来进行财务管理，只有控制现金流量才能确保收入项目资金的及时回笼及各项费用支出的受控，才能加速资金的周转，提高资金的使用效益；四是严格资金流程。在实施收支两条线资金管理模式的过程中，注意加强有关的制度建设，建立健全收支两条线资金管理流程，并通过一定的激励机制和监督机制保证其落实到位。

3. “收支两条线”管理的运行

“收支两条线”资金管理模式的构建，主要是从规范资金的流向、流量和流程三个方面入手的。为了保证社会保障基金从征缴到支付的正常进行，社会保障经办机构和财政部门应在协商确定的国有商业银行开设三个基金账户：

（1）“基金收入专户”由社会保险经办机构在国有商业银行开设，负责暂存征缴的社会保险费、暂存下级社会保险经办机构上调的调剂基金收入或上级社会保险经办机构下拨的调剂基金收入、暂存该账户的利息收入、暂存滞纳金收入、暂存财政补贴收入、暂存其他收入。本账户只收不支。

（2）“基金财政专户”由财政部门在国有商业银行开设，负责接受社会保险经办机构“基金收入户”划入的基金、接收国债到期的本息及该账户资金形成的利息收入、划拨购买国家债券的资金、根据社会保险经办机构的用款计划向社会保险经办机构支出账户拨付基金。

（3）“基金支出户”由社会保险经办机构在国有银行开设，负责接收社会保险基金财政专户拨入的基金、暂存1至2个月的基金支付周转金、暂存银行支付的该账户的利息、拨付各项社会保险待遇、支付银行手续费等与社会保险有关的其他必要支出。该账户原则上只支不收。

（二）我国社会保障资金管理现存问题

随着社会保障制度改革的不断深化，社会保障基金的规模也在逐步扩大。近几年通过对社会保障资金的审计，发现由于社会保险基金监督管理制度还不健全，管理不规范，“跑、冒、滴、漏”，随意减免基金、套取统筹资金等违纪违规问题仍然存在。

（1）在资金筹集方面，我国社会保障资金的筹集模式采用的是部分积累制，即“社会统筹+个人账户”的形式。这种模式使得个人账户出现了“空账”运行的状况，社会保障资金的隐性债务增加，不利于社会保障制度的稳定运行。

（2）在资金征缴方面，我国社会保障资金的征缴机构不统一，资金征缴困难，存在大量的逃避、欺骗、拖欠等行为，而且主要采用的是缴费形式，严重影响了我国社会保障资金的足额征缴。

（3）在资金管理方面，我国存在多头管理，政出多门，资金分散的问题。社会保障的管理机构做多，职责划分不明晰，各个部门之间不能有机地配合，不利于资金的有效管理。

(4) 在资金运营方面，缺乏专门的资金投资运营机构，虽然我国目前已经建立了全国社会保障基金理事会，但仍处于前期的探索阶段，各方面还不够成熟和完善。

(5) 在资金支付方面，存在支付水平低，统筹层次低，支付管理不健全等问题，保障金的支付缺乏指数化的调整，不同地区之间的保障金的转移支付困难，使得社会保障功能的发挥受到了相当程度的限制。

(三) 完善我国社会保障资金管理的建议

当前，社会保障资金筹集渠道单一、覆盖面狭窄、资金规模不足等问题，已经成为我国社会保障制度运行中的主要障碍。而要保证社会保障制度的良性运行，就必须加快以下几方面的工作：

1. 建立健全社会保障资金管理法律体系

社会保障是关系国计民生和由计划经济向市场经济平稳过渡的重要事业，依靠行政部门的规定、办法很难维护其强制性和社会认同性，必须正式立法，以体现社保资金的法律规定性。

长期以来，我国社保资金管理一直处于法律不健全状态。虽然国家先后出台了《关于企业职工养老保险制度改革的决定》《国有企业职工待业保险规定》《失业保险条例》《关于建立统一的企业职工基本养老保险制度的决定》《社会保险费征缴暂行条例》等法规，但都是相互独立、自成体系，无法全面地规范社保资金管理的权利与责任，给社保资金的收缴、管理和使用带来不利影响。

我国《社会保障法》的基本内容应包括社会保障的目的、原则、地位，社保资金的来源、筹集和支付标准、管理、保障范围、义务与权利，资金管理中的人权、事权、监督权，财政在社会保障中的职责，建立财政社会保障预算，社保资金的投资运营及保值增值等。

2. 明确财政在社保资金管理中的职责

(1) 资金筹集方面，从目前来看，对于要解决个人账户“空账”运行的问题，即解决社会保障资金的隐性债务问题，做实个人账户，有关专家学者认为，最主要的措施是由国家将被扣除或“借用”的社会保障资金偿还，补偿资金的负债。同时，从长远来看，要进一步完善我国现行的社会保障资金的筹集模式。

(2) 资金征缴方面，首先，从当前来看，应当通过法律、法规和制度的形式，加强对社会保障资金的征缴工作。为保证社会保障资金的按时足额的征缴。其次，从长远来看，改革社会保障资金的征缴方式，变缴费为征税，统一由税务部门征缴。

（3）资金管理方面，应由人力资源与社会保障部对社会保障资金实行统一领导，民政部和卫生部在社会保障资金管理方面对人力资源与社会保障部给予相应的补充和配合。而资金的征缴、管理、运营和支付，则分别由税务机关、财政部门、社会保障基金理事会以及社会保障经办机构负责。这样的社会保障资金管理体系有利于政策的制定和实施，也有利于社会保障资金管理效率的提高。

（4）资金运营方面，在遵循社会性、安全性和收益性原则的基础上，国家可委托信托投资机构，对结余社保基金进行投资运营，包括购买有价证券、储蓄、入市股票、不动产投资等。要选择投资风险小，但能获得较大收益且能随时变现的项目，提高结余资金的实际收益率，加快社保资金的增值和积累，实现社保资金的良性循环。同时，要建立健全包括国家权力机关的监督、法律监督、行政监督、社会监督在内的社会保障监督机制。

（5）资金支付方面，坚持收支两条线，严格基金支出管理。加强对享受社会保障的对象资格的审核，严格规范社会保障资金的支付程序，坚持收支两条线，坚持专款专用，严格禁止社会保障资金的挪用和贪污，确保资金使用的安全性。坚持公平与效率，适当调整给付标准。采用指数化的调整方式，将社会保障资金的给付与市场经济的发展状况联系起来，体现公平和效率相结合的原则。

3. 建立财政主导型社会保障资金管理模式

为稳定社会保障资金来源，建议国家应尽快开征社会保障税，但这只能解决社会保障资金的筹集问题。为加强规范管理，还应建立一套以财政为主导，财政、税务、社会保障、银行、市场部门之间通力合作，相互分离、相互监督、相互制约的社保资金管理模式。具体运作：税务部门通过征收社会保障税筹集社保基金，交由财政部门设立社会保障预算，实行统一管理，社会保障部门在对社保基金受益人身份及条件等相关内容进行审查认定后，符合资格后发放社会保障资金。社保基金的增值运行则可委托相应的信托投资机构负责，由其通过合理分配基金投资于盈利型金融投资项目和保值型金融投资项目的比例，做到安全高效，并实现社保基金的保值增值目标，不断扩大社保资金的规模。

4. 建立社会保障预算制度

建立社会保障预算既是规范社保资金管理的内在要求，也是健全财政职能、完善复式预算制度的客观需要。我国目前的政府预算收支科目分为一般预算、基金预算和债务预算，基本养老保险统筹缴费的部分作为预算外资金纳入基金预算，实行收支两条线管理，专款专用；社会保障补助支出，抚恤和社会福利救济支出则从一般预算中通过一般税收收入来支付，由于基本养老保险统筹层次低和部门行业分散管理，社保资金的使用权和管理权分散在地方政府或各行业系统手中，中央并不直接控制社保基金，因此，也就不能站在全局的角度，对地区间、行业间的资金余缺进行调剂，同时也不能确保资金的使用方向。建立社会保障预算有助于打破目前“条块分割”的资金管理局面，将社保基金的收入、支出及投资运行情况全部纳入预算范畴，建立起社保基金管理的制衡机制，从而实现中央财政对社保基金的宏观管理，这也符合建立公共财政的要求。

5. 建立有效的社保资金运营监督机制

在遵循社会性、安全性和收益性原则的基础上，国家财政可委托信托投资机构，对结余社保基金进行投资运营，包括购买有价证券、储蓄、入市股票、不动产投资等。要选择投资风险小，但能获得较大收益且能随时变现的项目，提高结余资金的实际收益率，加快社保资金的增值和积累，实现社保资金的良性循环。同时，要建立健全包括国家权力机关的监督、法律监督、行政监督、社会监督在内的社会保障监督机制。国家权力机关监督是指在人大常委会内部设立专门的社会保障委员会，赋予其相应的监督职能。法律监督是根据有关法律法规，对社保基金运行过程实施全面的监督，依法查处各类违法、违规行为，确保基金的安全有效。

第六章

社会保障对象管理

社会保障对象管理是指社会保障管理部门及其经办机构通过一系列管理方法来管理社会保障管理的对象，特别是对社会保障的特殊对象如离退休职工、鳏寡孤独老年人、失业者、贫困者、残疾人等所进行的一系列必要的服务。社会保障管理的对象，作为社会保障待遇的直接享有者，既是实施社会保障的出发点，也是社会保障的归宿。可以说，社会保障政策的制定、实施都是围绕社会保障对象来进行的。

一、社会保障对象管理概述

（一）社会保障对象

管理对象是管理主体在一定的环境下，运用计划、组织、领导和控制等职能，依靠组织内的全体成员的活动，对人、财、物、时间、信息五要素的管理。本章的社会保障对象，是社会保障制度下各项保障待遇的直接享受者。他们既是实施社会保障的出发点，也是社会保障的归宿。

社会保障的一般对象——按社会保障的定义，社会保障的一般对象应是全体社会成员。如英国的《贝弗里奇报告》认为，“社会保障是指人们在失业、疾病伤害、老年以及死亡、薪金中断时，予以经济援助并辅助其生育婚丧的意外费用的经济保障制度”①。这一定义认为社会保障的对象是“人们”，他们没有地域、性别和身份之别。只要遇有上述情形，都可以成为社会保障的受益者。美国的《社会福利辞典》表述社会保障“是对国民可能遭遇到的各种危险如疾病、老年、失业等加以保护的社会安全网”②。在此，美国的社会保障对象是“国民”，同“人们”基本一样，没有城乡工农之别。

---

① 转引自：王玉先主编《外国社会保障制度概况》，工人出版社出版 1989 年版，第 122 页。

② 转引自：任保平著《中国社会保障模式》，社会科学出版社 2001 年版，第 4 页。

但是，由于各国国情不同，实现社会保障的原则不同，从而社会保障的对象也有所不同。具体保障对象的范围视各国保障的原则及国情而定，如实现普遍性原则国家，保障对象为全体社会成员；实现特殊性原则国家，保障对象有选择，为部分社会成员。何时扩大到更广的领域，要视各国经济发展的情况、经济承受能力而定。

我国真正全面引入“社会保障”一词，是在20世纪80年代中期。对于社会保障的概念有很多表述，但是都基本强调了“全体社会成员”是社会保障制度的覆盖对象。而目前我国社会保障的范围，许多项目只面向城镇的工薪阶层，农村社会保障体系尚在建设之中，这是由我国的二元社会经济结构决定的，大多数地区农民是家庭保障。随着经济的发展，我国社会保障的服务将会不断扩大。

总之，社会保障面向社会全体成员，社会成员只要符合社会保障的条件，就应该无一例外地成为社会保障的对象。今天，在经济发展的同时，如何让绝大多数人民群众都能够享受到经济发展的成果，这对于社会稳定和保持发展的可持续性至关重要。从国际经验看，建立普遍的、与经济水平相适应的社会保障制度，是实现经济和社会可持续发展的必要条件。

（二）社会保障对象管理

社会保障对象管理是指社会保障管理主体——社会保障管理部门及其经办机构通过一系列管理方法来管理和服务社会成员——管理客体的过程。简单地说，就是社会保障管理主体服务社会成员的过程，社会保障对象管理的本质是面向社会保障对象的服务活动。

社会保障管理的最终目的就是要保护社会保障对象的合法权益，并为之提供完善的社会服务。因此，社会保障对象管理的过程实际上是对社会保障对象提供一系列必要服务的过程。这种服务不仅包括物质的提供，还包括日常生活的照料、健康方面的服务以及社会生活的提供等。一般而言，对在职的社会保障对象的管理大多依托其所在单位进行，而对其他社会保障对象，则需要进行社会化管理。主要包括退休人员、鳏寡孤独以及丧失劳动能力者、失业者、残疾人等。

对社会保障对象的管理工作包括：社会保障对象的登记、审查；保障金的发放；丧失劳动能力的医务鉴定；劳动技能的培训和职业介绍；无生活自理能力人员的家务助理或院舍转介等。

在现代社会，针对社会保障对象的管理具有以下主要特征：

(1) 特定性。每个对象都有自身的特点，通过这种特点，可找到相应的对象。在这些对象的整个受保期中，它的标识应比较稳定，不同的对象不能有相同的标识。如养老保险是以保障因为年龄增长离开劳动岗位为其共同特征，低保对象是因为收入水平处于社会认可的标准线以下的人。

（2）滚动性。即对各种社会保障对象实施有效的分类管理，如社会优抚对象是不断变化的，存在着有增有减的情况；低保的基本管理办法也是动态管理，动态管理工作开展得如何，对城乡低保能否做到“应保尽保、应退尽退”起着至关重要的作用，也关系到低保制度在群众中的形象和影响问题。

（3）社会化。针对社会保障对象各种服务组织的建立需要民政、劳动与社会保障、卫生等多个部门协调行动，才能使其真正成为政府进一步加强对社会保障对象管理与服务的有效平台。如社会化管理的运用，可以使参加公益劳动的对象被严格限制为有劳动能力者，从而杜绝了侵犯老人和未成年人正当权益的可能性。

（4）信息化。社会保障对象管理工作任务繁重，必须借助高科技手段提高管理水平。即要建立依托统一的国家管理数字化信息平台，以省市运行为主体，运用单元网格管理方法和部件管理方法，利用信息采集器采集网格内的部件和事件信息，通过信息收集、案卷建立、任务派遣、任务处理、处理反馈、核实结案和综合评价七个环节进行有效的管理活动。

（三）社会保障对象管理的意义

规范和加强社会保障对象管理，不仅具有重要的社会和政治意义，而且在当前扩大需求、启动经济增长、实施更为积极的财政政策之时，更具有直接的现实意义。

（1）有利于从我国国情出发建立和发挥社会保障制度的作用。作为社会保障管理对象的全体社会成员是各项改革工作的连接点和交汇点，各种社会政策必然触及深层次问题和矛盾，触及错综复杂的利益关系和利益格局的调整。因此，我们必须立足于我国实际，认识我国所处的发展阶段和面临的实际问题与矛盾，认识我国政治、经济、社会的特点，学习借鉴国外社会保障对象管理的有益经验。

（2）有利于做到以人为本。科学发展观强调坚持以人为本，促进经济社会全面协调可持续发展和人的全面发展。这就要求我们在坚持以经济建设为中心的同时，把注意力更多地放到协调重大利益关系上，放到社会再分配上，放到着力解决社会公平上。

（3）有利于完善相关保障机制，转变政府职能，合理设置行政机构，理顺中央与地方关系，建立起一套符合科学发展观要求的，衡量社会保障效益的政绩考核标准和执法责任制等制度，促进经济社会全面协调可持续发展。

(4) 有利于提高政府社会保障能力。从一定意义上说，今天经济全球化既是各国产业和生产力的竞争，也是各国政府提供制度、环境、公共产品和服务等行政能力的竞争。与此同时，经济全球化趋势的发展，也对政府履行对公民的社会保障职能，提出了新的挑战。所以，适应行政管理社会化的发展趋势，也迫切需要改革社会保障的管理体制和提高社会保障水平。

二、社会保障管理的对象

根据社会保障制度的覆盖范围，一般来说，社会保障管理的对象包括了社会保险管理的对象、社会救助管理的对象、社会福利管理的对象、优抚安置管理的对象和住房保障的对象等几个部分。

(一) 社会救助的对象

任何社会都有贫困现象，由于社会发展的不平衡性，贫困成为一种客观存在的现实。即使在今天的发达国家中，也依然有相对贫困问题，存在着需要政府和社会给予帮助的贫困群体，因此各国都建立了普遍的社会救助制度。

社会救助的对象是按照统一标准确定的实际生活长期或暂处在法定最低生活水平线或其以下状态的贫困人口。凡生活在国家或地方政府公布的最低生活水平线下的居民，即贫困人口，为社会救助的对象。社会救助的目标在于，保障被救助者享有当时当地最低生活水平。

根据导致社会救助对象需要社会救助的原因不同，可将社会救助对象划分为三类：一是无依无靠又没有生活来源的社会成员。主要是“三无”人员，即无劳动能力、无生活来源、无法定抚养人的社会成员。需要指出的是，作为社会救助管理对象的“三无”人员，其须同时具备“三无”的条件，才能成为社会救助的对象，仅符合其中之一并不能成为社会救助的对象。

第二，有收入来源，但生活水平低于国家公布的最低生活水平的社会成员。这主要包括家庭收入过低，不能达到最低生活水平的在职人员、下岗人员、离退休人员及其家庭成员。任何人只要达不到国家公布的最低生活水平，国家和社会即有义务为他们提供救助，以使其过上最低生活水平的生活，而不论救助对象达不到国家公布的最低生活水平是什么原因。

第三，遭受天灾人祸等突发性灾害而生活陷于困境的社会成员。这类社会成员有劳动能力或有生活来源，或既有劳动能力又有生活来源，但由于天灾人祸的发生，其财产甚至人身遭到了严重的损害，从而在生活上发生了一时或永久的困难，不能达到国家公布的最低生活水平。

在我国，传统的社会救助只是将那些由自然原因造成贫困的社会弱者作为救济对象，主要是一些无生活来源、无劳动能力的社会孤老残幼，这部分人的数量非常有限且相对固定。今天，我国人口稠密、地域存在较大差别，在城市中同样存在着贫困问题。城市居民最低生活保障制度，将家庭人均收入低于当地保障标准的全体城镇居民都纳入保障范围，使救助对象的概念从内涵到外延都发生了根本变化。城市居民能否享受最低生活保障待遇，只视其生活困难与否以及困难程度，而不看他有无劳动能力、是否就业，任何居民在其生活发生困难时都可以成为保障对象。因此，从理论上讲，所有符合保障条件的城市贫困居民都应成为最低生活保障对象。

（二）社会保险管理对象

根据社会保险制度的不同项目分类，其管理对象一般包括：养老保险的对象、医疗保险的对象、失业保险的对象、工伤保险的对象和生育保险的对象。

1. 养老保险的对象

养老保险是政府通过立法的制度性安排，以权利与义务的一致性为原则，在劳动者因年老而丧失劳动能力，或达到法定的解除劳动义务的劳动年龄界限后，为满足他们的基本生活需求而建立的一种经济保障制度。

根据上述原则，养老保险发放的对象是因年老丧失劳动能力的人，或达到法定年龄退出劳动岗位的劳动者。而养老保险制度实施的对象比发放对象的范畴要大，不仅包括保险对象，还包括参保对象。在城镇地区，包括一个国家社会保险法覆盖范围内的用人单位和个人；在农村地区是不由国家供应商品粮的农村人口、乡镇企业职工、民办教师、乡镇招聘的干部职工。

根据我国现行养老保险的法律规定：企业职工、按照公务员法管理的单位、参照公务员法管理的机关（单位）、事业单位及其编制内的工作人员等，都应当参加基本养老保险，由用人单位和职工共同缴纳基本养老保险费；无雇工的个体工商户、未在用人单位参加基本养老保险的非全日制从业人员以及其他灵活就业人员可以参加基本养老保险，由个人缴纳基本养老保险费。年满16周岁（不含在校学生），非国家机关和事业单位工作人员及不属于职工基本养老保险制度覆盖范围的城乡居民，可以在户籍地参加城乡居民养老保险。

2. 医疗保险的对象

各个国家国情不同，决定了其医疗保险的对象也存在一定差异。纵观世界上主要国家的社会保障制度，医疗保险主要有以下三种模式及其不同对象：

第一种模式为国家医疗保险模式。它是一种医疗保险事业由国家直接建立；医疗保险经费由财政支出；国家公民不分贫富都可以享受医疗服务的医疗保险制度。英国、瑞典等国主要采取这种模式。可以看出在这种模式下，医疗保险管理的对象是全体社会成员。

第二种模式为社会医疗保险模式。它是以雇主、雇员和政府三者责任划分为标准来执行的一种医疗保险制度。所以它的管理对象仅仅覆盖企业的雇员。

第三种模式为个人储蓄医疗保险模式。个人储蓄医疗保险模式是通过国家立法，强制劳动者或劳资双方缴费，以劳动者个人的名义单独设立医疗储蓄账户，用于支付劳动者医疗费用的医疗保险制度。在定义中我们可以看出，强制的是“劳动者”或者“劳资双方”，所以它的管理对象也主要是劳动者。

目前，我国医疗保险已经覆盖全民，主要包括：基本医疗保险，覆盖城镇所有用人单位和职工及人民解放军官兵；城镇居民医疗保险，覆盖没有正式工作的城镇户口的居民和在校学生；农村合作医疗保险，覆盖所有农民和农村户口的孤寡老人及告老还乡农民工。

3. 失业保险的对象

失业是一种正常的社会经济现象。劳动力资源是经济资源的重要组成部分，就业岗位的竞争是劳动力资源实现优化配置的必要前提。竞争过程中，必然会有一部分劳动力因各种原因暂时不能实现就业。解决失业问题，不是完全消除失业现象，而是通过发展经济开发就业岗位，通过职业培训提高劳动者的素质和技能，把失业人员的数量控制在社会可以承受的范围内。同时，通过实施失业保险对暂时不能实现就业的劳动者给予帮助，保障他们的基本生活，提供再就业服务，把失业造成的消极影响降到最低。因此，发展和完善我国的失业保险制度，对分担失业风险，解决失业问题具有十分重要的作用。

一般来说，失业保险的对象是一个国家和社会中的失业人员。而失业保险的对象的多少，与一个国家和社会对失业人员的定义和范围密切相关。失业保险的对象问题，是失业保险制度运行的根本问题之一。它不仅反映了失业保险保障对象的多少，而且反映了一国的失业保险的性质和失业保险的基本价值取向和失业保险的目标。由于各国对失业保险定位不同，导致失业保险对象不完全一致。即使同一国家，也因不同的历史阶段价值取向不同，失业保险对象也不完全相同。

目前，世界上各国政府对失业保险对象的规定主要包括以下几种类型：

对所有劳动年龄的人员提供失业保障、对所有受雇雇员提供保障、以一定工资标准为依据确定失业保险的对象和以企业一定规模为标准确定失业保险的对象。在我国，根据《失业保险条例》的规定，失业人员是指在劳动年龄内有劳动能力，目前无工作，并以某种方式正在寻找工作的人员，包括就业转失业的人员和新生劳动力中未实现就业的人员。处在法定劳动年龄，但在学校读书，或服军役或没有就业意愿的无业者不归属失业范畴。

4. 工伤保险的对象

所谓工伤，是职工在工作过程中因工作原因受到事故伤害或者患职业病。工伤保险，是指劳动者在工作中或在规定的特殊情况下，遭受意外伤害或患职业病导致暂时或永久丧失劳动能力以及死亡时，劳动者或其遗属从国家和社会获得物质帮助的一种社会保险制度。所以，工伤保险的对象，应该是那些不幸遭受工伤的职工。

根据国际劳工组织制定的《社会保障最低标准公约》，工伤保险主要针对以下四种人：

（1）身体受职业病伤害呈疾病状态者；

（2）因公丧失劳动能力并因此中断工资收入者；

（3）由于永久或暂时失去劳动能力而完全或部分失去收入者；

（4）由于供养者因工死亡而失去生活来源者。

在我国，根据《工伤保险条例》的规定，包括中华人民共和国境内的企业、事业单位、社会团体、民办非企业单位、基金会、律师事务所、会计师事务所等组织和有雇工的个体工商户，都应当依照工伤保险条例规定，为本单位全部职工或者雇工缴纳工伤保险费。公务员和参照公务员法管理的事业单位、社会团体的工作人员因工作遭受事故伤害或者患职业病的，由所在单位支付费用。

5. 生育保险的对象

生育保险是通过国家立法规定，在劳动者因生育子女而导致劳动力暂时中断时，由国家和社会及时给予物质帮助的一项社会保险制度。国家和社会建立社会保险制度的目的，是维护女职工的基本权益，减少和解决女职工在孕产期以及流产期间因生理特点造成的特殊困难，使她们在生育和流产期间得到必要的经济收入和医疗照顾，保障她们及时恢复健康，返回工作岗位。

目前，世界各国享受生育保险的对象主要是女职工。随着经济的发展，一些国家允许在女职工生育之后，给予丈夫一定的假期来照顾妻子，并在假期是有工资的。待遇享受条件各国不尽一致，有的国家有享受者要有工作年限、参保记录、工作年限、本国公民身份等方面的要求。

在我国，凡是与用人单位建立了劳动关系的职工，包括男职工，都应当参加生育保险。用人单位按照国家规定缴纳生育保险费，职工不缴纳生育保险费。而生育保险的享受对象必须是合法的婚姻者，即必须符合法定结婚年龄、按婚姻法规定办理了合法手续，并且要符合计划生育的政策等。

（三）社会福利的对象

社会福利是社会保障的重要组成部分，它是国家和社会为保障和维护社会成员一定的生活质量，满足其物质和精神的基本需要而采取的社会保障政策以及所提供的设施和相应的服务。

目前来讲，对于社会福利这一概念，学界观点还没有完全统一。

广义的社会福利，是国家和社会为改善国民的物质文化生活条件，提高生活质量，而依法向全体国民提供的各种津贴补助，主要指社会服务事业及各种设施。广义的社会福利的内容十分广泛，不仅包括生活、教育、医疗方面的福利待遇，包括交通、文娱、体育、环保等方面的待遇，也包括各个行业和用人单位为职工提供的福利性收入与服务保障。

狭义的社会福利是指对生活能力较弱的儿童、老人、母子家庭、残疾人、慢性精神病人等的社会照顾和社会服务。狭义社会福利以选择性为基础，体现特殊社会关照原则，社会应首先关照社会特困人群。服务对象包括老年人、残疾人、妇女、儿童、青少年、军人及其家属、贫困者，以及其他需要帮助的社会成员和家庭等。服务的形式有人力、物力、财力的帮助，包括国家、集体、个人兴办的社会福利事业的收养、社区服务、家庭服务、个案服务、群体服务等。

概括以上广义和狭义的社会福利的对象，社会福利可划分为以下类型：

(1) 为全体社会成员提供的公共福利；

(2) 为本单位、本行业从业人员及其家属提供的职业福利；

(3) 为老年人提供的老年福利；

(4) 为婴幼儿、少年儿童提供的儿童福利；

(5) 为妇女提供的妇女福利；

(6) 为残疾人提供的残疾人福利。

（四）优抚安置的对象

优抚安置保障是国家和社会依法对军人及军烈属等优抚对象实行物质照顾、生活和工作安置、精神抚慰的特殊社会保障制度。具体项目包括：国家抚恤、国家补助、群众优待、优抚事业、拥军优属、褒扬革命烈士。

国家抚恤是指国家依法发给烈士家属、牺牲病故现役军人家属和革命残疾军人一定标准的抚恤金。国家补助是指国家为生活困难的优抚对象提供的基本生活需求保障。群众优待是指国家和社会依法筹集专项资金，保证优抚对象特别是农村义务兵及其家属一定的生活水平和生活质量。优抚事业是把优抚对象中一部分无依无靠、生活困难较大的孤老病残人员集中起来，由国家提供设施和条件，更好地保障他们的生活。

我国的优抚安置保障制度由优待、抚恤和安置等三个方面构成。社会优抚的对象包括：中国人民解放军的现役军人（含中国人民武装警察部队现役指战员）、革命伤残军人、复员退伍军人、革命烈士家属、因公牺牲军人家属、病故军人家属、现役军人家属等。

社会优抚的主要内容包括：开展拥军优属活动、做好现役军人、革命伤残军人、在乡红军老战士、在乡复员退伍军人、参战民兵民工、革命烈士家属、因公牺牲军人家属、病故军人家属、现役军人家属的优待抚恤工作，国家机关工作人员的伤亡抚恤工作，审批和褒扬革命烈士，评定革命伤残人员的伤残等级，举办优抚事业单位，做好烈士纪念建筑物的管理保护工作等。

（五）住房保障的对象

住房保障是一个包含范围很广的概念。从广义上说，“宅基地”“福利分房”都是住房保障制度的一种具体形式，它们是低生产力水平下保障“人人有房住”的制度。在市场经济条件下，为了保障每个人都有房子住，政府要实施一些特殊的政策措施，帮助单纯依靠市场解决住房有困难的群体。这个政策体系的总称，就叫作住房保障制度。住房保障制度和失业保障、养老保障、医疗保障等都是社会保障体系的组成部分。

近现代的住房问题的出现，也是源于工业化和城市化。英国政府是世界上最早着手解决住房问题的国家。1919 年英国颁布的《住房与城镇规划法》，是全面干预低收入家庭住房问题的标志性法律。我国住房保障制度的建立，是伴随着住房制度改革的进程逐渐凸显并受到重视的，没有住房的市场化、商品化也就没有住房保障。

当代社会，供应保障性住房（或建设保障性安居工程）已经成为政府干预住房市场的一种政策工具。类似基本医疗、基本养老、义务教育，住房保障可视为一种兜底的制度，是一种国家构建的生活“安全网”和社会“稳定器”。是否将保障范围扩大到更多居民甚至全体居民还存在很大争议。目前，主流的意见是住房保障的重点是低收入者和弱势群体，一般将解决最低收入者住房困难的廉租住房制度列入社会保障体系。

因此，现代住房保障制度是以国家和社会为责任主体，通过立法对国民收入进行分配和再分配，以满足中低收入阶层，尤其是生活特别困难的社会成员（家庭）提供基本住房保障的措施。在我国，住房保障覆盖范围的目标大约控制在20%，房地产市场仍旧以商品房供应为主，这种情况下居民往往需要得到某种住房援助才能负担得起住房。

三、重点社会保障对象的管理

（一）重点社会保障对象及其认定

一个社会的重点社会保障对象，是指最低生活保障对象，享受高龄老人生活保健补贴、残疾人生活补贴、企业职工基本养老保险、城乡居民基本养老保险、城镇职工基本医疗保险、城镇居民基本医疗保险、新型农村合作医疗等政策的职工和城乡居民。①

在我国，市、县政府是重点社会保障对象管理的责任主体，在具体的资格认定过程中坚持以下工作方法和程序。

（1）严格最低生活保障资格的认定。严把入户调查关，在村（居）民委员会协助下，乡镇政府（街道办事处）要对最低生活保障申请家庭逐一入户调查，详细核查申请材料以及各项声明事项的真实性和完整性，并由申请人、调查人签字确认，建立“谁调查谁负责、谁签字谁负责”制度，严禁不经调查直接将任何群体或个人纳入最低生活保障范围；严把民主评议关，乡镇人民政府（街道办事处）应当组织村（居）民代表或社区评议小组对申请人声明的家庭收入、财产状况以及入户调查结果的真实性进行评议。不得按指标或比例直接投票确定保障对象。申请人对评议结果有异议的，应再次调查核实；严把公示关，县级民政部门和乡镇人民政府（街道办事处）应当在申请人居住的村（居）民委员会，对低保申请家庭进行审核公示和审批公示，对已获得低保待遇家庭进行长期公示，广泛接受社会和群众监督。

（2）严格贫困残疾人资格的认定。市、县残联部门要参考当地的贫困线标准，制定具体实施细则，不得将非贫困的残疾人纳入残疾人生活补贴发放范围。县级残联、卫生计生部门要加强对辖区残疾评定医疗机构的管理，严格按照《中国残疾人实用评定标准》进行残疾类别、等级的评定。市级残联部门要加强监督，对县级残疾评定机构的评定结果进行抽查。

（3）严格企业职工养老保险待遇享受资格的认定。市、县人力资源社会

---

① 《陕西省重点社会保障对象管理暂行办法》，陕西省人民政府网，2014-11-07.

保障部门要严格执行有关提前退休的政策规定。因病退休和特殊工种退休由市级人力资源社会保障行政部门审核；政策性提前退休由省级人力资源社会保障行政部门审核。规范和统一用人单位对参保人员退休的公示程序、期限和内容。各级养老保险经办机构要加大审查力度，对有异议或问题的，退回同级人力资源社会保障部门核实和处理，调查核实无误后再向参保人员发放待遇。

（二）重点社会保障对象的管理原则

认定重点社会保障管理对象的资格，必须在公开、公平、公正和便民利民的前提下，坚持以下几个工作原则：

（1）分工协作原则。各级人力资源社会保障、民政、卫生计生、残联、老龄、财政、审计、监察及社会保险经办机构等部门和单位要加强沟通协调，形成整体合力，加快建立重点社会保障对象协同配合的工作机制。

（2）动态管理原则。严把入口关，建立重点社会保障对象定期核查比对机制，防止重复参保、违规享受待遇、虚报冒领和减员未减资等现象的发生。畅通出口，实施保障对象动态监管。

（3）资源共享原则。整合各业务部门信息资源，建立跨部门、多层次的信息管理平台，实现数据信息资源共享。整合各业务部门在基层从事社会管理工作人员的力量，实现人力资源共享。建立政府主导的议事机制，加强组织领导，协调各业务部门的协作配合。

（4）强化监管原则。加强对重点社会保障对象管理工作的监督检查，完善责任追究制度，建立激励约束机制，堵塞管理漏洞。加大社会保障政策的宣传力度，提高群众对政策的知晓率和认知度，充分发挥社会监督作用。

（三）重点社会保障对象的管理方法

对重点社会保障对象的管理，应建立健全定期核查制度。而定期核查的目的，是及时掌握保障对象的个人情况变化，及时将不符合条件的保障对象退出保障范围，实现动态管理。

（1）严格执行最低生活保障定期核查制度，对短期内收入变化不大的家庭，可每半年核查 1 次。对收入来源不固定、成员有劳动能力和劳动条件的最低生活保障家庭，原则上城市按月、农村按季核查。

（2）严格执行基本养老保险、高龄和残疾人生活补贴定期核查制度，加强保障对象自然减员管理。在我国，一些地方的做法是，每年 6 月底和 12 月底分别进行 1 次资格审查，以相互见面、入户调查、指纹认证、异地协助认证等方式进行生存认证和调查。

（3）通过信息核查和比对，防止虚假申报和重复参保、重复享受待遇。各级人力资源社会保障部门及企业职工、城乡居民基本养老保险经办机构要以金保工程信息系统为平台，定期进行企业职工基本养老保险和城乡居民基本养老保险之间的跨险种核查和比对，将防止重复缴费、重复领取待遇纳入常态化核查管理。

四、提高我国社会保障对象管理的水平

（一）我国社会保障对象管理面临的问题

社会保障制度属于公共产品在公共领域中的分配，缓和社会不公、维护社会公平是制度的基本出发点和根本归宿。如果失去了公平的价值取向，对象管理出现挑战就在所难免。

1. 社会保障的覆盖范围城乡不够平衡

国家安全体系是和谐社会的重要标志。近年来，中国的社会保障业取得了长足的进步和发展。城乡社会保障覆盖全民，社会保障体系不断完善。从大数据调查结果分析，虽然近几年国家加大了在农村社会保障方面的财政支出，但未能改变城市社会保障高于农村的局面。大中型企事业单位大多集中在城市，社会保障标准较高、覆盖面广。随着城市化进程的加快，越来越多的农村剩余劳动力进入城市参与城市发展，但他们无法享受与城市人相同的社会保障。此外，农村社会保障制度尚未完全建立，农民工无法真正享受国家社会保障制度。城乡社会保障覆盖率明显不平衡，严重影响了中国社会保障的整体形象。

2. 社会保障对象存在道德风险

现行现收现付制下的社会保险制度存在一个内生性问题——道德风险，具体表现为：参保者在既定缴费水平下都会想方设法多使用社会保险基金，在养老保险中主要表现为退休者都想提高自己的养老金待遇水平，在医疗保险中则表现为患者都想多使用统筹医疗保险基金。这不仅影响到制度可持续发展，而且在社会保险的全面强制参保方式还存在实施漏洞的情况下，还会反过来影响所有人的参保缴费积极性。有学者认为，道德风险问题产生的根源在于信息不对称，比如，在医疗保险中，因为信息不对称，保险经办方往往难以全面监控患者的就医行为，医患双方甚至还会相互“合作”以便多使用社会保险基金。

3. 社会保障管理管理服务能力不足

新中国成立至今，我国建成了世界上最大的社会保障体系。面对数以亿

计、时常变动的参保者以及海量的社会保障关系转移接续业务，社会保障管理服务能力不足、服务跟不上、不适应的问题开始逐渐突出。以新组建的医疗保障局为例，面对十几亿参保人、几十亿次的门诊及住院诊疗服务，特别是医疗服务行为的规范标准等问题，监管难度之大可想而知。更进一步说，除了日常经办业务外，延伸到千家万户和社会末梢的社会保障管理服务体系如何发挥好人口管理和社会治理的功能，则还没有提上议事日程。从发达国家经验看，由于社会保障具有对参保对象“记录一生、保障一生、服务一生”的功能，依托社会保障管理服务体系建立的人口登记、征税和公共服务体系在社会治理中发挥着支柱作用。必须承认，在这方面我国还有很大的努力空间。

（二）我国社会保障对象管理面临的挑战

改革开放40年来，中国对计划经济时期的社会保障制度进行了根本改革并不断补齐制度短板，经过不懈努力，基本实现了制度全覆盖，建成了包括养老、医疗、低保、住房在内的世界最大的社会保障体系。随着社会保障体系从无到有、从小到大，加强社会保障对象管理在国家治理中的地位作用也越来越重要。

1. 社会保障管理的理念偏差

根据社会保障的概念，在设计社会保障制度时应当注重保障对象的基本生活需要，以实现“保障基本生活”为制度设计理念。但是，我国社会保障制度设计过多地考虑参保对象的贡献，由此导致即使有等量基本生活需求的人，也由于初次收入分配的差距社会保障待遇而有所不同，制度设计理念偏离了通过再分配弥补初次分配不公平性的初心，仍然延续初次分配制度的设计理念，造成社会保障待遇不公平；同时由于设计理念偏差，面向不同人群的社会保障制度分归不同机构经办，管理方式和信息系统的不统一阻碍了信息共享，进而造成参保关系难以转移接续，资源分散、效率低下，影响了社会保障制度的可持续性。

2. 社会保障对象管理多轨制并存

长期以来，我国按照职业特征不同设计社会保障制度，表现在国家机关公务员、事业单位干部职工的“退休金”“公费医疗”与企业职工、城乡居民的社会养老保险、社会医疗保险“双轨”运行的制度分设；社会保险、社会救助、社会福利、社会优抚各类社会保障项目在资金筹集、资金分配，待遇标准等方面的城乡差异。面向城镇职工、城乡居民、机关事业单位工作人员的社会保障制度由于制度设计的差异，社会保障待遇必然是不公平的。因此，必然造成了社会保障筹资机制、支付机制和保值增值机制在不同制度下无法统一，影响了社会保障制度的互助共济功能在全社会范围内的发挥。

3. 社会保障制度顶层设计缺失

我们要“建立什么样的现代社会保障制度”的问题，我国已经探索了30多年，但至今尚无定论，社会保障制度建设一直处于修和补的阶段，即不断修正某一社会保障项目，不断增加新社会保障项目以覆盖新的人群。中央关于社会保障制度改革的要求是一贯的，但是《社会保险法》没有关于社会保障制度中长期改革的目标设置；《中共中央关于全面深化改革若干重大问题的决定》仍然遵循板块化的制度设计思路，设置改革目标；社会保障制度整体改革方案已经启动研究，但尚未有一致性意见。鉴于我国特殊的人口、经济、社会背景，应该在借鉴国外经验和我国社会保障制度历史探索经验的基础上，提出适合我国国情的社会保障模式顶层设计，而正是由于这一顶层设计缺失，才从根本上造成了我国社会保障制度的不公平和不可持续。

（三）加强社会保障对象管理的对策

建成富强民主文明和谐美丽的社会主义现代化强国，是我国未来三十年的奋斗目标，只有加快建立“覆盖全面、城乡统筹、权责清晰、保障适度、可持续多层次”的社会保障体系，社会保障对象包括全体社会成员，才能享有幸福安康的生活。

1. 不断探索建立覆盖全民的社会保障体系

社会保障制度的目标是保障覆盖对象的基本生活，我国社会保障体系设计要认真处理好“公平”和“效率”的关系，以能否保障居民基本生活为首要目标。对于一个负责任的执政党和政府来说，既要不断把“蛋糕”做大，又要把不断做大的“蛋糕”分好，特别是积极回应解决各类社会需求，这是提升人民对政府合法性认同的重要基础。改革开放40年来，中国共产党坚持“以人民为中心”的发展理念，在解放和发展社会生产力的同时，积极探索共同富裕的有效实现形式。特别是不断深化对社会保障性质的认识，顺应城乡居民对社会化保障及服务的需求，将社会保障纳入保障和改善民生工作，建成最大社会保障体系，使亿万群众化解了社会风险，分享了社会经济发展成果，“社会保障已经成为全体人民共享国家发展成果的基本途径与制度保障”①。2018年，中国共产党十九大报告进一步将保障和改善民生提升到“为什么人的问题”的高度，提升到“检验一个政党、一个政权性质的试金石”

① 郑功成：《改革开放40年与社会保障制度变革》，教学与研究，2018年第11期。

的高度。这既体现了中国共产党对自身宗旨的清醒认识，也是由社会保障从小到大后发挥的功能作用所决定的。

2. 建立统一的社会保障经办服务和管理机制

社会保障目标模式的推进，要改变经办力量分散的局面，做到社会保障经办一站式服务。一是尽快出台《社会保障经办机构管理条例》，对经办机构的性质和法律地位作出规定，这有利于推进经办服务体系改革，确定经办机构的性质、定位和职能等诸多问题；二是建立全国统一的管理经办体制，实行全系统的垂直管理，弱化行政管理职能，制订业绩考核机制，实行工效挂钩，建立薪酬激励制度；三是建立一支专业化的社会保障职业队伍，实行动态配比的负荷比管理机制，再由地方根据其经济承受能力、信息化水平、具体任务、人员素质等因素进行调节；四是建立正常的社会保障经办成本投入机制，保证正常的人员经费和办公经费，将基础建设经费、信息系统建设及维护运行经费、业务管理服务经费等业务发展费用纳入预算；五是社会保障经办系统内部应建立风险控制机制，实现安全管理，改进信息技术手段，提高应急管理能力，防范各种管理风险。

3. 进一步整合社会保障管理和服务机构，降低管理成本

我国各项社会保障制度自上而下分归人力资源与社会保障、民政、卫计等不同政府部门管理，导致各部门之间责任边界模糊不清、相互转嫁责任、事权重心下移和支出责任过于分散等问题。尽管2018年“两会”对与社会保障有关的人力资源和社会保障部、民政部、卫生和计划生育委员会、老龄委等部门进行了重组，新增医疗保障局，且可以预见省级及以下社会保障部门调整的大潮将随之而来，但是，社会保障各项目之间的联系机制仍未建立。为了适应我国的社会保障理想模式，应当择机在梳理各部门社会保障职能基础上，在中央政府层面建立社会保障部，省级及以下政府建立社会保障厅(局)，下设社会保障服务中心，将所有涉及社会保障的行政管理划归社会保障部（厅、局)，降低社会保障管理成本。

4. 加强社会保障公共服务体系建设

我国具有世界上最大的社会保障体系，必须有最强大的公共服务体系支撑，才能将制度建设的成效转化为人民群众的获得感。首先要完善服务体系，继续推进管理服务社会化，将非国有单位和灵活就业人员纳入社区实行社会化管理。结合机关事业单位社会保障改革，探索将目前分散在机关事业单位的离退休管理机构的职能适当集中起来，由统一的机构行使，真正实现社会化管理。要按照“方便可及”的要求，推动经办服务体系向基层延伸，整合

经办资源，设置综合服务窗口，优化服务流程，集中面向各类保障对象提供一站式服务；其次是加强能力建设，社会保障管理服务量巨大，必须有机构和队伍的强大支撑。一方面在政府职能逐渐转变后，将基层公共资源更多用于社会保障管理服务，在现行体制下，通过新建机构、增加人员等办法解决经办能力弱问题的空间越来越小，必须创新制度机制，探索建立与服务量挂钩的拨款机制，通过购买服务等方式，解决机构人员不足和能力不强的问题。另一方面，要以标准化为抓手，推动经办管理服务制度化、规范化。依托社会保障卡、大数据等载体，加强信息化建设，为参保对象提供完整、准确的社会保障记录；再次是充分利用精算技术、互联网、大数据等技术以及市场主体、社会力量，对社会保障信息、医疗服务信息进行有效监控与管理，解决好社会保险费征缴、医保控费、社会保险关系转移接续等管理难题。

第七章

社会保障监督管理

建立健全社会保障体系，是发展社会主义市场经济、保护广大社会保障对象合法权益、维护社会稳定的需要。加强社会保障基金监督管理，确保基金安全完整，是社会保障体系正常运行的前提条件。在中国，随着社会保障制度改革的不断深化，社会保障基金的规模逐步扩大。由于各地社会保障制度改革进展情况不同，有关法规政策不够完善，社会保障基金监督管理制度还不健全，存在违纪违规等问题。我们应高度重视社会保障基金监督管理工作，尽快建立健全监督管理机制，推动社会保障基金征缴、支付和管理的规范化、制度化，保证社会保障基金专款专用，严禁挤占挪用。

一、社会保障监督管理概述

（一）社会保障监督管理的含义

社会保障监督管理，其概念有狭义和广义之分。

狭义的社会保障监督管理是指为了确保社会保障基金的安全，保障基金的保值增值，政府有关职能部门按照法律法规等规范性文件，对入库基金的运作过程进行的监督；广义的社会保障监督管理是指为了确保社会保障基金足额征缴、安全存储、依法发放，并在运作中有效规避风险，防止基金被挪用挤占、保证基金的保值增值，有关国家机关、社会组织和广大人民群众对社会保障基金的征缴、存储、运作和支付等各个环节所进行的全方位、综合性的监督。

概括而言，社会保障监督是由国家行政管理部门、专门监督部门以及利害关系者对社会保障的管理过程和管理后果进行评审、鉴定，以使社会保障管理符合国家的有关政策、法规，并尽可能地满足利害关系者的利益。

社会保障监督管理的目的，是确保国家制定的社会保障基金管理的政策、法规的贯彻执行，维护和保障社会保障基金资产的质量，防范和化解基金管理的风险，及时综合有关情况，评价基金管理、运行状态，分析问题产生的原因和可能带来的危害，有效制止和纠正违法、违规行为，确保各项社会保障工作的正常运行，并为政府制定和实施社会保障计划提供可靠的信息和依据。

社会保障监督管理的任务，是对社会保障基金的管理情况和基金资产质量进行监督，也就是对社会保障基金进行预决算、基金收支、基金管理的全过程，依法实施监督检查。具体地说，是对筹集和征缴机构的征收行为和支付行为、财政专户的管理情况实施全程监管；社会保障投资运营后，还要对投资机构的运营情况进行监督。

（二）社会保障监督管理的特征

社会保障监督管理作为维护、保护社会保障正常运行的重要机制，在社会保障体系建设中不可或缺。加强社会保障监督制度建设，有利于保障社会保障制度平稳发展。社会保障监督管理作为社会保障制度的主要一环，有以下特点。

1. 独立化

为保证社会保障监督体系有效运转，监督机构与行政管理和资本运营机构分立，有效地发挥监督体系的作用。特别是一些采取定量限制监管的国家，监管机构的独立性较强，一般都成立专门机构进行监管，而且监管的范围也比较大，除了要求基金达到最低的审慎性监管要求外，还要对基金的结构、运作和绩效等具体方面进行严格监管。

2. 多元化

为保证社会保障监督体系有效运转，监督机构与行政管理和资本运营机构分立，有效地发挥了监督体系的作用。特别是采取定量限制监管的国家，监管机构的独立性较强，一般都成立专门机构进行监管，而且监管的范围也比较大，除了要求基金达到最低的审慎性监管要求外，还要对基金的结构、运作和绩效等具体方面进行严格监管。

3. 法制化

社会保障监管作为社会保障制度的重要组成部分，既有延续性和稳定性，又有依客观情势而修正的变动性。但无论是稳定还是变动，都必须以法律规范为依据，并据此确定社会保障监管的各项内容。各国关于社会保障监督体系的立法工作较为细致，法律法规体系较为完善，对社会保障的监督都是以完备的法律体系基础的，基本走上了法制化、规范化的转道。

（三）完善社会保障监督管理的必要性

1. 社会成员的社会保障权益需要社会保障监督系统维护

社会保障是法定制度，是社会成员享有的法定权益，但在各项社会保障制度的具体实施中，却因各种因素的影响可能导致社会成员的权益受到损害。对此，需要有权威的、健全的社会保障监督系统，并通过监督、纠察，使社会成员的合法权益得到维护。

2. 社会保障运行中的非正常状态需要社会保障监督系统纠察

只有在管理系统与实施系统之外，再建立起健全、权威的监督系统，才能真正纠正社会保障运作中的非正常状态，并确保整个社会保障制度的运行正常化、良性化。

3. 社会保障运行中的潜伏危机需要社会保障监控系统预警

社会保障的发展受到多种因素的制约，从宏观或长远的角度出发，社会保障的运行需要有专业化的预警监督系统，这既是一些发达国家以往的深刻教训，也是社会保障制度发展的内在要求。

4. 社会保障运行机制的自我完善需要社会保障监督系统

社会保障法律制度是否能够得到有效的、规范化的实施，社会保障管理系统的行为是否符合法律制度的规范，社会保障实施系统是否处于正常运行状态，监督系统既是不可缺少的环节，同时也是对整个社会保障制度的自我完善。

二、社会保障监督管理的原则、目标和任务

（一）社会保障监督管理的原则和类型

建立健全社会保障监督体系是防止管理主体滥用权力的必要手段，特别是实现社会保障资金依法筹集、专款专用、保值增值的重要保障，所以，必须认真研究和部署好监督工作。

1. 社会保障监督的基本原则

在我国，社会保障监督的基本原则有以下几点：

（1）法治原则，即符合法治建设要求。社会保障监督体系的建立和完善要与社会主义法治化进程相一致，要在法律的框架下有序进行。

（2）协调性原则，即保持整体协调。社会保障监督体系，不仅要与资金筹集、管理、运营等体系相互适应、相互配合，而且要与其他金融监督机构搞好协调，保持一致，形成一个有序运转的整体。

（3）责任原则，即分工明确，职能清晰。社会保障的监督主体与监督对

象之间应当明确领域，特别是要与经办机构划清职能范围，保证既不缺位也不越位。

（4）可操作原则，即要增强可操作性。监督体系的建立和完善，要注意实际效果，保证能够对社会保障中存在的问题进行及时、灵活的调整和解决；要有明确的监督标准、切实可行的监督手段、便于操作的监督程序、明确的责任分工。

2. 社会保障监管的类型

社会保障监管模式的选择，受到历史、体制、文化、经济发展水平等各个方面因素的影响。具体来看，应当考虑基金市场结构是否完善、资本市场和各类中介组织机构是否发达、法律是否健全等因素。

（1）根据监督的主体和监督权的性质不同，可以分为国家性监督和非国家性监督。其中国家性监督主体是国家机关，其主要特点是监督主体拥有宪法和法律赋予的监督权力，监督行为最具强制力，而相应被监督的对象必须接受这种监督，否则就要承担法律责任。

（2）按照监督的主体和对象是否属于同一个组织系统进行分类，社会保障监督有内外部监督之分：外部监督的特点是监督权来自组织外部，因而不会受到系统内部由于利益驱动而导致的决策权对监督权的破坏；内部监督的监督主体与对象同属于一个组织系统，实践中一般的做法是在组织内部专设一个或几个监督部门，对组织内部的其他部门进行监督。

目前，国际上还有两种社会保障监管模式的划分，即审慎性监管和定量限制监管。前一种模式一般适用于经济发展已经很成熟，金融体制比较完善，基金管理机构也得到一定程度发展的国家。后一种模式一般适用于经济体制不够完善、管理制度建立较晚、市场中介机构不够发达、法律不够健全的国家。从我国实际出发，鉴于基金运作机构不够规范、资本市场不够完善等情况，监管模式应以“定量限制监管”为主，适当吸收“审慎性监管”的优点，从而建立起具有中国特色的社会保障监管模式和体系。①

（二）社会保障监督管理的目标

社会保障监督管理体系是由监督主体、监督客体、监督方式和监督手段等构成的相互配合的有机整体，其监督管理的目标是防止权力被滥用，使权力合法有效行使，保证社会保障基金安全和基金的保值增值。

---

① 成思危等：《中国社会保障体系的改革与完善》，民主与建设出版社2000年版，第245页。

（1）监督社会保障的有关政策、法规和制度的执行情况。

（2）监督社会保障基金的征缴、管理和存储等有关情况，重点是监督是否存在违法或违规运作的问题。

（3）监督社会保障受益者在资格认定，登记及基金支出发放中是否得到公平待遇和法律赋予的权利。

（4）监督社会保障资金的投向、资产结构、运营效果和收益分配等，以及是否存在非正常营运的情况。

（5）受理媒体和群众对社会保障有关情况的举报、申诉并监督有关部门对举报和申诉问题的处理、落实情况。

其中，对社会保障资金的运营安全、投资效益等问题进行审计监督，是社会保障监督任务的重中之重，需要切实抓好。

（三）社会保障监督管理的任务

加强社会保障监督，就是要实现社会保障资金的安全和保值增值，防止社会保障资金被挤占挪用和资产缩水，保障基金按时足额支付，充分发挥社会保障基金的社会效益。

1. 针对社会保障基金经办机构的监督

对制订和执行社会保障基金运营的规章制度的合法性的监督，既包括其所制定的各项规章制度和经营决策是否符合有关法律法规和政策监督，也包括对具体经办机构内控制度的监督。后者的监督包括：内部组织结构、基金风险程度、会计系统、计算机业务系统运行状况等。

2. 对社会保障基金经办过程的监督

（1）基金征缴的监管。包括检查征缴机构是否依法征收保险费，及缴费单位是否按规定缴纳保险费两个方面：一是对征缴机构的监管。是否按规定的项目和标准，及时、足额征缴社会保险费；是否擅自提高或降低社会保险费的征缴比例或减免征收社会保险费；是否转移或隐瞒基金收入，私设“小金库”或多头开户；是否挤占挪用收入户基金；是否将收入户基金及时、足额缴存财政专户；是否按规定收取滞纳金，并将滞纳金列入基金收入；是否允许缴费单位以实物抵顶社会保险费，造成基金的少征。二是对缴费单位的监管。缴费单位或个人是否按规定缴纳社会保险费，有无隐瞒工资总额造成少缴或其他形式的漏缴；缴费单位有无故意拖欠或拒缴社会保险费，有无将应缴的社会保险费截留用于其他开支。

（2）基金支付的监管。一方面是对经办机构或社会化发放机构行为的监管：是否违规扩大基金开支范围和标准支付待遇；是否依法及时足额支付各类保险津贴，有无拖欠或截留；是否按规定编制预算、计划，调剂金的分配、使用是否合理合法，资金的调度和用款计划是否按规定的程序报批；有无虚列支出、转移资金和挤占挪用；内部控制制度是否健全，业务结算中是否出现计算差错，是否多付、少付或重复支付。另一方面是对参保人行为的监管：领取社会保险金的人员是否已参加社会保险并符合享受的条件；是否有多报离退休人数或死亡不报、冒领社会保险金等欺诈的行为。

（3）结余基金的监管。社会保险基金必须存入社会保险基金财政专户，实行收支两条线管理，专款专用，任何部门、单位和个人均不得挤占挪用，也不得用于平衡财政预算。各级政府、财政部门、经办机构和其他单位、个人有无将社会保险基金用于对外投资、经商办企业、自行或委托放贷、参与房地产交易、弥补行政经费和平衡财政预算，以及为企业贷款担保、抵押等问题；经办机构的年度决算和有关会计账簿、凭证是否真实合法；经办机构的内控部门是否能够有效地行使权力，基金是否安全、完整，其保值增值是否合法、合规；管理人员有无贪污、私分基金等违法违纪行为；是否发生不可抗拒的基金损失，如盗窃和自然灾害事件：基金管理措施是否安全严密。

3. 对社会保障基金投资运营过程的监督

（1）社会保障基金投资运营的准入。准入的控制亦称为审批、授权、认证和特许。旨在保证准入的金融机构的数量、结构、规模、分布和规范性符合社会保障事业发展的需要，并与监督当局的监管能力相适应。把好这个关口可以事先将那些可能带来问题的金融机构拒之门外，预先铲除带来违规运作风险的土壤。大多数国家的法律规定，银行等金融机构只有在获得授权或特别许可以后，才能从事社会保障基金的运营业务，否则是一种违法行为。任何得到认证的金融机构都必须接受社会保障基金监督当局的监督。

（2）社会保障基金投资运营的退出。与准入机制相对应，退出机制即监管当局，限制或取消某一金融机构已经获得的管理运营基金的资格和权力。当某一金融机构或其分支机构不能履行有关责任和义务，并且威胁到基金的利益和安全时，监管当局有权采取某些措施，限制其运营基金的某些活动，直至取消其资格。社会保障经办机构和有关机构变更或调整基金的开户银行，必须报监管当局审查批准，未经批准撤回或擅自变更、调整的应予以处罚。

（3）社会保障基金经营机构的变更。承担社会保障基金运营业务的金融机构因分立、合并、重组或者出现程序规定的解散事由而需要解散时，也须向监管当局提出变更申请，经批准后再作调整。金融机构解散或资不抵债、不能支付到期债务时，社会保障基金经办机构要关注接管人或清算人的行为，积极保护基金的利益，按清偿计划优先追还基金的本金和利息。有关监管当局应按照规定，妥善安排有严重问题的金融机构有序地退出社会保障基金运营市场。一旦银行等金融机构自动退出或被限制和取消授权，社会保障基金监管的关系即告终止。

(4) 监管机构还可以实行偿付能力监控。主要手段：一是强制实施再保险，即当一家运营机构运营的基金达到一定的额度时，应规定其按一定比例实行再保险，以分散风险；二是设立风险准备金，即各运营机构在一定时期内应按基金规模大小向同业协会缴纳一定比例的风险准备金，以应付可能出现的风险。运营机构在资不抵债时，监管机构应勒令其停业整顿，以确保清偿能力。

(四) 社会保障监督的管理机制

社会保障监管机制主要由三个相互协调的系统构成：法制系统是实施社会保障监管的客观依据，管理系统是社会保障监管机制的实施和责任主体，监督系统是实施社会保障监管的基本保证。这三个系统具有以下构成关系。

1. 分层负责

社会保障监管机制从构成客观上分为以下三个层次：第一层次或最高层次是法制系统，它是管理系统、监督系统的共同依据，是规范性层次。第二层次是管理系统，其依照法律的规定在自己的职责范围内对各种社会保障实施机构及其实施内容履行管理之责，同时接受监督系统的监督。第三层次是监督系统，其依据法律的规定履行对社会保障管理系统与实施系统的监督职责，其中重点是对实施系统的监督。上述三个层次分工不同，但目标一致，它们共同推进着社会保障项目的实施。

2. 系统运行

在社会保障监管机制运行过程中，法制系统、管理系统和监督系统共同构成了一个有机结合的整体，不仅缺乏任何一个系统都会导致整个社会保障运行陷入非正常状态，而且任何一个系统的非正常都会导致整个运行系统的非正常。例如，没有相对独立的法制系统，社会保障制度的运行会失去操作的客观依据；没有相对独立的管理系统，社会保障的实施会陷入混乱之中；没有健全的监督系统，社会保障运行过程中的非正常状态将得不到及时的发现和纠正。同样，如果法制系统不合理，社会保障的管理、监督系统便很难正常运行；如果管理系统不正常，社会保障制度运行中的其他系统也会失常；如果监督系统非正常，则只能是越权干预或形同虚设，社会保障的正常运行将失去保证。

3. 明确职责

构成社会保障监管机制的三大系统是一个整体，但又各自相对独立地在社会保障运行中承担着不同的职责和任务，并严格地按照各自的分工履行自己的职责。如法制系统承担的是规范项目体系、制定运行规则的职责；管理系统承担的是依法管理，即主要充当社会保障责任主体和对实施系统的执法裁判的职责；监督系统承担的是依法对社会保障管理与实施过程中的监督职责。如果上述系统职责不分就必然会造成功能紊乱，如管理部门不遵守法律规范，不服从监督等，都会导致系统间的职责混乱，进而使各系统的功能失常。

4. 双向制约

传统的社会保障监管机制只具有单向制约性，即政府制订法规政策，然后由政府部门或企业、机关、事业单位执行。而合理的社会保障监管机制，其三个系统之间应存在双向的或互相的制约性。如法制系统对其他两个系统均起着规范与制约作用，其他系统的运行不能违背法制系统的规范。但其他系统在运行中若发现法制系统的不足时又可以推动法制系统的修订与完善；管理系统行使对实施社会保障项目的管理职责，但又须接受法制系统的约束与监督系统的监督；监督系统接受法制系统的约束，不能介入具体的社会保障管理与实施，但可以行使对管理系统的监督权。可见，上述三个系统是互相联系、互相制约的关系，这种制约关系使整个社会保障制度运行具备了内在的免疫力，从而是社会保障制度正常运行、健康发展的基本保证。

5. 有效监督

社会保障监督体系中监督主体与监督客体的权责关系决定了监督系统的基本框架。监督主体是指根据法律规定，有权利和义务实施监督的组织或个人。社会保障监督的客体即监督对象，监督客体的行为、行为当事人如社会保障行政管理部门、社会保障经办机构、用人单位和受保人以及行为的结果均是监督的对象。① 在实践中，既有专职的监督主体，又有兼职的监督主体，还有兼有管理与监督职能（有些以管理为主、监督为辅，有些以监督为主、管理为辅）的双重体。这些双重体既是监督主体，但又是被监督的对象，因而又可称为主客兼容体。在监督的主体与客体的相互关系中，专职监督主体（尤其是审计部门）负有特别重要的使命。它们既要监督整个客体，还要侧重对上述主客兼容体实施再监督，因此要从立法的角度确立其行政地位和履行

---

① 赵曼：《社会保障监督的分析框架》，社保财务理论与实践，2003年第3期。

监督所需的各种权力，在监督的人力和物质条件等方面也要充分保证。

三、社会保障监督管理的运行机制

（一）社会保障的外部监督

社会保障外部监督是指由社会保障经办机构之外的组织和个人对社会保障工作的主体进行的监督。在我国，社会保障的外部监督还可以分为国家机关的监督和社会监督。国家机关的监督包括权力机关、行政机关、司法机关和特定机构的监督。社会监督包括社会组织的监督、人民群众监督和新闻舆论监督。

1. 国家机关的监督

国家机关的监督，不仅包括国家权力机关、行政机关和司法机关的监督，而且包括特定机构（全国社会保障基金理事会）的监督。该类监督的特点是，监督以国家的名义进行且权限明确，均来自法律法规的明确授权；行使监督权的程序严格；行使监督权后作出的决定具有法律上的效力。主要有：

（1）国家权力机关的监督。我国实行人民代表大会制度，各级人民代表大会是国家权力机关对社会保障基金的监督，是国家权力机关依法履行职能的重要组成部分，也是人民群众行使国家权力的重要方面。人民代表大会及其常委会对社会保障基金的法律监督主要是对有关涉及行政部门、对有关社会保障基金的行政法规、规章和规范性文件的合法性进行监督，并对社会保障基金的法律法规的实施情况进行监督；工作监督是指人民代表大会及其常委会全体或部分组成人员对社会保障基金日常工作进行考察、调研、监督、检查。

（2）国家行政机关的监督。国家行政机关对社会保障基金的监督主要是指各级人民政府对社会保障基金的监督。在我国，各级人民政府是法律的具体执行者，同时也拥有制定行政法规、规章和各类规范性文件的权力。各级人民政府对社会保障基金进行监督的方式主要有：制定与基金监督有关的行政法规、行政规章、地方性规章和有关规范性文件；采取听取汇报、述职报告等形式，对所属的劳动保障行政部门、财税部门的社会保障基金征缴、管理和运作、支付工作进行监督；各级政府法制部门（法制办）对上述机关的规范性文件进行备案以及合法性审查等。

（3）国家司法机关的监督。国家司法机关的监督是我国监督体制的重要组成部分，同样也是社会保障基金监督制度的重要组成部分。国家司法机关的监督包括检察机关的监督和审判机关的监督。检察机关的监督是一种专门监督，其监督的方式主要是对个人、企事业单位的违法犯罪行为提起公诉，尤其是对国家机关（包括国有企事业单位）及其工作人员在履行职务行为过程中的违法犯罪行为提起公诉；对有关单位的有关违法行为发出检察建议书；受理举报、控告，接受当事人抗诉申请并决定是否提起抗诉等。人民法院是我国司法体系中的审判机关，因此人民法院的监督也被称为审判监督，其监督的手段主要是行使审判权。

（4）经济管理部门的监督。经济监督是指国家经济管理部门对社会保障基金管理部门根据各自的管理职能，代表国家对社会保障基金的筹集、运营、支付过程进行的监督。经济管理部门的监督主要有：财政监督，这是财政部门对社会保障基金管理部门遵守财政法规和财务会计制度情况以及对社会保障管理机构的经费预算的监督；审计监督，这是由专门从事审计业务的部门对社会保障基金的财政收支、社会保险基金运营的效益和违反财经法纪的行为所进行的经济监督；金融监督，这是国家金融管理部门对社会保障基金管理部门的金融活动是否符合国家金融政策所进行的经济监督。

（5）特定机构的监督。特定机构的监督是社会保障基金监督中特有的一种监督形式，在本章中特指“全国社会保障基金理事会”对全国社会保障基金的监督。其监督对象有广义和狭义之分：前者主要包括应当接受监督的机构和个人，具体包括基金的征缴、存储、支付和运作机构，个人包括参加社会保险的参保人员和可以享受社会保险待遇的人员，还有各类在社会保险机构的工作人员；后者主要指社会保险基金本身。

另外，还有各级监察机关有责任对相关部门履行职责情况进行监督，严肃查处社会保障基金管理中的贪污、挤占、挪用等违纪违规行为，依纪依法追究相关单位和人员的责任；各级邮政部门不仅要按时足额发放社会保障金，而且应对邮政机构代发放社会保险金情况进行监督检查，并定期向行政主管部门报送社会保障金发放的情况。

2. 社会的监督

社会的监督，即非国家机关的监督，是指由各类社会组织（包括政党）和公民依照宪法和法律，对社会保障基金进行监督。社会监督包括社会组织的监督、公民的监督和新闻舆论的监督。

（1）社会组织监督。社会组织的监督是指各民主党派、人民政协和社会团体对社会保障基金的监督。

在我国，各民主党派是接受中国共产党领导的、同中国共产党通力合作、共同致力于社会主义事业友好协商的参政党。在社会保障基金监督领域，他们也通过多种形式、多途径、积极地开展监督工作，是社会保障基金监督的重要力量。在社会保障问题日益突出的今天，社会保障基金在每年全国政协会议上受重视的程度也越来越高。

社会团体的监督，主要是指由工会、共青团、妇联以及城镇居民的群众自治性组织和农村群众自治性组织、各类非政府组织（NGO）所进行的监督。如工会是劳动者的代言人，它根据《工会法》赋予各级工会组织的权力，监督政策制定与执行和管理行为。

（2）公民监督。公民的监督，是指由公民直接进行的监督。社会保障基金是“活命钱”“保命钱”，理所当然受到了所有公民的关注，同时理应接受每个公民的监督。公民对社会保障基金进行监督的方式除了举报、投诉之外，还可以就其自身受到的社会保障方面权利受到的侵害提起复议、诉讼，以维护自己的合法权益。这种维权行动本身也是对社会保障基金管理工作的监督。

（3）新闻舆论监督。新闻舆论的监督，就是新闻媒介的监督。舆论的威慑力很强，新闻机构或如实报道，或发表评论，或通过民意测验等方式造成社会舆论，从而引起社会和有关政府部门关注，对有不良行为的管理机构或工作人员施加社会压力。新闻媒介影响范围很大，必须如实、准确地反映情况。由于目前社会保障的重要性日渐高企，所以，也日益成为新闻舆论监督的重要对象。

（4）劳动者监督。劳动者作为社会保障费用的承担者之一和社会保障的受益人的双重身份对社会保障实施监督。劳动者主要通过工会实施监督。

（5）用人单位监督。用人单位以社会保障费用的主要承担者的身份监督社会保障管理部门对社会保险基金的使用和管理状况。社会保障管理部门应定期向企业通报基金收支情况。用人单位对有关疑点可进行质询。

（二）社会保障的内部监督

顾名思义，社会保障内部监督是社会保障的管理系统内部所建立的监督体系，是防范经办风险的业务活动。

1. 社会保障内部监督的含义

社会保障内部监督有狭义与广义之分。

狭义的社会保障内部监督，指社会保障经办机构、财政专户管理机构、税务征收机构等与社会保障基金相关的职能部门，为防范运作风险、提高管理质量和水平而建立的相应的内部监督管理体制。

广义的社会保障内部监督，指社会保障相关职能部门在接受依法参保者委托对社会保障基金的征收、储存、有效管理和运用进行操作的同时，为了确保社会保障基金在征缴和内部运作过程中合法并有效规避投资风险，防止基金被挪用挤占，最大限度地提高基金收益率，确保基金保值增值、合理分配并及时支付，依据国家立法，遵循公平与效率相统一的原则，运用法律的、经济的、行政的手段，在社会保障基金相关职能部门内部或之间建立有效的监督管理体系与制度。

2. 我国现行社会保障内部监管的机构

根据2002年7月劳动和社会保障部等七部委联合下发的《关于加强社会保障基金监督管理工作的通知》（劳社部发12号）精神，下列机关："各省、自治区、直辖市劳动保障、财政、信息产业、审计、地方税务、邮政厅(局)，中国人民银行各分行、营业管理部、省会（首府）城市中心支行"等，都负有监督管理职责，防止社会保障基金出现被挤占挪用和其他违规问题。

各级劳动保障、财政、审计、税务、邮政部门和人民银行分支行，要按照各自职能，加强对社会保障基金管理和运营机构贯彻执行基金管理法规和政策情况的监督检查，实施对社会保险费征缴、社会保险金发放、基金管理和运营各个环节的全过程监督。

劳动保障行政主管部门要切实负起责任，加强对社会保险费征收机构、社会保险金发放机构、社会保障基金管理和运营机构征缴、支付和管理运营基金情况的监督，定期不定期地对基金收入户、支出户及财政专户等各类社会保障基金银行账户进行监督检查。

各级财政部门要加强对社会保障基金财务、会计制度执行情况的监督，定期不定期地对基金收入户、支出户及财政专户基金管理情况进行监督。

各级审计部门要依法对社会保障基金管理及使用情况进行审计监督，对基金收入户、支出户及财政专户基金管理情况进行审计。

实行税务机关征收社会保险费的地区，各级税务机关要对征收社会保险费的情况进行监督检查。

中国人民银行各分支行，要对社会保障基金账户的开立和使用情况进行监督检查。

各级邮政部门要对邮政机构代发放社会保险金情况进行监督检查。

3. 社会保障内部监管的方式

2002年我国政府发布《关于加强社会保障基金监督管理工作的通知》，对劳动保障、财政、信息产业、审计、地方税务、邮政厅（局）、中国人民银行各分行的监管方式，有明确的管理要求：

（1）各级社会保险费征收机构、社会保险金发放机构、社会保障基金管理和运营机构，要认真履行职责，严格执行有关法规政策，保证基金收支及管理各个环节的正常规范运行。

（2）各级社会保障基金管理机构要严格执行社会保障基金财务、会计制度，加强对基金收入户、支出户及财政专户的管理，按时足额将收入户基金划入财政专户，并认真做好社会保障基金核算。要强化社会保险结余基金管理，妥善安排基金存入银行和购买国债计划，确保基金保值增值。要及时核对基金收入户、支出户和财政专户的基金，保证财政专户与收入户、支出户账账相符。要加强社会保险个人账户基金管理，认真做好个人账户记录工作，健全管理制度，规范运作程序。

（3）实行税务机关征收社会保险费的地区，各级税务机关要按规定征收社会保险费，接受有关方面的监督检查，并定期向社保经办机构、财政部门报送社会保险费征收情况，不得滞留、挤占挪用和违规动用社会保险费收入，做到征收和管理规范有序。

（4）社会保障基金开户银行要根据有关代收、代发协议和结算凭证，及时办理社会保障基金的代收和代发业务。要按照社会保障基金管理政策规定，加强对基金收支和管理情况的审核。

（5）实行社会保险金社会化发放地区的银行、邮政等机构，要根据社会保险经办机构开出的支付凭证，按时足额发放社会保险金，不得延迟或滞留，不得从社会保险金中扣除邮寄费和手续费，并定期向行政主管部门报送社会保险金发放情况。

（6）与社会保障基金征缴、支付、管理及运营有关的部门或单位，要加强协调，规范运作，及时对账和传递有关数据或凭证，防止相互推诿扯皮等问题的发生，确保基金管理运作的顺利畅通。

（三）社会保障监督管理的事项

建立健全社会保障体系，是发展社会主义市场经济、保护广大社会保障对象合法权益、维护社会稳定的需要。进一步加强社会保障基金管理，目的是确保基金安全，维护社会稳定。依照国家相关法律，我们对社会保障监督管理的内容梳理为以下几个方面：

1. 对社会保障基金经办机构的监督

对制订和执行社会保障基金运营的规章制度的合法性的监督，既包括其所制定的各项规章制度和经营决策是否符合有关法律法规和政策监督，也包括对具体经办机构内控制度的监督。后者的监督包括：内部组织结构、基金风险程度、会计系统、计算机业务系统运行状况等。

2. 对社会保障基金经办过程的监督

（1）基金征缴的监管。包括检查征缴机构是否依法征收保险费，及缴费单位是否按规定缴纳保险费两个方面：一是对征缴机构的监管。是否按规定的项目和标准，及时、足额征缴社会保险费；是否擅自提高或降低社会保险费的征缴比例或减免征收社会保险费；是否转移或隐瞒基金收入，私设“小金库”或多头开户；是否挤占挪用收入户基金；是否将收入户基金及时、足额缴存财政专户；是否按规定收取滞纳金，并将滞纳金列入基金收入；是否允许缴费单位以实物抵顶社会保险费，造成基金的少征。二是对缴费单位的监管。缴费单位或个人是否按规定缴纳社会保险费，有无隐瞒工资总额造成少缴或其他形式的漏缴；缴费单位有无故意拖欠或拒缴社会保险费，有无将应缴的社会保险费截留用于其他开支。

（2）基金支付的监管。一方面是对经办机构或社会化发放机构行为的监管：是否违规扩大基金开支范围和标准支付待遇；是否依法及时足额支付各类保险津贴，有无拖欠或截留；是否按规定编制预算、计划，调剂金的分配、使用是否合理合法，资金的调度和用款计划是否按规定的程序报批；有无虚列支出、转移资金和挤占挪用；内部控制制度是否健全，业务结算中是否出现计算差错，是否多付、少付或重复支付。另一方面是对参保人行为的监管：领取社会保险金的人员是否已参加社会保险并符合享受的条件；是否有多报离退休人数或死亡不报、冒领社会保险金等欺诈的行为。

（3）结余基金的监管。社会保险基金必须存入社会保险基金财政专户，实行收支两条线管理，专款专用，任何部门、单位和个人均不得挤占挪用，也不得用于平衡财政预算。各级政府、财政部门、经办机构和其他单位、个人有无将社会保险基金用于对外投资、经商办企业、自行或委托放贷、参与房地产交易、弥补行政经费和平衡财政预算，以及为企业贷款担保、抵押等问题；经办机构的年度决算和有关会计账簿、凭证是否真实合法；经办机构的内控部门是否能够有效地行使权力，基金是否安全、完整，其保值增值是否合法、合规；管理人员有无贪污、私分基金等违法违纪行为；是否发生不可抗拒的基金损失，如盗窃和自然灾害事件：基金管理措施是否安全严密。

3. 对社会保障基金投资运营过程的监督

（1）社会保障基金投资运营的准入。准入的控制亦称为审批、授权、认证和特许，旨在保证准入的金融机构的数量、结构、规模、分布和规范性符合社会保障事业发展的需要，并与监督当局的监管能力相适应。把好这个关口可以事先将那些可能带来问题的金融机构拒之门外，预先铲除带来违规运作风险的土壤。大多数国家的法律规定，银行等金融机构只有在获得授权或特别许可以后，才能从事社会保障基金的运营业务，否则是一种违法行为。任何得到认证的金融机构都必须接受社会保障基金监督当局的监督。

（2）社会保障基金投资运营的退出。与准入机制相对应，退出机制即监管当局，限制或取消某一金融机构已经获得的管理运营基金的资格和权力。当某一金融机构或其分支机构不能履行有关责任和义务，并且威胁到基金的利益和安全时，监管当局有权采取某些措施，限制其运营基金的某些活动，直至取消其资格。社会保障经办机构和有关机构变更或调整基金的开户银行，必须报监管当局审查批准，未经批准撤回或擅自变更、调整的应予以处罚。

（3）社会保障基金经营机构的变更。承担社会保障基金运营业务的金融机构因分立、合并、重组或者出现程序规定的解散事由而需要解散时，也须向监管当局提出变更申请，经批准后再作调整。金融机构解散或资不抵债、不能支付到期债务时，社会保障基金经办机构要关注接管人或清算人的行为，积极保护基金的利益，按清偿计划优先追还基金的本金和利息。有关监管当局应按照规定，妥善安排有严重问题的金融机构有序地退出社会保障基金运营市场。一旦银行等金融机构自动退出或被限制和取消授权，社会保障基金监管的关系即告终止。

（4）监管机构还可以实行偿付能力监控。主要手段：一是强制实施再保险，即当一家运营机构运营的基金达到一定的额度时，应规定其按一定比例实行再保险，以分散风险；二是设立风险准备金，即各运营机构在一定时期内应按基金规模大小向同业协会缴纳一定比例的风险准备金，以应付可能出现的风险。运营机构在资不抵债时，监管机构应勒令其停业整顿，以确保清偿能力。

四、我国社会保障监督管理的问题与对策

（一）我国现行的社会保障监督管理的不足

我国现行的社会保障监督是以行政监督为核心、审计监督和社会监督为补充的三位一体的社会保障基金监督模式。虽然这种监管模式对于规范社会保障基金的收支、管理和运营起到了积极的作用，但从社会保障基金监督制度的运行情况看，存在的问题也很明显。近年来，随着社会保障制度改革的不断深化，社会保障基金的规模逐步扩大。由于各地社会保障制度改革进展情况不同，有关法规政策不够完善，社会保障基金监督管理制度还不健全，

存在违纪违规等问题。

1. 机构的从属性

从我国的情况看，社会保障监督管理委员会办公室一般都设在省劳动和社会保障部门，社会保障监督机构没有完全与行政管理部门，运营经办机构分立，存在着“一套人马，多块牌子”的现象，权力不明确，责任不清晰，监督机构形同虚设，监督职能基本上仍由行政主管部门执行，在具体解决问题的协调上仍由省政府主管领导来进行，尚未形成一个相对独立的环节，不能有效地发挥监督作用。

2. 运行的封闭性

在各省级社会保障监督委员会中，财政、劳动保障、审计等政府部门占主导，虽然也吸收了企业代表、职工代表、专家及其他社会利益代表，但数量有限，在实际运行过程中，他们往往被排斥在外，很难发挥独立的监督作用。在具体事务的协调上，习惯于把社会保障监督当作由政府来操作的事务，仍按照政府部门的工作程序，在政府各个职能部门之间进行，在一定程度上存在政府内部控制问题，社会监督不到位。

3. 程序的非规范性

由于我国目前还没有独立的社会保障监督法律法规，没有在统一的法律框架下对社会保障的监督机构，行政管理部门，运营机构进行非常明确的职责分工，出现职能交叉重叠的情况。各部门制定的政策，文件往往具有明显的部门主义色彩，政出多门，各自为战，相互封闭，推诿扯皮。缺乏对欠缴社会保险费的行为和拖欠离退休人员，失业人员保险金行为的法律制裁措施。非法挪用，挤占保险金的违法甚至犯罪行为得不到及时惩处。我国这种社会保障监督立法工作的相对滞后，使得监督机构和监督职能没有相关法律法规的支持和保护，甚至形同虚设，极大地影响监督权威和效果。

4. 信息的不对称性

我国基金监管中因为信息不对称，在基金的征缴、运作、支出等各个环节不同程度地存在风险。例如，在养老保险领域，经办机构对职工保险待遇、退休职工养老保险是否全额缴清、各项保险待遇计算是否准确等方面信息不全，导致企业躲避缴费、隐瞒职工人数、缴费基数等现象普遍。在支出方面，由于没有开通指纹识别系统，也没有与银行、邮政储蓄等代发部门进行信息沟通，致使出现退休人员死后还在冒领养老金的现象，信息不对称导致各自孤军奋战。在基金运作上，因基金所有权与经营权分离的运作方式出现了委托、代理风险，因为两者之间信息不对称，委托人无法准确地掌握受托人的行动特征，也很难准确做出促使代理人在委托人无法监督的情况下依然为委托人的最大利益而经营的判断，“逆向选择”和“道德风险”不可避免。①

5. 监管的僵化性

2001 年公布的《全国社会保障基金投资管理暂行办法》规定了社保基金的投资范围，如第二十八条规定：划入社保基金的货币资产的投资，“银行存款和国债投资的比例不得低于 50%，其中，银行存款的比例不得低于 10%。在一家银行的存款不得高于社保基金银行存款总额的 50%；企业债、金融债投资的比例不得高于 10%；证券投资基金、股票投资的比例不得高于 40%”。但从近年基金运作的收益来看不仅没有增值，甚至出现了负增长。这说明，在对基金运作方面，市场机制与政府监管机制应如何协调，监管制度设计时如何在严格监管和审慎监管方式中进行取舍，才能达到资源利用的最优化，成为监管制度的重点。

（二）影响我国社会保障监督管理的因素

社会保障基金监督管理工作，要求建立健全监督管理机制，推动社会保障基金征缴、支付和管理的规范化、制度化，保证社会保障基金专款专用，严禁挤占挪用。但是，社会保障监督体系的不足，必然会隐蔽社会保障基金管理中存在的问题。而造成社会保障监督体系低效有以下几点原因。

1. 对社会保障制度的本质在认识上有误区

纵观社会保障制度发展的历史，由于各国政府对社会保障制度认识与理解上的不同，形成了世界范围内形形色色的社会保障制度，不论发达国家与发展中国家，也不论社会主义国家与资本主义国家，这一制度都出现了危机而且越来越严重，同时，这一制度并没有消除贫困，仅仅是减轻贫困而已。这一事实，值得我们对社会保障制度的本质与实施的深度重新认识与思考，否则，无论如何也无法建立起完善的社会保障监督体系。

2. 社会保障监督体系松散难成合力

现行社会保障管理体制仍然没有克服“多头管理、政出多门、执行与监督机构不分等”的弊端，这就从根本上决定了社会保障监督体系设置上的不合理性，使政府职能部门将主要精力更多地投向具体业务管理中，削弱了政府职能部门的监督职能，使其无法实现监督的立法职责，加上部门之间错综复杂的利益关系以及认识上的局限性，政策所规范的监督内容缺乏统一的标准，职能部门不清楚自己的职责与监督的具体内容，执行中无所适从，监督

① 朱德云：《我国现行社会保障管理体制的缺陷与完善对策》，现代财经，2001 年第 6 期。

的职能必然化解或失效，导致监督执行中的随机性、随意性增大，要么风平浪静，没有问题发现，要么发现问题时，已经造成很大的损失。①

3. 监督渠道单一且不够透明

社会保障监督体系未形成有效的内外监控机制，还没有建立起一套科学的政府职能部门之监督程序。监督部门与业务部门之间没有互相监督的层次制约机制，上下级之间监督的单向性明显使监督的随意性、基金损失的风险性增大。另外，社会保障监督体系缺乏社会监督的公众参与层次，用人单位与受保人参与监督意识淡薄，同时，监督渠道单一而不透明，发现问题投诉无门，没有形成一种像拨“114”电话那么方便的公众都能参与监督的制约机制，使社会监督的职能受到限制。

4. 社会保障监督尚缺乏权威的法律支持

目前，社会保障制度政策不统一，管理没有法制化，而是主要靠行政手段管理，出现问题常常靠行政处罚来解决，监督的权威性不强，不能体现社会保障制度的强制性色彩。因此，对于挪用社会保障基金、骗取社会保障补偿等事件，社会保障制度在监督体系设置上无法可依，缺乏严肃性，结果是处理措施无力、惩治力度不够，监督职能难以发挥作用。由于缺乏独立的、有法律支持的社会保障监督，我国的社会保障资金在使用和管理上往往受到地方政府短期行为和部门利益的影响，容易在社会保障运营部门中出现重大问题，如社会保障资金被大量拖欠，挪用和挤占等，广大社会保障投资者的合法权益受到严重损害，影响了社会稳定。

由此可见，我国目前的社会保障监督体系已经不能满足现代社会保障制度正常运行的要求，难以保证社会保障制度功能与目标的实现，所以社会保障监督体系改革势在必行。

（三）加强社会保障监督管理的对策

社会保障监督体系的建立和完善要与社会主义法治化进程相一致，要在法律的框架下有序进行，保持整体协调。不仅要与资金筹集、管理和运营等体系相互适应并相互配合，而且要与其他金融监督机构搞好协调，保持一致，形成一个有序运转的整体，“建立在对现代社会保障制度模式演变的基本规律的科学认识与对中国国情的充分把握的基础上”②。

---

① 李广义：《社会保障监督管理体系初探》，西安石油学院学报，2001 年第 1 期。

② 李迎生：《社会保障二元社会保障体系研究》，中国人民大学出版社 2001 年版，第 78 页。

1. 完善社会保障监督管理的原则

完善我国现阶段社会保障监督体系的基本方向是机构独立化和权力一元化，使社会保障监督机构能够超越地方利益和部门利益，切实从全社会的角度来进行有效监管。监督系统的健全将促使整个社会保障制度健康、正常地运行，即使其运行中有失误，也能及时地得到纠正，从而不会造成整个社会保障体系的紊乱。如果社会保障监督系统不完善、不健全，必然无助于社会保障制度的正常运行。因此，建立社会保障监督系统应遵循以下原则：

（1）依法监督。监督系统的建立，必须有法可依，必须依赖法律体系对监督的主体及其权责、监督方式及内容、监督的时间及结论等的使用作出明确规定。社会保障监督机构在法律规范的范围内行使职权，不能越权行事；同时还必须行使法律赋予的职责，不能不负责任。

（2）规范操作。规范的社会保障监督，包括以下内容：一是社会保障监督机构要按照程序办事；二是不同的社会保障监督机构在行使监督权的同时，需要严格按照各自的职责规范运行；三是在发现社会保障制度运行中的问题时，需要严格按照规范的手段进行监督和纠正；四是与社会保障管理系统、实施系统配合协调。

（3）多元监督。对社会保障制度的运行进行监督的目标是保证社会保障制度的运行正常、纠察失误、预警危机，这就需要监督机构能够及时发现问题。由于社会保障内容庞杂、涉及面极广，从国内外的社会保障制度发展实践来看，任何国家都不可能由一个机构来行使监督职责，因此构建多元化的监督机构是社会保障制度的内在要求。

（4）及时预警。国外成功的经验表明，监督系统尽管对纠正社会保障日常运行中的个别失误有功，却对社会保障制度中、长期运行中形成的积重难返的危机负有不可推脱的责任。如人口老龄化带来的养老保险金支付高峰、失业规模扩大化带来的影响等，就是社会保障监督机构没有及时注意并提前预警，致使危机发生时往往措手不及。因此，社会保障监督机构不仅要注重日常的、微观的监督，而且应当将长期性的、宏观性的预警监督纳入职责范围。

（5）明确职责。社会保障的监督主体与监督对象之间应当明确领域，特别是要与经办机构划清职能范围，保证既不缺位也不越位，增强可操作性。监督体系的建立和完善，要注意实际效果，保证能够对社会保障中存在的问题进行及时，灵活的调整和解决；要有明确的监督标准，切实可行的监督手段，便于操作的监督程序，明确的责任分工。

2. 完善社会保障监督管理体系

社会保障监督管理体系是由监督主体、监督客体、监督方式及监督手段等构成的相互配合的有机整体，完善社会保障监督管理体制必须发挥好这个有机整体的功能。

（1）监督主体。要加强社会保障基金监督机构和队伍建设，选配必要的财会、金融、法律等专业人员，充实社会保障基金监督队伍。建立由劳动和社会保障、财政、审计等政府部门和金融部门，用人单位，工会组织，专家，人大代表，政协委员组成的社会保障监督委员会，承担社会保障监督的主体，委员会下设按照监督领域和重点分工的分支机构，形成领导一元化和机构多元化相结合的监督主体。为了保证机构的独立性，社会保障监督机构应当直接由中央政府或地方人民政府领导，独立地行使各项权利。

（2）监管客体。监督客体主要是指依法应当接受监管部门监管的机构和个人。具体包括以下几个方面：一是基金的具体征收、储存和支付机构。如各级社会保障机构的具体操作部门，主要监督其各项行为的规范程度。二是基金的运营机构，如基金公司、证券公司、投资基金及其托管银行。主要监督其是否遵循了规定的操作程序和标准，资质是否合格，有无违规操作，能否使社会保障基金保值增值，结余资金是否按国家规定进行运营生息，节余基金是否及时办理转存定期存款手续，基金运营利息收入是否全部并入基金，基金有无挪用和变相动用的情况。三是基金的缴纳人和受益人，如参保的各类企业和劳动者个人，主要监督各类企业是否按时足额为职工购买了社会保险，企业职工是否真实享有了自己的合法权益。参保单位，参保人是否用假工龄，假年龄、假工种、假证明或假身份骗取享受社保待遇等现象，是否及时办理参保、交费手续。①

（3）监督方式。结合我国实际，借鉴国外做法，我国当前社会保障监督必须是全方位的监督，即整个监督必须是内外监督结合、上下监督结合和专业监督与群众监督结合的方式。具体到社会保障监督委员会的监督方式，应采取现场监督和非现场监督两种方式。监督可有效地扼制腐败、防止权力滥用，在当前限制政府权力、保障公民权利已经成为世界潮流的时代背景下，限制掌握权力的人滥用权力已成为深入人心的理念。

3. 完善社会保障监督管理的支撑条件和运行环境

随着我国法治化进程的加快，对社会保障依法进行监督势在必行。建立

① 林治芬：《公共财政下的社会保障管理》，东北大学出版社 2001 年版，第 153 页。

社会保障监督体系，制定比较完善的社会保障监督管理体系，使社会保障监督步入法制化轨道，是一项长期的、艰巨的任务。因此，必须做好以下几个方面工作：

（1）加快立法进程，尽快出台有关社会保障监督方面的法律文件。因此，认真抓好社会保障监管体系的法制建设，逐步建立具有中国特色的社会保障监督法律体系，是实现我国社会保障监督规范有序进行的重要保障，从而使各项措施的实行和修改都有法可依，便于操作，提高制度的稳定性。一方面是规范程序，明确责任，制定社会保障的各项规定，为监督提供法律依据，提高法制化，规范化水平。完善诉讼制度，设立社会保障公诉制度，授权公民和法人作为社会公益代表对侵犯社会保障基金的行为，依法提起民事诉讼。另一方面要加大对侵犯社会保障基金行为尤其是对当前挪用社会保障基金的行为，加大惩罚力度。此外，还要建立严格的执法队伍，定期对社会保险基金的管理情况进行执法检查。

（2）制定有关税收等方面优惠政策，对社会保障资金的运营和投资提供支持和保护。由于社会保障基金运营的首要原则是保证基金的安全性，这样一来，基金的灵活性、流动性和收益率就会降低。为了鼓励经营水平高，资信良好的基金运作机构积极参与社会保障资金的运作，应当采取优惠的措施，以保证其经营能够接近平均收益率。可以考虑设置特别的税种，以鼓励社会成员向社会保障事业捐赠，增加基金来源渠道，也可以适当降低社会保障基金经营方面的税率。可以建立基金收益担保制度，根据一定时期内各种投资工具收益率的变动情况，在进行加权平均的基础上确定一个社会保障基金最低收益率，对高于这个收益率的收益，按照一定比例划入社会保障担保基金中，对低于这个收益率的要通过担保基金或财政支持，给予一定补贴。对于投资国债的社会保障基金，可适当根据市场利率的波动状况进行灵活的动态调整，以保障合理的收益。

（3）采取多种途径，密切与银监会、保监会、证监会等金融监督部门的沟通和联系。目前，在基金的运作和监管中还存在着基金内部人建暗仓、坐庄与其他金融机构联手坐庄博取高额收益，动用基金资产为控股股东的新股承销、配股甚至自营业务服务，通过高买或低卖等方式向控股股东输送利益等。为了防止这类情况在社会保障基金的经营中出现，应当建立起社会保障监督机构与银监会、保监会、证监会等有关金融监督部门的工作磋商机制，以共同签署监督协作备忘录的形式，防范社会保障基金经营机构与其他金融机构联手违规操作，加强在基金管理者的资信、经营行为、业绩和基础数据等方面的及时沟通。加强监督目标、手段等方面的配合协调，共同维护金融领域和宏观经济的稳定，防止操纵股市、联合坐庄等现象的发生。利用现代信息技术，建立共同的信息平台，形成功能齐全、覆盖面广、规范透明的社会保障信息网络，共同加强对存款、基金投入方向的监督，防止内幕交易。

（4）加强社会监督，提高透明度和公开性，形成群众积极参与管理和监督的氛围。加强公告监管，建立信息披露制度，将基金管理人置于社会公众，基金持有人和监管机构的多重监督之下，防止基金管理人违规操作，损害基金持有人的利益。信息披露的内容包括资产评估的原则，资产评估的频率以及其他财务数据。在适当的时候，可以采取定期披露资产每日定价，每年定期公布财务报表等形式。要充分发挥新闻媒体的监督作用，赋予社会保障享受者个人及其代表或团体对社会保障的监督权。

（5）加快培育精算、会计、审计事务所等中介机构，加强对社保基金运营环节的监管。中介机构本来是发挥监督作用的一个重要环节，但是在我国体制转轨过程中，市场中介机构很不发达，其主体的独立性，立场的客观性，评价的公正性还没有得到充分发挥，甚至与经办人机构合谋串通，出具虚假证明，影响了资本市场的正常发展和政府的有效监督。因此，我国应加快中介机构的市场化改革步伐，鼓励合伙制中介机构的发展，实现中介机构尽快与原挂靠单位脱钩，促使它们通过竞争提高服务质量，充分发挥其提供信息服务的作用，使监管机构与社会公众能够获得并准确理解有关部门基金运营的信息，从而加强对基金的监督。同时，还应在社会保障监督管理中大力推进会计电算化等现代核算管理，建立完整的信息数据库和健全的信息网络，运用现代计算机技术进行监督。

总之，只有完善社会保障基金管理规章制度，规范管理行为，加大监督检查力度，严厉查处挤占挪用或其他违规动用社会保障基金的行为，才能共同做好基金监督管理工作，切实防范和化解基金管理风险，保障基金的安全与完整。

第八章

社会保障社会化管理

社会保障社会化管理，是指针对以往的社会保障对象管理工作是由用人单位来做的局面，使用人单位实现从繁杂的社会保障事务管理中解脱出来的目的，以减轻用人单位办社会（如发放养老金、社会救济金、办医院、管理伤残人员等）的负担，实现从用人单位兼管过渡到社会保障专门机构、街道、社区等专业机构的专业管理。社会化管理服务不仅是健全的社会保障体系的基本组成部分，而且是健全社会保障体系的最终职能的体现。开展社会化管理服务不仅有利于促进国有企业的深化改革，也有利于社会保障事业的平稳发展。

一、社会保障社会化管理概述

（一）社会保障社会化

社会化是个体在特定的社会文化环境中，学习和掌握知识、技能、语言、规范、价值观等社会行为方式和人格特征，适应社会并积极作用于社会、创造新文化的过程。

18 世纪以来，资产阶级工业革命以机械化生产代替手工劳动，工厂代替手工业工场，从而根本改变了社会的生产方式和劳动方式。生产方式和劳动方式的历史性变化促使生活方式也发生了根本的变化。作为生产单位和生活单位的大家庭、家族瓦解了。人们的生、老、病、死、伤、残等过去由家庭负责解决的问题都成为社会问题，只有靠社会才能解决，要求有社会化的社会保障。正是生产社会化、劳动社会化和劳动力再生产的社会化促进了现代社会保障制度的产生和发展，并使社会化成为现代社会保障的本质特征。这一本质特征标志着现代社会保障区别于已往时代社会救济的基本特点。

社会保障社会化，是指社会成员在遇到各种生存风险的情况下，不是求助于家庭或单位，而是通过独立于家庭和工作单位之外的社会机构去解决。社会保障社会化是现代工业文明的产物，是经济发展的“推进器”，是维护百姓切身利益的“托底机制”，是维护社会安全的“稳定器”。

社会保障的社会化既包括保障对象的社会化，也包括管理方式的社会化。前者指全体社会成员不分性别、民族、地区、职业、身份等，都一律是社会保障的对象；后者指对社会保障服务性事务的管理机构、管理手段、管理责任的一系列改革，把用人单位从繁杂的社会保障事务管理中解脱出来，减轻用人单位办社会（如发放养老金、社会救济金、办医院、管理伤残人员等）的负担。

在我国，长期以来企业职工的生存养老，似乎天经地义都是单位的事。为了消除传统社会保障制度对经济社会发展的制约，使之适应建立社会主义市场经济体制的需要，实现社会保障工作的制度创新。而社会保障社会化是20世纪90年代末随着政治、经济体制改革的深入而提出的。因为传统的社会保障实际上是企业保障，企业承担了过多的社会事务管理责任，其弊端在国有企业改革中越发凸显。因此，1997年7月，国务院《关于建立统一的企业职工基本养老保险制度的决定》指出：“到本世纪末，要基本建立起适应社会主义市场经济体制要求，适用城镇各类企业职工和个体劳动者，资金来源多渠道、保障方式多层次、社会统筹与个人账户相结合、权利与义务相对应、管理服务社会化的养老保险体系。”2001年3月，《国民经济和社会发展“十五”计划纲要》中再次明确，我国要“建立独立于企业事业单位之外，资金来源多元化，保障制度规范化，管理服务社会化的社会保障体系”。

（二）社会保障社会化管理

社会保障的社会化管理，是指社会服务机构和社会保险经办机构对参加社会保险的单位和个人，提供从社会保险登记、申报、缴费，到个人账户的管理、查询、结算以及社会保险待遇的发放和对人员的管理等一系列管理和服务工作。

具体的社会保障社会化管理，表现在社会保障的管理和服务性工作，从过去的用人单位行为调整为社会行为。其主要内容是：社会保障事务由社会保险经办机构和其他社会服务机构管理；养老、失业、工伤、生育保险待遇由社会保险经办机构或其委托的银行、邮局等机构发放，医疗保险待遇由社会保险经办机构与定点医疗机构等结算；社会保障对象中的退休人员等由社区组织统一管理。

从长远来看，所有的社会保障项目都应该实现管理服务社会化，但就我国目前的国情而言是有一定难度的。由于养老保险、医疗保险、失业保险涉及基本生活开支，是社会和劳动者更为关心的项目，因此推进这些社会保障项目管理服务的社会化进程，显得更为紧迫。

总之，推进社会保障管理服务社会化，对社会保障专门机构、用人单位和享受社会保障的服务对象而言，都是一种新事物，是新的管理、服务模式。现阶段，我国社会保障管理服务社会化的主要目的是把社会保障的管理服务工作从用人单位行为调整为社会行为。

（三）社会保障社会化管理的必要性

实行社会保障管理服务社会化，是深化和完善社会保障制度改革的重要内容。社会保障管理的社会化，可以调动社会各方面力量参与社会保障工作。无论是现在还是将来，国家都应尽快建立保障制度规范化、管理服务社会化的社会保障体系，以解除全社会成员的后顾之忧。

（1）社会保障社会化管理是建立市场经济体制的客观要求。首先，多种经济成分共同发展，要求社会保险经办机构必须按照国际惯例为用人单位（企业）提供服务；其次，在市场经济条件下，人员流动加快，会有企业破产，现行社会保障经办机构的管理方式和方法已不适应客观形势的发展，迫切需要社会保障管理服务的社会化；第三，建立现代企业制度、国有资产重组等改革，都要求离退休人员最终由社会化的机构、社区接纳管理，改变由企业负责离退休人员终身的管理方式。

（2）社会保障社会化管理是减轻用人单位（企业）负担的有效措施。在我国，国有企业长期承担着沉重的社会负担和烦琐的社会事务，严重地阻碍了国有企业的改制、发展和参与市场竞争。近年来，企业要求加快社会保障管理服务社会化、减轻企业办社会负担的要求十分强烈。推行养老金社会化发放、离退休人员完全脱离企业，可以让企业摆脱大部分社会保障管理事务性负担。这无疑是对企业和社会保险的一大推动。

（3）社会保障社会化管理是深化和完善社会保障制度改革的重要内容。从社会保障的基本性质和原则看，社会保障应包括支付待遇和管理服务两项内容。支付待遇主要是解决受保人在享受社会保障时的基本生活来源，即保障受保人在生、老、病、死、伤、残或失业时的经济来源问题；社会保障管理服务则是在解决了基本生活来源的基础上，为满足受保人物质领取和生活质量的基本需求，提供更好的管理服务。

（4）社会保障社会化管理是安定人心、促进社会进步的举措。社会保障的各项保障待遇，如养老金、医疗费、失业救济金、城市居民最低生活保障金等，是劳动者和离退休人员的“活命钱”。在社会保障由企业、用人单位直接管理的情况下，一些亏损、经济效益差的企业，经常发生拖欠养老金和长期拖欠医疗费问题，使劳动者和离退休人员生活遇到困难，难以为继，直接影响社会安定。实行社会化管理，企业在参加养老保险的基础上，养老金由企业发放转为银行发放；实行医疗保险，离退休人员不再到企业而是到社会保险经办机构报销医疗费。这样，离退休人员的基本生活有了保障，可以有效地实现稳定家庭，稳定社会。

二、社会保障社会化管理机构

（一）社会保险经办机构

根据国际经验，社会保障事务主要由社会保险经办机构和其他社会服务机构进行管理和提供服务，这些机构主要由社会保险经办机构和政府的民政部门、卫生部门、文化教育部门和地方财政部门构成。而社会保险经办机构，主要指国家或社会对社会保险实行行政性、事业性管理的职能机构。行政性管理，指通过立法确定社会保险资金的收缴和使用办法，并对下级机构收缴资金进行监督检查。事业性管理，指具体收缴和调剂使用社会保险资金以及具体支付各项资金以及具体支付各项社会保险待遇。

1. 社会保险经办

社会保险经办，是指法律、法规授权的劳动保障行政部门所属的专门办理养老保险、医疗保险、失业保险、工伤保险、生育保险等社会保险事务的工作机构。

我国社会保险经办机构是政府直接管理覆盖全国的分层设置、分级管理的经办组织系统。社会保险经办机构在中央一级，人力资源和社会保障部下设社会保险事业管理中心，依据法律综合管理、指导地方社会保险管理服务工作；在地方，各省、自治区、直辖市以及地市、区县三级地方政府分别设有社会保险经办机构。因社会保险各险种基金统筹层次普遍偏低，统筹效果的发挥和劳动力的跨地区流动已受到严重影响。因此，提高社会保险各险种基金统筹层次，已成为社会保险制度的既定目标，基本养老保险基金要逐步实行全国统筹之外，其他社会保险基金要逐步实行省级统筹。

随着社会保险各险种基金统筹层次的提高，经办管理层次也有个同步提高的问题。相对以往的规定，我国的社会保险法在这方面有两点突破：一是规定统筹地区内经办机构可以实行垂直管理的体制，以便更好地保障政令畅通，标准一致和服务高效；二是重视基层公共服务网点建设，提高公共服务的可及性，让百姓更加方便快捷地分享社会保险的公共服务。

我国社会保险管理体制确定为行政管理和业务管理两大系统。社会保险或养老保险“经办机构”一般是指业务管理机构，属事业单位性质，主要职责是收缴和调剂运用保险基金。我国的最高经办机构应是社会保险事业管理中心（隶属人力资源和社会保障部），其在各地的系统分支机构一般称为“社会保险基金中心”。

2. 社会保险经办机构的职能

社会保险法经办机构是提供社会保险服务的机构，负责社会保险登记、参保人员权益记录、社会保险待遇支付、提供社会保险咨询服务等工作。社会保险法对经办机构的职责规定，主要体现在：

（1）提供社会保险服务。这些服务包括：社会保险登记、个人权益记录、待遇支付、档案管理、咨询服务等。如第八条规定：社会保险经办机构提供社会保险服务，负责社会保险登记、个人权益记录、社会保险待遇支付等工作。

（2）管理社会保险事务。管理社会保险主要包括：核定社会保险缴费基数、确定用人单位工伤缴费费率、与定点服务机构签订协议等。如第五十八条规定：未办理社会保险登记的，由社会保险经办机构核定其应缴纳的数额。又如第三十四条第二款规定：社会保险经办机构根据用人单位使用工伤保险基金、工伤发生率和所属行业费率档次等情况确定用人单位费率。

（3）社会保险基金的相关管理。主要体现在：一是负责社会保险基金的支付与结算。二是编制基金预决算草案。社会保险法第六十七条规定：社会保险基金预算、决算草案的编制、审核和批准，依照法律和国务院规定执行。将《国务院关于实行社会保险基金预算的意见》（国发〔2010〕2号）的具体实践上升到法的层面。文件的具体规定是：统筹地区社会保险基金预算草案由社会保险经办机构编制，经本级人力资源和社会保障行政部门审核汇总，财政部门审核后，由财政和人力资源社会保障部门联合报本级政府审批。

（4）执行社会保险政策和相关法律规定。主要包括向第三人追偿垫支的社会保险基金等。如《中华人民共和国社会保险法》第三十条、四十一条、四十二条都规定，用人单位和第三人不偿还垫付的基金的，由社会保险经办机构负责追偿。

3. 社会保险经办机构的运行

在我国，《中华人民共和国社会保险法》第七十二条规定，各统筹地区都应设立社会保险经办机构。社会保险经办机构根据工作需要，经所在地的社会保险行政部门和机构编制管理机关批准，可以在本统筹地区设立分支机构和服务网点。

(1) 社会保险经办机构的人员经费和经办社会保险发生的基本运行费用、管理费用，由同级财政按照国家规定予以保障。

(2) 社会保险经办机构应当建立健全业务、财务、安全和风险管理制度。主要任务是按时足额支付社会保险待遇。

(3) 社会保险经办机构通过业务经办、统计、调查获取社会保险工作所需的数据，有关单位和个人应当及时、如实提供。

(4) 社会保险经办机构为用人单位建立档案，完整、准确地记录参加社会保险的人员、缴费等社会保险数据，妥善保管登记、申报的原始凭证和支付结算的会计凭证。用人单位和个人可以免费向社会保险经办机构查询、核对其缴费和享受社会保险待遇记录，要求社会保险经办机构提供社会保险咨询等相关服务。

(二) 社会保障社会化服务机构

根据我国劳动和社会保障部2000年颁发的《关于加快实行养老金社会化发放的通知》，各级劳动保障部门要“主动与银行、邮局系统协调配合，统一和规范各自的业务流程，建立健全有关工作制度和联系网络，落实对社会保险经办机构、企业和离退休人员免收、减收手续费的有关规定，努力创造条件，为离退休人员领取养老金提供优质服务。对于有特殊困难而不能到银行、邮局支取养老金的离退休人员，社会保险经办机构可直接或委托社区服务组织送发养老金”①。由此看来，我国的国有商业银行、邮政部门、社会保险经办机构是我国社会保障社会化管理的服务性机构。

1. 国有商业银行

国有商业银行是指由国家（财政部、中央汇金公司）直接管控的商业银行，其特点体现在所有的资本都是由国家投资的，是国有金融企业。我国目前的国有商业银行主要有：中国工商银行、中国农业银行、中国银行、中国建设银行、交通银行五家。

目前，各项社会保险待遇通过银行发放，是各地较为普遍采用的一种发放形式。这种形式可以充分利用银行营业网点多的优势，方便广大离退休人员领取养老金。同时，根据原劳动部和中国工商银行的规定，凡由各级工商银行发放养老金的，银行免收手续费（包括储蓄存折和牡丹卡），有利于降低养老金社会化发放的成本。

---

① 劳动和社会保障部《关于加快实行养老金社会化发放的通知》（劳社部发〔2000〕9号）。

2000年12月，国务院《关于印发完善城镇社会保障体系试点方案的通知》指出，社会保险经办机构应做好退休人员、失业人员社会保险关系的管理、接续和转移工作：社会保险金由社会保险经办机构委托银行、邮局等社会服务机构发放；退休人员死亡后按国家规定支付的丧葬补助金，由社会保险经办机构发放；城市居民最低生活保障待遇，由市、区民政部门委托和组织街道居委会审核和发放；要拓展服务范围，为参加社会保险的人员提供相应服务；将社会保障社会化管理服务体系的建设与推进社区建设、完善社区服务功能统筹考虑。切实加强老年文化、卫生、福利设施和活动场地等社区基础设施建设，充分利用现有服务资源，完善服务网络、强化服务功能，按照社会化、产业化和市场化的原则，积极引导社会力量为进入社区的社会保障对象提供生活照料、医疗保健、文化教育和法律咨询等服务项目。要积极开发社区就业岗位，发展社区就业实体，组织下岗职工、失业人员为退休人员服务。

2. 邮政局（所）

邮政业是国家重要的社会公用事业，邮政网络是国家重要的通信基础设施。邮政的基本功能是由国家管理或直接经营寄递各类邮件（信件或物品）的通信部门，具有通政、通商、通民的特点。主要经营国内和国际邮件寄递、报刊等出版物发行、邮政汇兑、邮政储蓄、邮政物流、邮票发行等业务。

在我国，根据国家有关规定，承担邮政普遍服务义务；受国家委托，承担机要通信业务、义务兵通信等特殊服务。同时，遍布全国城乡的邮政局（所）承担对异地安置和居住在偏远农村的离退休人员寄发养老金的功能。

3. 社会保险经办机构

根据《中华人民共和国社会保险法》的规定，社会保险经办机构应当向社会保险对象按时足额支付社会保险待遇，应当及时、完整、准确地记录参加社会保险的个人缴费和用人单位为其缴费，以及享受社会保险待遇等个人权益记录，定期将个人权益记录单免费寄送本人。

社会保险经办机构发放社会保险待遇包括两种情况：一种是只对极少数高龄孤老、行为不便以及有特殊困难的离退休人员上门直接送发；另一种是采取与银行联办储蓄所等形式发放。

4. 非政府组织

非政府组织（No Government Organization）简称NGO，亦称为民间组织、非营利组织、社会中介组织或“第三部门”等，指的是不以获取利润为目的，为社会公益或共益服务的独立机构，包括各种慈善机构、援助组织、行业组织等。非营利组织作为与政府、企业相对应的一种社会组织类型而存在，可以弥补政府、企业在满足社会需要方面的不足。

非政府组织参与社会保障社会化服务项目，能够提供各种社区服务，如就业培训、抚养贫困儿童、医疗保健、照看老幼等，关注精神需求，整合社区力量，从事有价值的事业，更好地满足社区居民的多种需求，改善服务质量，提高服务效率。

（三）基层社会保障服务机构

我国《社会保险法》规定在统筹地区内的社会保险经办机构可以设立分支机构和服务网点，充分体现出了法律制定的前瞻性，为建立和提高社会保险基金统筹层次提供重要的组织保障，也可以方便广大参保个人和参保单位享受到优质高效的服务。

1. 街道办

根据2004年10月27日第十届全国人民代表大会常务委员会第十二次会议修正的《中华人民共和国地方各级人民代表大会和地方各级人民政府组织法》第六十八条规定：市辖区、不设区的市人民政府，经上一级人民政府批准，可以设立若干个街道，管理机构为街道办事处，作为市辖区、不设区的市的派出机关。街道办事处是基本城市化的行政区划，下辖若干社区居民委员会，或有极少数的行政村。

在我国，街道办事处行使市辖区或不设区的市人民政府赋予的职权。其基本职能明确规定有：负责街道的人民调解、治安保卫工作，加强对违法青少年的帮教转化，保护老人、妇女、儿童的合法权益；协助有关部门做好辖区拥军优属、优抚安置、社会救济、社会保险、殡葬改革、残疾人就业等工作；积极开展便民利民的社区服务和社区教育工作等。

2. 社区

社区，是指固定的地理区域范围内的社会成员以居住环境为主体，行使社会功能、创造社会规范，与行政村同一等级的行政区域。

一般来说，社会上的全体成员都生活在一定的社区当中，社区具有以下几种功能：一是管理功能，即管理生活在社区的人群的社会生活事务；二是服务功能，即为社区居民和单位提供社会化的服务；三是保障功能，即救助和保护社区内弱势群体；四是教育功能，即提高社区成员的文明素质和文化修养；五是安全稳定功能，即化解各种社会矛盾，保证居民生命财产安全。

一个国家的社会保障制度建立后，从企事业剥离出来的社会保障事务性工作，除了社会保险经办机构承接一部分外，即主要由社区服务组织承担，具体负责退休人员社会化管理服务、失业人员的动态管理和就业服务、城镇居民最低生活保障金发放等社会保障事务性工作。

3. 劳动保障事务所（站）

对大中型企业、事业单位，可在企业、社区或生活区设立劳动保障事务站作为过渡形式，由所在街道的劳动保障事务所进行业务指导，待条件成熟时，整体转移至社区管理。

对煤炭、铁路、电力、冶金、农垦等行业，企业生活区比较集中的，以企业小区为单位设立劳动保障事务站，或与同街道办事处进行资源整合，设立劳动保障事务所（站）。

三、社会保障社会化管理的内容

社会保障社会化管理，是相对于过去养老、失业、医疗等主要许多社会保险事务由用人单位（企业）具体承担和管理而言的，现在要将用人单位（企业）承担的社会保障事务交给具有社会职能的政府或其他社会组织承担。

（一）养老保险社会化管理

养老保险社会化管理服务是通过建立以社区为依托的管理体制加以实现的。

1. 办理城乡居民基本养老保险个人登记

在我国，城镇居民社会养老保险是覆盖城镇户籍非从业人员的养老保险制度，城镇居民具有本市户籍，年满 16 周岁以上未参加其他社保（在校学生，已经享受养老待遇和退休金的人员除外），办理养老保险登记，可以自己携带身份证、户口簿到户籍所在地的乡镇（街道）的社区劳动保障所（站）申报。

相关工作人员负责检查登记人员的相关材料是否齐全，在符合条件的《参保表》上签字、加盖村（居）委会公章，并将《参保表》、户口簿和居民身份证复印件以及其他相关材料，于参保人申请参保的当月上报乡镇（街道）社保站。

2. 养老金的社会化发放

养老金的社会化发放是指企业和职工个人在按规定参加基本养老保险，并向社会保险经办机构足额缴纳基本养老保险费后，企业离退休人员的养老金发放工作由社会相关机构负责和承担。具体地说是由社会保险经办机构统一负责，通过银行、邮局以及依托社区和其他社会中介机构向符合享受基本养老保险待遇的离退休人员发放养老金。

在我国，实行养老金社会化发放是建立和完善社会保障体系的重要内容，是支持国有企业改革、切实减轻企业社会事务负担的重大举措，也是进一步确保养老金按时足额支付的重要手段和将退休人员纳入社区管理的重要条件。养老金社会化发放的基本形式是社会保险经办机构在国有商业银行或邮局为企业离退休人员建立基本养老金账户，按月将规定项目内的应付养老金划入账户，保证离退休人员能够按时支取养老金。

3. 离退休人员的社会化管理服务

离退休人员的社会管理服务是实施离退休人员与企业分离，把原来由企业自己管理的除养老金发放以外的一切社会保险事务转由社会机构承担。这些服务性事务大体包括：文化娱乐、体育活动、患病照顾、后事处理等。社会化管理服务应主要依托社区，以社区服务机构为主承担社会保障的各项具体事务。

（二）医疗保险社会化管理

医疗保险的社会化管理与服务，也是应用社区资源加以实现的。医疗保险管理服务社会化主要有两方面内容：

1. 医疗费报销的社会化管理

我国的医疗保险制度改革在全国范围的实施是以国务院《关于建立城镇职工基本医疗保险制度的决定》为开端的。随着医疗保险在全国各省、市、自治区的正式实施，医疗保险的社会化管理服务问题（特别是医疗费的报销问题）也随之提出。

在医疗费用的报销方面，目前我国患者就诊难、就诊时间长，已经成为普遍问题。而就诊后医疗费用报销手续烦琐、医疗费用报销管理成本过高，也使医疗保险管理服务社会化具有重要的现实意义。

医疗保险管理服务社会化的前提条件：一是社会保险经办机构必须有完备的计算机管理软、硬件系统；二是必须有医药卫生管理机构的通力配合；三是必须有完善的基本医疗保险药品目录、医疗项目、医疗服务设施标准及相应的管理办法。

2. 开展社区医疗服务

在实现医疗保险管理服务社会化方面，需要建立以社区医疗为基本医疗保险的制度。其目的：一是把符合要求的社区卫生服务机构作为职工基本医疗保险定点机构；二是把符合基本医疗保险有关规定的社区卫生服务项目，纳入基本医疗保险支付范围；三是参保人员在社区卫生服务机构和大中型医院就诊时，实行不同的医药费用自负比例；四是引导参保人员在社区卫生服务机构诊治一般常见病、多发病和慢性病；五是促进卫生服务机构与上级医疗机构之间形成有效的双向转诊机制。

合理利用社区资源，开展社区医疗服务，是世界许多国家的成熟做法，我国目前还处于起步阶段，无论是基础、规模还是经验，都离实际需要有一定距离。加强社区卫生服务的标准化、规范化、科学化管理，逐步建立健全社区卫生机构的基本标准、基本服务规范和管理办法，完善各种规章制度，使社区卫生服务在实践和理论上日臻完善，是我国医疗保险管理服务社会化的一项重要的任务。

（三）失业保险社会化管理

就业是民生之本，就业是安国之策。失业保险管理服务社会化，主要体现在对就业指导和失业救济金领取的服务上。通过完善失业保险制度为失业人员提供失业救济和失业医疗补助，开展失业人员管理和服务，并充分发挥失业保险促进就业和再就业的作用。

鉴于失业救济金领取的基本形式与养老金社会化发放是一致的（由社会保险经办机构在国有商业银行或邮局为失业人员建立基本失业金账户，按月将规定项目内的应付金额划入账户），所以，发展和完善公共就业服务体系是对就业的指导的主要工作。

（1）加强公共就业服务机构建设。应该以国家大部门制机构改革为契机，统一机构名称、理顺管理体制、明确编制性质、落实经费保障，真正体现公共就业服务机构公益性服务的特点。

（2）加强公共就业服务制度建设。实施就业与失业管理制度、免费服务制度、专项服务制度、就业援助制度、信息服务制度，按照统一要求，对高校毕业生、农民工和就业困难人员等特定服务对象提供全方位就业服务。

（3）加强基层公共服务平台建设。按照健全机构、建设场所、建立制度；落实人员、落实经费、落实任务，建立统一规范的业务流程，实现服务平台的基础台账、工作流程、规章制度、服务标准的统一。

（4）加强人力资源市场建设。即建设统一开放、城乡一体、信息畅通、功能完善、服务快捷的人力资源市场。在完成公共就业服务任务、开展现有基本服务项目的基础上，适应求职者和用人单位的不同需求，大力拓展新的服务项目，发展市场化的延伸服务。

（5）加强就业再就业培训基地建设。加大对就业再就业培训基地基础设施投入力度，壮大培训规模。结合专业设置和培训能力，实行培训基地法人总项目负责制，全面负责招生、教学、实训、技能鉴定、推荐就业和跟踪服务等工作。

(6) 加强公共就业服务信息化、网络化建设。完善人力资源市场信息系统，建立就业服务与失业保险基础信息库。加强公共就业服务基本信息的收集、汇总和发布，并以此为基础扩展就业信息覆盖范围，为社会提供更多更广的人力资源市场信息。

（四）社区社会保障管理

社区是若干社会群体或社会组织聚集在某一个领域里所形成的一个生活上相互关联的大集体，是社会有机体最基本的内容，是宏观社会的缩影。社区社会保障管理是指居民生活的社区负责的社会保障项目管理活动，主要包括社会救助金、失业保险金社区发放，受保对象中的退休人员、失业人员、无单位人员等的管理等。

（一）社区服务

1. 社区服务及其特征

随着经济社会改革的深化，政府要转变职能，分离社会职能，就需要有一个承接载体，这就是：社区。社区的特点是社区中人们的各种社会活动及其互动关系。人们在经济的、政治的、文化的各项活动和日常生活中产生互动，形成了各种关系，并由此聚居在一起。

社会保障社会化服务主要有经济保障和服务保障形态，保障形式有两种：一是自上而下，以政府为主体，直接向居民提供服务，称为政府服务；二是把服务重心放在基层，政府予以必要的指导和适当的资助，由社区组织居民进行自我服务。第二种保障形式即社区服务。

社区服务（管理）是社会保障的重要组成部分，具有以下几个特征：

(1) 托底性。社区社会保障是在实施了法定的基本保障（包括单位的补充保障）后，社区部分成员因各种原因又遭受到了新的生理上、经济上、社会上的风险，使基本生存发生了严重的困难，而个人、家庭和亲属无力解决的社区成员，以及部分社区成员因条件限制，难以实现市场就业而家庭生活又极其困难者，由社区通过多种途径和办法筹集资金，给予第二次补充性的托底保障。

(2) 管理性。法定的基本社会保障主体虽然是国家而不是社区，但因享受法定基本社会保障的对象工作和居住在社区，国家要通过社区有关机构和组织对受保障对象发放保障钱物，并对其进行具体管理，通过社区管理，使国家的基本社会保障政策和制度得到具体的、切实的实施和落实。如失业人员是否已经就业，对社会救助的申请者个人及家庭财产和收入状况的了解等，均须通过社区组织调查核实，并通过他们将救助款和实物发放到受助者的手中。

(3) 服务性。社区在为受保障对象进行生活服务、医疗保健服务，及其他服务方面发挥着极其重要的作用。社区保障的内容和形式除了收入保障外，还要有设施保障和服务保障，三者缺一不可。社区是社会成员常住生活的地方，社区成员，尤其是受保障对象（退休老人、重病患者、孕产妇、残疾人、孤老、孤儿等）迫切需要社区提供无偿和低偿的服务保障。

(4) 群众性。社区社会保障是群众性的自我保障和互相保障，是群众行为。因此，要搞好社区社会保障必须充分发动社区内的单位和居民，运用方方面面的资源和力量，筹集资金，搞好管理和服务。

2. 社区社会保障职责

在我国，无论是城市社区还是农村社区，其社会化管理服务的内容主要有：

(1) 配合社会保险经办机构做好确保养老金按时足额发放工作，保障企业退休人员的基本生活。

(2) 建立健全退休人员人事档案管理制度，由街道办事处集中管理退休人员的人事档案。

(3) 跟踪了解退休人员生存状况，协助社会保险经办机构进行领取养老金资格认证。

(4) 建立退休人员健康档案，有计划地开展健康教育、疾病预防控制和保健工作，提供方便的医疗、护理和康复服务。

(5) 关心照顾高龄、孤老、重病及行动不便的退休人员。

(6) 组织退休人员开展文化体育健身活动，指导和帮助他们通过各种形式的社会公益活动发挥余热，丰富退休人员的精神文化生活。

(7) 为退休人员提供社会保险政策咨询和各项查询服务，积极宣传社会保险政策。

(8) 协助有关部门做好破产、改制企业退休人员实行社会化管理的接收工作，帮助死亡退休人员的家属申请办理丧葬补助金和遗属津贴。

3. 社区社会服务的内容

社区社会服务可基本概括为：面向老年人、儿童、残疾人、社会贫困户、优抚对象、社会贫困户、儿童所开展的服务，主要是无偿或低偿的生活福利服务。

(1) 服务社区老年人。针对老年人在衣、食、住、行、医、学、乐等方面的特殊需求而开办的服务。主要有：供养服务，如举办敬老院、光荣院、日托所或临时寄养所；老年公寓，让老年人集中在一起欢度晚年，同时，也减轻子女亲友的负担，使他们安心于各自的工作岗位；包户小组，对于散居于居民中的孤老与部分独居老人，由街道和居委会组织包户、驻地单位、中小学生参加包户等。这是一项送温暖活动；老年活动中心、活动室、活动站，为老年人提供棋牌室、图书室、报纸杂志、书画室等场所；老年大学、老年学校；老人法律咨询、心理咨询、健康咨询；老年人庇护所；老年协会等。

（2）服务社区残疾人。包括残疾人的康复服务，主要服务对象是：聋、哑、肢体残疾、弱障者和精神病患者等。对他们的服务主要有：建立残疾人就业保障基金，建立残疾儿童日托站、伤残儿童幼儿园，举办盲校、聋哑学校和残疾人职业培训班、福利工厂等，建立残疾人工疗站、慢性精神病人工疗站、精神病人监护组、残疾人活动中心、残疾人文化活动室等。

（3）服务优抚对象。针对社区内革命烈士家属、病故军人家属、现役军人家属、革命伤残军人、军队离退休干部而提供的优待服务。主要有：综合包户服务、烈军属之家、智力拥军、建立拥军优属基金和开展经常性慰问和联谊活动。

（4）救助服务社会贫困者。针对社区内孤寡老人、无经济来源的贫困户，以及下岗工人就业困难而提供的扶助服务。主要有：生活扶助、就业咨询和劳动信息服务、职业教育和培训等。

（5）服务社区儿童。为学龄前儿童以及小学生提供的学龄前教育和课外活动服务等。主要有：举办托儿所、幼儿园，儿童餐桌，进行儿童保健、营养、家教、心理咨询，中学生的课余活动。举办暑假学校、夏令营、帮教小组、法律知识培训班和各种兴趣活动。

（6）便民利民服务。便民利民服务是社会服务的补充，主要采取无偿、低偿、有偿的形式，开展不以营利为目的的生活服务。主要有：设立“便民热线电话”，并建立与之相适应的服务支撑体系——社区服务信息网络系统。开展综合便利服务，如提供家政服务的企业、提供婚姻介绍、换房等中介服务的企业、提供日常生活服务的车辆管理，衣被拆洗、服装裁剪及修理家用电器的小门店、提供以老人饭桌服务为主的小餐馆，为社区居民服务的小浴室等。开展为辖区单位服务，承接各单位向社区转移的教育、后勤、娱乐、医疗服务等。

（7）开展社区就业服务。社区服务的领域广，用工灵活，可为不同层次的人提供多种档次的就业岗位；同时社区服务工作也可以利用工作渠道，为求职者提供职业介绍服务。主要有：成立就业服务介绍所，沟通供需渠道。通过发展服务实体，为求职者提供就业机会。组织企事业后勤劳务服务队，安排求职者参加劳务服务等。

四、加强我国社会保障社会化管理

（一）我国社会保障社会化管理中的问题

随着我国建立于企业事业单位之外的社会保障体系的不断完善，社会保障的社会化管理服务也取得了长足的发展。但是由于我国社会保障制度覆盖的人口规模巨大，如退休人员对社会化管理服务的需求和期望值也比较提高，而各地社会化管理服务工作平台建设和公共服务水平的相对滞后，使得供需矛盾比较突出。

1. 社会化管理服务机构的职能缺位

随着行政服务体制改革，各地街道（乡镇）、社区劳动保障机构被撤销，劳动保障职能划入街道（乡镇）、社区综合服务中心，该中心承担着党员管理、劳动保障、帮扶救助、计划生育、文化体育、治安协管、社区服务等多项职能。劳动保障事务工作人员身兼数职，无法全身心做好社会保障工作，难以提高社会化管理服务水平。加之主管部门缺乏服务工作的有力抓手，社会化管理服务工作难以深入开展，街道（乡镇）社区社会化管理工作和退休人员活动所需经费的拨付受到限制，给组织全市退休人员社会化管理工作带来一定障碍。

2. 社会化管理服务经费支持有限

资金短缺是社会化管理服务工作质量和水平提高的主要瓶颈。由于地区发展不平衡，受到机构、人员、经费、场所和组织管理等各种因素的制约，有的地区由于资金不足，造成了基层社区社会化服务组织设施陈旧，在调查中发现有些街道、社区社会化管理服务机构娱乐健身设施相对简陋，一般只拥有简单的棋牌室、电视机，而无健身休闲设施，少数县（区）连一个像样的县（区）级退休人员活动中心都没有，不能满足现实的需要，与退休人员的期盼和社会化管理服务工作要求还有很大距离。同时，资金不足还导致一个结果，社会保障社会化管理服务机构普遍存在着工作人员不稳定、流动性大的现象。特别是经济欠发达地区，街道、社区社会化管理服务工作人员由于工资待遇较低，又缺乏社区平台工作人员劳动报酬增长制度作保证，造成人员流动性大，是给社会化管理服务工作水平的提高造成不稳定的重要因素。

3. 异地社会化管理服务存在盲点

由于三十多年独生子女政策的推行，近些年来跟随子女异地养老的老人越来越多。如企业职工在退休后，有的回到原籍居住，有的随子女居住，有的退休人员居住地点和社区服务站相距较远，不能得到应有的服务，文化娱乐生活枯燥，长期处于无人“关心”“关爱”的境地。尤其是按照社会保障的发展趋势所应坚持的属地原则，凡是外地退休进入本地养老的离退休人员，同样理应为他们服务，但经费从哪里来？场所如何安排？目前医疗保险制度的实施还不够健全，实行社区管理后，现行医疗费中应由单位支付的部分如何处理？原单位无力支付、拖欠医疗费的矛盾会转嫁到社区，如何解决？而对居住在农村、城乡结合部等边远地区的退休人员，由于居住相对分散，退休人员社会化管理机构没有延伸到乡、镇村委会，退休人员社会化管理服务工作无法开展，形成了社会化管理服务的盲点。这些问题不是社保机构一家所能办到的事情，必须由政府牵头，联合各相关部门才能解决。

4. 社会参与率不高，缺乏服务的人力资源

社区居民的参与意识和参与行为都很不足，自愿义务工作者队伍的机制没有完全形成。从目前企事业单位退休人员社会化管理工作的进展及实际情况下来看，很多地方的管理服务工作基本上只是做到了对退休人员养老金的社会化发放，至于退休人员人事档案的移交及管理、养老医疗等相关事务的服务管理，以及对卫生保健、生活照料等服务工作的社会化，目前几乎还是一片空白，基本上仍由原单位承担着。以社区为依托进行的企事业单位退休人员社会化管理工作，由于社区建设发展的不平衡，许多社区管理服务队伍薄弱，相关资金没有保障，管理粗糙、不规范，与企业退管工作有专人管理服务、活动内容丰富的情形有较大差距。很多社区仅开展了几项最基本的退管工作，与国家政策要求的社会化管理服务差距较大，难以满足退休人员的需求。社区客观条件的不成熟，一定程度上阻碍了社会化管理服务工作的顺利推进。

（二）强化社会保障社会化管理的基础性工作

早在2003年7月，当时的劳动保障部就向各省、自治区、直辖市社会保险经办机构，新疆生产建设兵团社会保险基金管理中心下发了《关于贯彻落实中办发〔2003〕16号文件有关问题的通知》（劳社部发〔2003〕20号）。要求各地要按照通知精神，加快推进街道、社区的劳动保障工作平台建设，全面落实企业退休人员社会化管理服务的工作内容。可以说，这项工作是提高社会保障社会化管理水平的基础性工作，至今仍要常抓不懈。

1. 建立规范统一的退休人员社会管理信息库

建立企业退休人员基本信息库，是社会化管理服务的重要基础工作，是搞好管理服务的前提条件。街道要建立退休人员基本信息库表，有条件的要实现微机管理；社区要建立退休人员基本信息册表、卡。企业退休人员基本信息的采集项目既要简单实用，又要考虑今后的发展需求，目前至少应包括以下内容：退休人员的姓名、性别、年龄、健康状况、特长爱好等基本情况，基本养老金收入、医疗保险号码等社会保障情况，住址、配偶情况和家庭其他联系人等家庭情况。各地可根据需要对项目进行适当调整。社会保险经办机构要及时向街道劳动保障事务机构提供企业退休人员的有关信息资料，指导和帮助街道社区做好建设基本信息库的相关工作。基本信息库建立起来后，要做好维护工作，实现动态管理。

2. 向企业退休人员发放社会化管理服务联系卡

街道劳动保障事务机构，要向企业退休人员发放社会化管理服务联系卡，联系卡上应注明街道劳动保障事务机构和社区服务人员的联系电话，方便退休人员进行联系、沟通，及时得到相关服务。联系卡上还应公示管理服务项目，内容至少包括：为特殊困难人员提供送发基本养老金上门服务；提供社会保险政策和业务查询；开展领取养老金资格认证；组织党员开展活动；组织退休人员开展文体和公益活动；协助社区医疗服务机构提供医疗卫生服务；帮助联系生活照料服务等。要认真组织好联系卡的发放工作，做到“一人一卡”，并注意做好宣传解释工作，使退休人员清楚了解联系卡的作用和内容。

3. 指导企业退休人员建立自我管理和互助服务组织

我国社会，企业退休人员是一个庞大的社会群体，通过开展退休人员的自我管理和互助服务来解决他们在日常生活、学习和娱乐等方面遇到的问题，是实现社会化管理服务的一个重要方式。要依托社区，在企业退休人员中建立自我管理和互助服务组织。可根据退休人员居住情况分片划定若干小组，由退休人员推选本小组中热心社会公益事业、有一定协调组织能力、身体条件较好的退休人员担任组长。纳入社区管理的企业退休人员一般以 30 ~ 50 人为一个小组为宜。街道劳动保障事务机构和社区服务人员要加强对退休人员自我管理服务组织的指导，引导和动员退休人员发挥余热，开展活动，为繁荣社区文化、促进社区建设做出贡献，并不断提高自己的生活质量。

4. 开展领取养老金资格认证工作

社会保险经办机构要依托街道社区劳动保障工作平台，做好企业退休人员领取养老金资格认证工作。街道劳动保障事务机构和社区服务人员要跟踪了解企业退休人员的生存状况，辖区内企业退休人员去世时，街道劳动保障事务机构要及时向负责发放其基本养老金的社会保险经办机构报告。社会保险经办机构每年至少集中开展一次企业退休人员领取养老金资格认证，街道劳动保障事务机构和社区服务人员根据具体要求，可采取入户调查等方式给予协助。要将常规性报告和定期集中认证有机结合起来，构筑防范冒领养老金的有效机制。委托企业退休人员管理服务机构或由社会保险经办机构直接对企业退休人员进行管理服务的，也要按上述要求开展工作。

（三）优化社会保障社会化管理的对策

今天，我国已经进入到中国特色社会主义新时代，社会的主要矛盾也转变为人民日益增长的美好生活需要同不平衡不充分的发展之间的矛盾。社会化管理服务是一项社会系统工程，各级政府部门必须要从构建和谐社会、保障服务民生的大局出发，进一步促进社会保障社会化管理服务水平的提高。

1. 积极规划、筹建社会保障管理的场地和设施

社会保障社会化管理和服务要有基础建设支持。如在养老服务方面，我们应积极规划、筹建社区活动场地和设施，要认真落实财政部、民政部、人力资源和社会保障部《关于运用政府和社会资本合作模式支持养老服务业发展的实施意见》（财金〔2017〕86号），加强与有关部门配合，鼓励政府和社会资本合作（PPP）模式推进养老服务业供给侧结构性改革，多方筹集资金，共同在街道、社会开展老年文化、体育、民生、保健、福利等方面的设施和活动的建设，积极发动热心老年人公益事业的社会各界人士捐助场地和设施。并将活动场地及设施建设纳入社区建设规划，把社会化管理服务工作纳入建设和谐社区、幸福工程建设规划中。

2. 健全社会保障社会化管理机构

社会保障社会化管理需要一支专业程度高、服务水平优的工作队伍，因此必须在提高职工队伍整体素质上下功夫，完善管理服务网络。以提高总量、提高素质、提高能力为抓手，以优化和壮大职工队伍为核心，规范职工队伍管理，提升职工整体素质。社区工作人员保障是社会化管理服务的基本保障。如在服务离退休老人的服务工作，第一要抓紧抓好基层工作机制和专职人员队伍建设，做到网络平台、工作经费、专职人员三落实；第二要加紧建立平台工作人员劳动报酬增长机制，以稳定基本队伍；第三要加快建立社会化管理服务工作信息网络，加大对社会化管理服务信息平台建设，为街道、社区社会化管理服务工作提供强有力的信息支撑；第四要充实人员队伍，按500名老人需配备有一名专职的管理人员的要求，充实社区工作人员，并加强人

员培训，提高街道、社区工作人员的综合素质，通过对社区人员组织学习、现场观摩、工作探讨、经验交流等活动，使社区工作人员掌握社会化管理服务相关政策和工作流程。

3. 提高对社会服务组织的规范化管理水平

社会保障社会化管理工作要本着循序渐进、滚动发展的原则，积极拓展和完善内容，做到边推进边规范。各地可以创建文明城市、创建社会化管理服务示范点为契机，进一步推进社区社会化管理服务的制度建设、体系建设、基础管理建设、服务标准化建设。为实现基本社会保障公共服务均等化，深入调查研究，创新社会化管理服务办法和工作机制。特别在下列方面规范社会化服务：一是要提供完善社区医疗服务。在社区建立医疗服务机构，为退休人员提供健康教育、疾病预防、医疗咨询、护理照料、上门巡诊、家庭病房等方便、周到、快捷的服务；二是要提供优质社区养老服务，对身边无子女照顾的退休老人，社区通过建立老年公寓、敬老院和托老所等，为退休人员提供有偿服务，社区通过建立爱心救助服务中心和老年与青年志愿者服务队，为退休人员提供无偿服务；三是要开展社区文化娱乐活动。为不断提升退休人员生活质量，满足他们日益增长的精神生活需要，建立老年活动场所、成立老年自管组织，如书法协会、摄影协会、棋牌协会、球类协会等，组织退休人员开展丰富多彩的文体活动等。

4. 加强社会化管理政策宣传和社区建设

社会化管理服务属于社会保障的一部分，此项工作的开展能够建立健全我国的社会保障体制。提倡各地社区因地制宜，加强自我管理，提高社会成员参与社会管理服务。各地在推进社会化管理服务的过程中，要认真做好针对服务对象的政策宣传。如有关部门和街道、社区要通过多种形式，通过广泛宣传、引导吸纳有一技之长、热爱公益事业、身体条件好的退休人员组成志愿者互助服务组织，开展退休人员自我管理和互助服务，来解决他们的日常生活、学习和娱乐等方面的问题；广泛动员企事业单位的退休人员进入社区的管理服务中，并逐渐提高其社会化，这是对我国现行退休人员管理体制的一项重要变革，对于维护退休人员对美好生活的新需要，提高其生活质量与水平具有十分重要的影响。在社区建设方面，一方面要加强社区工作人员的管理服务水平与能力，另一方面要多方筹集资金，拓宽社区管理服务的筹资渠道，为提高社区管理服务提供充足的经费支撑。

第九章

社会保障信息化管理

当今社会，信息经已成为支撑社会、经济发展的继物质和能量之后的重要资源，正在改变着社会资源的配置方式，改变着人们的价值观念及工作与生活方式。了解信息、信息科学、信息技术和信息社会，把握信息资源和信息化管理，对于当代管理者来说，就像把握企业财务管理、人力资源管理和物流管理等一样重要。

一、社会保障信息化管理概述

（一）社会保障信息管理

信息对于我们每个人来说，并不陌生。在实际生活中，每个人每时每刻都在不断地接收信息，加工信息和利用信息，都在与信息打交道。实际上，任何一个组织要形成统一的意志，统一的步调，各要素之间必须能够准确快速地相互传递信息。

1. 信息

信息是以数字、文字、声音、图像或者其他符号所表示的对于客观事物及其变化的描述。

信息是物质世界的一种普遍属性，是以物质能量在时空中某一不均匀分布非整体形式所表达的物质运动状态和关于运动状态反映的属性。严格地讲，信息是具有哲学意义上的范畴，可以与物质、能量的概念等量齐观。这个观点至少包括了三个含义：

（1）信息是对不均匀状态的反映；

（2）信息是物质能量带来的运动形式；

（3）信息所包含的内容能反映事物的属性。

现代管理者在管理方式上的一个重要特征是：他们很少同“具体的事情”打交道，而更多的是同“事情的信息”打交道。管理系统规模越大，结构越是复杂，对信息的渴求就越加强烈。实际上，任何一个组织要形成统一的意志，统一的步调，各要素之间必须能够准确快速地相互传递信息。管理者对组织的有效控制，都必须依靠来自组织内外的各种信息。

一般的信息管理活动，是人们收集、加工和输入、输出的信息的总称，包括了信息收集、信息传输、信息加工和信息储存等环节。

2. 信息化管理

信息管理是指在整个管理过程中，人们收集、加工和输入、输出的信息的总称。信息管理的过程包括信息收集、信息传输、信息加工和信息储存。

信息收集就是对原始信息的获取。信息传输是信息在时间和空间上的转移，因为信息只有及时准确地送到需要者的手中才能发挥作用。信息加工包括信息形式的变换和信息内容的处理。信息的形式变换是指在信息传输过程中，通过变换载体，使信息准确地传输给接收者。信息的内容处理是指对原始信息进行加工整理，深入揭示信息的内容。经过信息内容的处理，输入的信息才能变成所需要的信息，才能被适时有效地利用。信息送到使用者手中，有的并非使用完就无用了，有的还需留作事后的参考和保留，这就是信息储存。

对于上述定义，我们应从以下几个方面去理解：

（1）信息管理的对象是信息资源和信息活动。信息资源是信息生产者、信息、信息技术的有机体。信息管理的根本目的是控制信息流向，实现信息的效用与价值。但是，信息并不都是资源，要使其成为资源并实现其效用和价值，就必须借助“人”的智力和信息技术等手段。信息生产者、信息、信息技术三个要素形成一个有机整体——信息资源，是构成任何一个信息系统的基本要素，是信息管理的研究对象之一。而信息活动是人类社会围绕信息资源的形成、传递和利用而开展的管理活动与服务活动。

（2）信息管理是管理活动的一种管理活动。“计划、组织、领导、控制”仍然是信息管理活动的基本职能，只不过信息管理的基本职能更有针对性。

（3）信息管理是一种社会规模的活动，它反映了信息管理活动的普遍性和社会性。它是涉及广泛的社会个体、群体、国家参与的普遍性的信息获取、控制和利用活动。

3. 信息化管理的作用

（1）信息化管理是推动世界经济社会变革的重要动力。信息技术的革命将掀起新时代的信息革命，它将彻底改变经济增长方式以及世界经济格局，带领社会进入网络经济时代。随着因特网的发展和全球通信卫星网的建立，国家的概念也会受到冲击，各网络之间可以不考虑地理上的联系而重新组合在一起。信息化管理使社会各个领域发生全面而深刻的变革，它同时深刻影响物质文明和精神文明，已成为经济发展的主要牵引力，信息化管理使经济和文化的相互交流与渗透日益广泛和加强。

（2）信息化管理将改变人类创造社会财富的生产方式。网络经济学的专家们认为，互联网作为高效率的信息库和信息交换中心，还将改变国际经贸方式和手段，能有效地扩大合作并提高成功率。互联网的作用已不仅仅是提供信息，而成为推动世界经济变革的重要动力。光电和网络技术将替代工业时代的机械化生产，人类创造财富的方式不再是工厂化的机器作业。

（3）信息化管理使人类获得更快、更方便的生活方式。信息化是人类社会进步发展到一定阶段所产生的一个新阶段，是建立在计算机技术、数字化技术和生物工程技术等先进技术基础上产生的。信息技术的不断成熟，正在取消时间和距离的概念，信息技术及发展，也将大大加速全球化的进程。信息化使人类更快、更容易地获得并传递人类创造的一切文明成果。

（4）信息化管理是社会组织提升管理水平的主要手段。信息化管理是组织为了达到其发展目标、以适量投入获取最佳效益、借助一些重要的工具和手段而有效利用自身人力、物力和财力等资源的过程。信息化与工业化的进程不同的一个突出特点是，信息化是通过市场和竞争推动的。信息化管理是社会上各种组织提升管理水平、理顺内部机制、增加盈利和降低成本的有效手段，政府引导、企业投资、市场竞争是信息化发展的基本路径。

（二）信息化管理的对象、原则和系统

随着科学技术特别是信息工程、计算机技术等高科技技术的飞速发展和普及，当今世界已进入到了信息时代。为了让管理者及时掌握准确、可靠的信息，以及执行之后构成真实的反馈，必须建立一个功能齐全和高效率的信息管理系统。

1. 信息化管理的对象

信息科学通过研究信息的产生、发送、传输、接收、变换、识别和控制等应用技术，架起信息科学和生产实践应用之间的桥梁。信息管理以信息资源及信息活动为对象。

（1）信息资源。信息管理的根本目的是控制信息流向，实现信息的效用与价值。信息资源是信息生产者、信息、信息技术的有机体。但是，信息并不都是资源，要使其成为资源并实现其效用和价值，就必须借助“人”的智力和信息技术等手段。因此，“人”是控制信息资源、协调信息活动的主体，是主体要素，而信息的收集、存储、传递、处理和利用等信息活动过程都离

不开信息技术的支持。没有信息技术的强有力作用，要实现有效的信息管理是不可能的。由于信息活动本质上是为了生产、传递和利用信息资源，信息资源是信息活动的对象与结果之一。信息生产者、信息、信息技术三个要素形成一个有机整体——信息资源，是构成任何一个信息系统的基本要素，是信息管理的研究对象之一。

（2）信息活动。信息活动是指人类社会围绕信息资源的形成、传递和利用而开展的管理活动与服务活动。信息资源的形成阶段以信息的产生、记录、收集、传递、存储、处理等活动为特征，目的是形成可以利用的信息资源。信息资源的开发利用阶段以信息资源的传递、检索、分析、选择、吸收、评价、利用等活动为特征，目的是实现信息资源的价值，达到信息管理的目的。单纯地对信息资源进行管理而忽略与信息资源紧密联系的信息活动，信息管理的研究对象是不全面的。

2. 信息化管理的原则

社会保障信息化管理系统在具有一般信息管理系统的基本特点外，还具有信息来源分散，信息量大且复杂，信息处理方法多样，信息的发生、加工和使用时间、空间上的不一致性以及信息存在消耗性等特点。这些特点要求信息化管理必须符合以下条件：

（1）及时。所谓及时，就是信息管理系统要灵敏、迅速地发现和提供管理活动所需要的信息。这里包括两个方面：一方面，要及时地发现和收集信息。现代社会的信息纷繁复杂，瞬息万变，有些信息稍纵即逝，无法追忆。因此信息的管理必须最迅速、最敏捷地反映出工作的进程和动态，并适时地记录下已发生的情况和问题。另一方面要及时传递信息。信息只有传输到需要者手中才能发挥作用，并且具有强烈的时效性。因此，要以最迅速、最有效的手段将有用信息提供给有关部门和人员，使其成为决策、指挥和控制的依据。

（2）准确。信息不仅要求及时，而且必须准确。只有准确的信息，才能使决策者做出正确的判断。失真以至错误的信息，不但不能对管理工作起到指导作用，相反还会导致管理工作的失误。为保证信息准确，首先要求原始信息可靠。只有可靠的原始信息才能加工出准确的信息。信息工作者在收集和整理原始材料的时候必须坚持实事求是的态度，克服主观随意性，对原始材料认真加以核实，使其能够准确反映实际情况。其次是保持信息的统一性和唯一性。一个管理系统的各个环节，既相互联系又相互制约，反映这些环节活动的信息有着严密的相关性。所以，系统中许多信息能够在不同的管理活动中共同享用，这就要求系统内的信息应具有统一性和唯一性。因此，在加工整理信息时，要注意信息的统一，也要做到计量单位相同，以免在信息使用时造成混乱现象。

(3) 有效。没有完善的管理制度，任何先进的方法和手段都不能充分发挥作用。为了保障信息管理系统的有效运转，我们必须建立一整套信息管理制度，作为信息工作的章程和准则，使信息管理规范化。科学的信息管理，能提高信息的效率（利用率)，一般指有效的信息占全部原始信息的百分率。这个百分率越高，说明信息工作的成效越大。反之，不仅在人力、物力上造成浪费，还使有用的信息得不到正常的流通。因此，必须加强信息处理机构和提高信息工作人员的业务水平，健全信息管理体系，通过专门的训练，使信息工作人员具有识别信息的能力。同时，必须重视用科学的定量分析方法，从大量数据中找出规律，提高科学管理水平，使信息充分发挥作用。

3. 信息化管理平台

信息管理平台是采用以电子计算机为主的技术设备，通过自动化通信网络，与各种信息终端相连接，利用完善的通信网，沟通各方面的联系，以保证迅速、准确、及时地收集情况和下达命令。

就其功能来说，信息管理系统是组织理论、会计学、统计学、数学模型及经济学的混合物，它全面使用计算机技术、网络通信技术、数据库技术等，是多学科交叉的边缘技术，因此是技术系统。

信息管理平台一般由以下系统组成：

(1) 办公自动化系统，提供有效的方式处理个人和组织的业务数据，进行计算并生成文件。

(2) 通信系统，帮助人们协同工作，以多种不同形式交流并共享信息。

(3) 交易处理系统，收集和存储交易信息并对交易过程的一些方面进行控制。

(4) 管理信息系统和执行信息系统，将各种数据转换成信息以监控绩效和管理组织，以可接收的形式向执行者提供信息。

(5) 决策支持系统，通过提供信息，模型和分析工具来帮助管理者制定决策。

(6) 共享系统，产生并维持一致的数据处理方法，以及跨多种管理机构职能的集成数据库。

(三) 社会保障信息化管理的内容与方法

社会保障信息化管理充分利用大量信息和现代技术，打破传统社会保障管理机构的信息运行模式，通过现代化计算机技术建立起一种新型的信息传送模式，从而形成了一种完全开放的矩阵式运行机制。

1. 社会保障信息化管理的内容

社会保障信息化管理是指以计算机、通信网络为主体的信息、技术在社会保障领域中的应用，是一项复杂的系统工程，具有政策性强、涉及面广、信息流量大、数据交换频繁、数据保存时间长等特点。社会保障信息化管理是整个社会保障体系的技术支撑，它涉及社会保障体系的各个层面，贯穿于社会保障管理工作的各个环节。

目前，社会保障信息管理化管理的内容包括：

（1）实现社会保险各险种的基金征缴、拨付、财务管理等基本业务的计算机化。这是其基本功能。

（2）实现社会保险机构的业务辅助、决策辅助、行政管理等办公自动化必备内容的计算机化。

（3）实现与计算机相适应的管理科学化。包括业务流程划分、人员配备、操作权限分配等。

（4）实现与计算机化相适应的安全管理，如数据检查、容错功能、日常的数据备份和故障恢复功能等。

（5）实现社会保障基金业务管理的网络化。如通过网络实现同时联机操作，网络中的各站点连接到服务器互相访问，系统主机通过同步数据通信协议与远程网中的各服务器作数据传递等。

（6）实现办公无纸化以及业务批处理、数据自动检验、数据自动备份等自动化操作。

2. 社会保障信息管理系统的方法

社会保障信息化管理运用电子技术手段，建立统一的、覆盖全国的社会保障技术支持系统，实行现代化管理，使各地社会保障资金的缴纳、记录、核算、支付、查询服务等，都要纳入计算机管理系统，并逐步实现全国联网。一般来说，可以发挥以下三大功能：

一是网上查询，包括社会保障政策法规及其他相关政策法规查询，社会保障业务、办事程序查询，社会保障统计资料及其他有关信息查询等。

二是网上对话，通过社会保障网反映情况、意见和建议的窗口、开展网上信访等业务。

三是网上办事，通过联入业务管理网络的入口，为单位和个人办理社会保险登记、申报及网上缴费等事务。

在这种运行机制中，各种社会保障信息可以在纵向和横向之间通过互联网进行快速传送，把过去单一的信息传送方式发展为全方位、多形式的传送模式。并且，上、下层管理机构在社会保障信息获得的数量、时差上的差异被大大缩小。正因为它是一种灵敏、快速、高效和高质量的决策管理系统，才使上层管理机构的法规、政策等社会保障信息可以畅通无阻地传递到下层管理机构；同样，下层管理机构的反馈信息也能够及时地向上层管理机构传送。

3. 社会保障信息化管理的意义

建设设备先进、管理科学的社会保障技术支持系统，对于改善社会保障服务手段、增加工作透明度、提高政府决策水平、加速社会保障管理科学化进程具有十分重要的意义和作用。

（1）社会保障信息化管理有利于提高社会保障管理工作的效率，确保数据的安全可靠。随着社会保障制度覆盖面的扩大、项目的增多和基金规模的增大，产生的数据量迅速膨胀，信息交换是最重要的环节，采用信息化的管理模式可以确保各项数据的准确、及时。

（2）社会保障信息化管理有利于社会保障管理的规范化。一般来说，手工处理业务随意性比较大，而计算机系统能够对业务实行严谨科学、规范高效的管理。

（3）社会保障信息化管理有利于增加社会保障管理工作的透明度和决策的科学性。实现信息化管理之后，对于需要公开的信息，工作人员可以随时调阅查询，参加社会保险的人员也可以通过计算机网络进行查询，方便了解各项社会保险政策信息及个人账户管理情况。

（4）社会保障信息化管理有利于提高社会保障的社会化程度。健全的信息网络是实现社会保障服务社会化的技术支持，它可以超越地域的隔离、时空的限制、人工的局限，在更高的层次、更广泛的范围上完成更细致的业务项目。

（5）社会保障信息化管理有利于整合优化社会保障资源的配置，降低管理成本，统化管理。通过信息系统将各类信息有机地组织在一起，实现信息共享，节约资源，又可以协调各方的行为，充分发挥社会保障体系的整体效益。

二、社会保障信息化管理的运行

（一）社会保障信息化管理系统及其功能

作为社会保障信息化管理的直接载体，社会保障信息管理系统可以说是信息化管理的代称。因为社会保障信息管理必须以这一科学系统为基础来实现管理。

1. 社会保障信息管理系统

信息管理系统是采用以电子计算机为主的技术设备，通过自动化通信网络，与各种信息终端相连接，利用完善的通信网，沟通各方面的联系，以保证迅速、准确、及时地收集情况和下达命令。

社会保障信息管理系统就是以就业服务与失业保险、养老保险、医疗保险、工伤保险和生育保险等业务为基础的计算机网络信息管理系统。它是政府管理信息系统的一个重要组成部分，由计算机、通信网络、数据库和相应的管理软件，各种专业技术人员包括系统分析人员、程序编制人员、数据库管理人员组成。信息来源于劳动者个人和基层单位，通过对社会保障及相关数据的采集、输入，加工、处理，输出、分析，形成多种有用的信息，提供给各级劳动与社会保障部门的决策者、管理人员和社会公众，以满足不同层次、不同人群的信息需求，达到信息共享，实现信息资源的有效利用。①

2. 社会保障信息化管理系统的功能

一般来说，社会保障信息化系统可以发挥三大功能：一是网上查询；二是网上对话；三是网上办事。但是，随着社会保障的发展和计算机技术应用范围的不断扩大，社会保障管理信息系统的基本功能也在不断地发生变化。

目前，社会保障管理信息化系统的功能主要包括：

（1）实现社会保险各险种的基金征缴、拨付、财务管理等基本业务的计算机化。这是其基本功能。

（2）实现社会保险机构的业务辅助、决策辅助、行政管理等办公自动化必备内容的计算机化。

（3）实现与计算机相适应的管理科学化。包括业务流程划分、人员配备、操作权限分配等。

（4）实现与计算机化相适应的安全管理，如数据检查、容错功能、日常的数据备份和故障恢复功能等。

（5）实现社会保障基金业务管理的网络化。如通过网络实现同时联机操作，网络中的各站点连接到服务器互相访问，系统主机通过同步数据通信协议与远程网中的各服务器作数据传递等。

（6）实现办公无纸化以及业务批处理、数据自动检验、数据自动备份等

---

① 丁建定：《社会保障概论》，华中师大出版社 2006 年版，第 169 ~ 170 页。

自动化操作。

3. 建立完善的社会保障信息管理制度

没有完善的信息管理制度，任何先进的方法和手段都不能充分发挥作用。为了社会保障信息管理系统的有效运转，我们必须建立一整套信息管理制度作为信息工作的章程和准则，使社会保障信息管理规范化。建立完善的信息管理制度主要包括以下几个方面：

（1）建立原始信息收集制度。一切与组织活动有关的信息，都应准确毫无遗漏地收集。为此，要建立相应的制度，安排专人或设立专门的机构从事原始信息收集的工作。在组织信息管理中，要对工作成绩突出的单位和个人给予必要的奖励，对那些因不负责任造成信息延误和失真，或者出于某种目的胡编乱造、提供假数据的人，要给予必要的处罚。

（2）规范信息渠道。在信息管理中，要明确规定上下级之间纵向的信息通道，同时也要明确规定同级之间横向的信息通道。建立必要的制度，明确各单位、各部门在对外提供信息方面的职责和义务，在组织内部进行合理地分工，避免重复采集和收集信息。

（3）提高信息的利用率。信息的利用率，一般指有效的信息占全部原始信息的百分率。这个百分率越高，说明信息工作的成效越大。反之，不仅在人力、物力上造成浪费，还使有用的信息得不到正常的流通。因此，必须加强信息处理机构和提高信息工作人员的业务水平，健全信息管理体系，通过专门的训练，使信息工作人员具有识别信息的能力。同时，必须重视用科学的定量分析方法，从大量数据中找出规律，提高科学管理水平，使信息充分发挥作用。

（4）建立灵敏的信息反馈系统。信息反馈是指及时发现计划和决策执行中的偏差，并且对组织进行有效地控制和调节，如果对执行中出现的偏差反应迟钝，在造成较大失误之后才发现，这样就会给工作带来损失。因此，组织必须把管理中的追踪检查、监督和反馈摆在重要地位，严格规定监督反馈制度，定期对各种数据、信息作深入地分析，通过多种渠道，建立快速而灵敏的信息反馈系统。

（二）社会保障信息管理系统构成

依据计算机原理的分层思想、使用标准和实现方法相分离的原则，社会保障管理信息系统可以划分为用户层、软件层、数据层和网络/硬件层。

1. 网络/硬件层

网络/硬件层在数据层下，是整个系统功能得以实现的基础，也是投资最大的部分。

网络层的组成有以下几个部分：

（1）局域网。各级社会保障机构的内部网，保证机构内部基本业务处理和办公自动化的需要。

（2）单机。部分规模较小的县区和行业基层单位采用单机处理简单的社会保障业务。

（3）广域网。广域网连接整个系统中的所有局域网、单机和其他局域网（如税务、银行部门的局域网）。

（4）Internet 接入。为了利用 Internet 资源为企业和职工提供信息服务，可接入 Internet，可提供个人账户查询、法律法规查询，甚至进行网上业务处理。

2. 软件层

软件层是为了实现用户需求功能，对数据库数据元素进行操作控制的功能模块集合，是联结用户层和数据层的桥梁及纽带，起着承上启下的作用。

软件层由软件构件组成，它可以通过灵活的组合安装，生成相应的功能部件。

软件层必须满足数据的安全操作，可靠稳定运行，一般采用面向对象的软件工程方法实现。

3. 数据层

数据资源是数据层的数据内容，是社会保障基金管理的业务依据和业务记载。数据层在网络层之上，服务于软件层，其特点和功能如下：

（1）完备性与准确性。数据资源从空间上要包括所有企业所有职工（包括未参加社会保障基金管理的企业和职工）的档案，记载所有业务内容，从时间上要跨越企业从建立或参加社会保障到终结（合并兼并、分立分离、破产）和职工从招工到死亡甚至遗属供养整个过程，不仅要包括目前业务处理所需信息，还要包括以后业务规则变化可能用到的信息内容。数据资源的准确性将影响到决策的科学性。

（2）规范性与一致性。数据库中每一具体的数据项都必须含义明确，没有二义性；数据项间不能互相冲突；非法数据内容不能存储到数据库中；有固定范围的数据项不能出现范围外的数据内容等。分布于不同物理位置的同一数据内容必须保持一致，否则可能导致数据间的互相矛盾。

4. 用户层

用户层是信息系统中用户直接接触的层面，系统的所有功能都要通过用户层这个接口实现。

用户层的功能在于:

(1) 社会保险基金业务处理。企业和员工档案管理、基金结算与托收、基金待遇计发、工资核定和个人账户处理、企业增减变化、员工增减变化。

(2) 社会保险基金财务管理。通过凭证处理、记账和结账处理各项社会保险费用的收缴、发放、调剂等业务。

(3) 业务统计查询。按任意可能的需求对社会保障各种业务信息作统计查询。

(4) 决策监测。对影响社会保障决策的数据（如替代率、负担系数）作计算和测算，通过网络随时对下级社会保障机构业务情况作监测（如基金收缴率、覆盖率等)。

(5) 社会化服务。社会保障津贴的发放或代发点的管理、个人账户的电话 Internet 查询、与银行或税务部门的数据交换。

(6) 企业远程业务处理。企业通过 Internet 或远程站点办理结算、工资核定、调动等业务。

(7) 统筹范围内业务协作处理。对统筹范围内不同社会保障机构之间职工调动通过网络自动传送所有保险信息，保持业务的连续性。

(8) 办公自动化。实现社会保险机构内部和上下级机构之间的公文处理、工作安排、文档管理、会议管理、信息浏览等功能。

(三) 社会保障信息化平台与管理内容

信息化平台是指某个领域、某个区域或某个组织为信息化的建设、应用和发展而营造的环境。平台的作用在于开发利用信息资源、建设信息网络、推进信息技术应用、发展信息技术和产业培育信息化人才、推介宣传社会保障政策等。

1. 社会保障信息化平台

信息化平台有三种类型，第一种是基于快速开发目的技术平台，第二种是基于业务逻辑复用的业务平台，第三种平台是基于系统自维护、自扩展的应用平台。技术平台和业务平台都是软件开发人员使用的平台，而应用平台则是应用软件用户使用的平台。

(1) 办公网。该网的主要用途是处理社会保障机构内部公文运转、内部工作计划及执行情况等信息，是支撑劳动保障部门建立的公文流转、部门内部办公应用的网络。办公网主要为本部门办公服务，还将与国家电子政务内网连接，实现政府部门间的信息交换和共享。办公网一般是本单位的内部网，需要单独设立服务器，使用独立的布线系统、网络设备及独立的用户终端。

（2）业务网。业务网又叫内部网。业务网支撑劳动保障业务应用系统的运行，是依托国家电子政务外网平台、公共通信网络平台，覆盖全国各级劳动保障部门、经办机构或业务代办点的网络。该网络主要是为全国保障机构内部的有关业务提供网络服务，包括跨地区业务处理信息的交换；非机密文件、资料、统计报表的下发和上报；政策法规查询；提供通过网络对中心城市存储原始信息的资源数据库进行数据采集的网络管理系统；提供电子信息服务和外部网络的出口。

（3）公众服务网。公众服务网又叫业务管理网。这是为用人单位、劳动者、政府和社会提供可靠、有效服务的网络。是各级劳动保障部门利用互联网或电话咨询服务中心，面向公众提供政策咨询、业务查询、网上职介、网上参保登记和网上申报服务等的外部网络。

办公网和业务专网之间一般有物理隔离，业务专网和公众服务网、互联网之间逻辑隔离。在国家电子政务外网平台建成之前，劳动保障业务专网利用公共通信网络平台进行建设。公众服务网可通过互联网或业务专网进行连接。

2. 社会保障信息化平台的内容

社会保障信息化作为国民经济和社会信息化的重要组成部分，是政府管理和公共事务管理信息化的重要内容，事关社会发展和社会稳定。

社会保障管理的信息化平台所承载的信息，主要有以下七个方面：

（1）政策信息，包括法律、法规、规章和政策等。

（2）基本信息，包括单位基本情况，定点医疗机构、定点零售药店、在职人员、离休退休人员基本情况等。

（3）业务信息，包括社会保险登记、申报、缴费核定、费用征集、个人账户管理、费用审核、费用支付等。

（4）财务信息，包括基金收入、基金支出、基金结余情况等。

（5）统计信息，包括参保人员信息、缴费基数信息、职工工资信息、费率信息、基金缴拨计划执行情况信息、替代率信息等。

（6）社会保障管理部门信息，包括机构情况、人员情况、经费情况等。

（7）其他相关信息，包括人口信息、就业信息、经济信息等。

这些信息将按照方便应用、兼顾效率的原则，遵循统一的编码规则，组织到不同的数据库中。这些数据库既能满足业务系统前台日常管理工作的需要，也能满足后台管理决策的需要。在中心城市，这些数据库通常就是资源数据库。通过网络对中心城市的资源数据库进行数据采集，可以满足宏观决策系统的需要。①

3. 社会保障信息化管理的注意事项

社会保障信息化管理主要有五个数据库：人口统计、雇主注册、被保险人收入记录、缴费记录及社会保障待遇发放。使用社会保障信息化管理系统，要注意以下几点：

(1) 双向信息沟通。社会保障顺利运作需要持续的双向信息沟通，公众需要被告知社会保障制度操作的基本规程，有关权利、义务和责任，同样，经办机构需要掌握受益人的最新情况和需求。

(2) 参与人信息。社会保障管理必须建立在可识别个体的信息系统基础上，每个缴费人被分给一个账号以便记录，在很多国家，社会保障账号已经被看作是通用的身份证。

(2) 受益人收入信息。社会保障管理机构必须为每个受益人建立记录生平工资报酬的程序。该程序必须保持低成本、高准确性，为通常的经济分析、政策法律的制定和制度改革奠定实用的基础。

(4) 初始待遇发放记录。建立初始待遇发放的步骤包括审查受益资格、计算待遇金额、建立记录，以保证定期支付。

三、我国社会保障管理的信息化建设

(一) 我国社会保障信息化管理建设的现状

随着我国社会保障事业的不断发展和完善，以计算机、信息网络为主体的信息技术在社会保障领域中的广泛应用，成为整个社会保障体系的技术支撑。近年来，在各级政府的高度重视和支持下，我国劳动保障信息化建设有了长足发展，大大提高了办事效率。

1. 我国社会保障信息化管理的发展

1998 年以前，我国的社会保障信息工作处于“分散建设、各自为政”的状态，如何实现一体化建设、解决数据集中统一、标准统一的问题，实现全国联网、资源共享，成为劳动和社会保障部面临的紧迫问题。2000 年 5 月，社保管理信息核心平台 1.0 版正式出台，成为解决各地系统标准不统一和重复建设问题的有力武器，至今在全国 140 多个城市得到推广和应用。

2002 年 10 月，国家劳动和社会保障部召开了全国劳动和社会保障信息化

---

① 洪进：《社会保障导论》，中国科学技术大学出版社 2006 年版，第 61 ~ 62 页。

工作会议，更是提出了全国“金保工程”建设的总体规划，明确了“金保工程”建设的目标任务、基本原则和具体措施。2003 年 8 月，“金保工程”的立项，标志着我国社会保障信息管理系统的建设进入了新的发展时期。目前，正在按步骤、有计划地向着系统的建设目标迈进。其建设成就主要体现在：

（1）部省级联网工作取得突破，联网有了统一信息标准、统一网络线路和关键技术设备。全国多数省市建立了省级数据中心，实现了与劳动保障部的联网。

（2）在开发推广应用软件方面进展迅速。开发了劳动保障核心平台第二版，统一采购了用于三层架构业务应用系统的中间件软件。养老保险全国联网工作也进入实质运行阶段，劳动力市场和医疗保险信息管理系统的建设和应用也在许多省市展开。

（3）培养了一支社会保障信息管理技术队伍，绝大多数省市劳动保障部门成立了信息中心，制定了各项信息管理制度和应用开发规范。社会保障统计信息采集基本实现自动化处理，一些有条件的省市也建立了省（市）—地市（区县）劳动保障部门远程通信网或厅（局）的局域网。

2. 金保工程”社会保障卡

“金保工程”是政府电子政务工程建设的重要组成部分，是全国劳动保障信息系统的总称。它是利用先进的信息技术，以中央、省、市三级网络为依托，涵盖县、乡等基层机构，支持劳动和社会保障业务经办、公共服务、基金监管和宏观决策等核心应用，覆盖全国的统一的劳动和社会保障电子政务工程。2002 年中共中央办公厅、国务院办公厅转发的《国家信息化领导小组关于我国电子政务建设指导意见》，明确了 12 个重点建设和完善的业务系统，社会保障是其中之一。劳动和社会保障部，明确提出将金保工程作为“一号工程”，于 2002 年 10 月全面启动。

2009 年 8 月，“金保工程”社会保险管理信息系统核心平台通过人力资源社会保障部组织的最终验收正式推出。“金保工程”的内容，可以用“1234”来加以概括，即一个工程、二大系统、三层结构、四大功能。即在全国范围内建立一个统一、高效、简便、实用的劳动和社会保障信息系统，包括社会保险和劳动力市场两大主要系统，由市、省、中央三层数据分布和网络管理结构组成，具备业务经办、公共服务、基金监管、决策支持四大功能。

关于“金保工程”的运作方式，可以概括为：建立三级数据中心，数据中心划分三个工作区，建立三级网络，建立四个应用子系统。具体地说，就是建立中央、省、市三级劳动保障数据中心；数据中心内部设立生产区、交换区和决策区三个逻辑工作区。搭建中央、省、市三级安全高效的网络系统，包括连接中央、省两级节点的全国广域主干网，连接省、市两级节点的省级广域主干网，以及市域网络。市域网络以城市劳动保障数据中心为中心节点，终端向下延伸到包括街道（社区）在内的各级经办窗口，同时连接定点医疗服务机构、银行、邮局、地税等相关单位。建立标准统一的四个应用子系统，包括实现对劳动保障业务经办全过程管理的业务管理子系统，实现向社会公众提供政策咨询、信息查询和网上办事等服务的公共服务子系统，用于支持各级劳动保障部门的非现场监督工作的基金监管子系统和为宏观决策提供支持的宏观决策子系统。

我国“金保工程”的总体目标是，在政务统一网络平台上，构建部一省一市三级劳动保障系统网络；在此基础上建立网络互联、信息共享、安全可靠的全国统一的社会保险信息服务网络；以网络为依托，优化业务处理模式，建立规范的业务管理体系，完善的社会服务体系和科学的宏观管理体系。我国“金保工程”的建设原则是：统一规划、统一标准、统一指导，分步实施、分级负担、分级管理，网络互联、信息共享。

3. 社会保障卡

社会保障卡是利用集成电路卡（IC 卡）技术，实现劳动者与用人单位社会保障信息收集、识别、共享和交换的一种工具，也是持卡者与社会保障管理信息系统的一种交互接口。

社会保障卡作为全国行业性 IC 卡的主要功能如下：

（1）识别持卡者在社会保障各项业务中的合法身份，并作为办理社会保障业务的电子凭证；

（2）替代手工完成信息录入，增强数据真实性和准确性，提高工作效率；

（3）在信息网络建设初期不完善的情况下，辅助网络实现社会保障业务有关信息的收集和交换，完成信息识别；

（4）在网络完善后，完成必要的信息交换，减少网络传输量，并充分利用 IC 卡的信息识别和安全认证功能提高系统安全性；

（5）提高社会保障业务的透明度；

（6）推动实现社会保障系统各项业务的信息共享和交换。

中华人民共和国社会保障卡，是由人力资源和社会保障部统一规划，由各地人力资源和社会保障部门面向社会发行，用于人力资源和社会保障各项业务领域的集成电路（IC）卡。

我国社会保障卡分为两种：面向城镇从业人员、失业人员和离退休人员发放的称为社会保障（个人）卡，面向用人单位发放的称为社会保障（用人单位）卡。社会保障卡采用全国统一标准，社会保障号码按照《社会保险法》的有关规定，采用居民身份证号码。

社会保障卡卡面和卡内均记载持卡人姓名、性别、居民身份证号码等基本信息，卡内标识了持卡人的个人状态（就业、失业、退休等），可以记录持卡人社会保险缴费情况、养老保险个人账户信息、医疗保险个人账户信息、职业资格和技能、就业经历、工伤及职业病伤残程度等。社会保障卡是劳动者在劳动保障领域办事的电子凭证。持卡人可以凭卡就医，进行医疗保险个人账户结算；可以凭卡办理养老保险事务；可以凭卡到相关部门办理求职登记和失业登记手续，申领失业保险金，申请参加就业培训；可以凭卡申请劳动能力鉴定和申领享受工伤保险待遇等。此外，社会保障卡还是握在劳动者手中开启与系统联络之门的钥匙，凭借这把钥匙，持卡人可以上网查询信息，将来还可以在网上办理有关劳动和社会保障事务。

2011 年 4 月，为推动“中华人民共和国社会保障卡”的发行和应用工作，规范社会保障卡管理，促进社会保障卡建设稳妥、有序、健康地开展，我国政府人力资源和社会保障部印发《“中华人民共和国社会保障卡”管理办法》。8 月，再次部署扩展社会保障卡应用领域的“一卡通”工作，发布了《关于社会保障卡加载金融功能的通知》。加载金融功能后的社会保障卡在具有信息记录、信息查询、业务办理等功能的同时，还可作为银行卡使用，具有现金存取、转账、消费等金融功能。以便促进金融服务民生，方便群众享受社保待遇和金融服务。

目前，我国社会保障卡正按照“一卡多用，全国通用”的原则进行建设。各地发行社会保障卡均遵循国家安全性、完整性和公益性的要求，采用全国统一的标准规范，保证在全国范围内使用。

（二）我国社会保障信息化建设的目标和原则

社会保障信息管理系统可以使社会保障更好地面向社会和普通公民，有利于提高社会保障管理机构的工作效率和质量，有利于社会保障管理机构转变职能，有利于增加管理的透明度，有利于建立一个廉洁、勤政、高效并值得广大公民信赖的管理部门。① 所以，建设一个完备的社会保障信息化管理系统非常必要和重要。

① 丁建定：《社会保障概论》，华中师范大学出版社 2006 年版，第 167 ~ 170 页。

1. 我国社会保障管理信息化建设的目标

按照我国劳动和社会保障信息化工程总体方案——《劳动和社会保险管理信息系统建设规划要点》的设计，社会保障信息管理系统建设的主要目标是：建立比较完备高效的、与劳动和社会保障事业发展相适应、与国家经济信息系统相衔接的国家级劳动和社会保险管理信息系统；以适用、及时的数字和文字信息为基础，以客观科学的分析为手段，为劳动和社会保险工作重大决策和政策制定提供信息支持，为社会、企业和劳动者个人提供信息服务。①

（1）以就业服务与失业保险、养老保险子系统为重点，带动医疗保险等其他业务管理信息系统建设。建立符合统一标准的基层单位管理平台，努力提高业务管理信息系统和基层单位管理平台的覆盖面和整体管理水平。

（2）在中心城市建立各种模式的资源数据库，并以此为基础建立全国劳动和社会保险计算机网络系统，逐步实现“扫描”方式的信息采集。

（3）建设宏观决策系统，建立多渠道的信息采集制度，实现包括统计分析、预测分析、监测预警、政策模拟和政策评价在内的多层次的宏观决策支持。

2. 我国社会保障管理信息化建设的原则

早在2000年，国务院就明确要求：“建立完善的社会保障体系，必须建立覆盖全国的社会保障信息服务网络。社会保障计算机网络建设要统筹规划、统一安排，做到软件统一、硬件设备配置要求统一、网络之间接口标准统一、数据传递方式统一。”② 因此，在我国，社会保障信息管理系统建设应本着以下原则进行：

（1）统筹规划、统一标准。为了使各部门和各项业务真正形成合力，防止出现各自为政、分散建设、重复建设的问题，必须坚持统筹规划。平台核心数据库及核心应用系统由中央统一组织开发，按照数据集中、分散处理的原则进行部署实施和推广应用。规范所有工作程序，使用统一的数据标准和技术标准，为最终建成全国统一的社会保障信息管理网络平台奠定坚实基础，以确保社会保障信息资源从源头到应用始终符合信息共享的要求。

（2）整合资源、讲求效益。对已建系统必须强化应用，推动互通共享和

① 《关于印发〈劳动与社会保险管理信息系统建设规划要点〉的通知》，劳社部函〔1998〕138号。

② 《国务院关于印发完善城镇社会保障体系试点方案的通知》，国发〔2000〕42号。

支持部门间协同。对在建和拟建系统，要逐步向统一平台上靠拢，避免简单地在原有体制和业务流程基础上建设应用系统。按照明确的目标，适当选择突破口，从目前基础较好、较易实施和见效的业务应用入手，在统一的总体设计下，通过点、线、面试点，逐步扩展。

（3）突出重点、分步实施。规划的设计要符合信息化发展的规律和社会保障事业发展的方向。一方面，要以社会保障的需要为重点，以应用为核心，以数据为基础。要把业务的实际应用放在第一位，统一规范数据采集，提供正确信息数据。另一方面，坚持边建设、边应用、求实效的原则，先急后缓、分步实施。要及时将建设成果转化成现实的行政管理能力，而不是中看不中用的花架子或形象工程。

（4）准确定位、双向服务。系统是政府部门和服务对象之间沟通的桥梁，因此其规划设计的定位要准确。首先，要为使用者服务。要能为使用者及时解答问题，提供相关数据查询功能，获取自己应享受社会保障的信息，正确行使自己的权利，履行相应的义务等，明白自己应该如何办理各种业务，方便使用者；其次，要为管理者服务。要能为管理者提供及时的各类保障动态，进行数据分析和汇兑，及时发现和处理执行过程中出现的各种问题，为领导提供决策服务等，提高工作效率。系统要着重树立以人为本的观念，急民众之所急，想民众之所想，把面向社会为公众服务放在系统建设的重要位置，做成真正的民心工程。

（5）加强管理、确保安全。系统设计和建设要把抗干扰性、抗攻击性和抗风险性放在至关重要的地位，加强管理，确保系统安全。要处理好信息的公开性和安全保密性的关系，建立完善的安全防护体系，全方位、多层次地实现系统安全保障和安全访问控制；建立安全检测监控系统，建立病毒防范体系，建立重要应用系统和关键的主机系统冗余备份和灾难恢复，做到系统环境安全、网络运行安全、数据储存安全。

3. 建立全国统一的社会保障信息化网络建设的要求

计算机网络是信息赖以传播、处理和交换的设施和通道。通过网络能够迅速和有效地满足人们不同的信息需求。目前，以中心城市为单位建设社会保障数据库，并在此基础上实行全国联网，是全国社会保障管理信息网络的基本模式。

（1）从中心城市网络建设抓起，在城市内建立覆盖社会保障行政主管部门、社会保险经办机构的内联网络，并逐步延伸到街道和各基层单位；在城市联网的基础上，逐步构建省网、全国网。通过统一规划和部署，在网络体系结构、通信协议、通信方式、边缘网络设备及安全设备选择上，按照统一的标准，采用主流和成熟的技术，以避免给网络互联带来障碍。为便于管理，减少投资，节省费用，城市各业务系统构建的网要逐步互联为一个大网，统一形成一个出入口，实现“一条总线”与部网和省网的互联。

（2）建立网络信息采集制度。网络信息采集是通过网络对中心城市存储原始信息的资源数据库进行实时数据采集。省或部把指令通过网络发给城市，城市可根据自己的工作安排，选择在业务不太繁忙时进行统计（执行），并按规定时间将统计结果通过网络传送回来。网络信息采集制度将随着各地资源数据库的建立，成为宏观决策系统信息采集的重要渠道。这种采集方式与常规统计报表制度和抽样调查相结合，将能够获取大量的真实数据。

（3）建立统一的社会保障管理信息化系统核心平台。核心平台是一个为全国社会保险经办机构构建社会保险应用软件系统提供模块化系统生成工具的应用软件，可作为各地二度开发的基础，供各地在系统建立和升级时使用。

（三）加快我国社会保障管理信息化的途径

中国共产党十八大报告明确指出，“推进信息化和工业化深度融合”“建设下一代信息基础设施，发展现代信息技术产业体系，健全信息安全保障体系，推进信息网络技术广泛运用”①，为信息化工作与发展指明了方向，提出了明确要求。为此，我们重点应做好以下几方面的工作：

1. 建设一个平台，实现社会保障“一卡通”

按照社会保障体系大系统的思路，规划设计社会保障管理信息平台。在规划设计中，既要考虑到现状，解决当前急需，更要着眼长远，最大限度地为将来系统的整合留有余地，逐步建成覆盖所有社会保障业务，覆盖所有社会保障管理部门及经办机构，覆盖所有社保对象的“大系统”“大平台”。在业务方面，要加大业务需求统一和规范的力度，从社会保障总体业务需求出发，以数据为中心，统一和规范现有业务系统和新开发系统的业务流程及彼此间的相互关系。在技术方面，要结合金保、金财等有关“金”字号工程的实施，切实做好规划设计。厘清各有关部门内部的纵向关系及部门之间的横向连接关系，在可能的前提下，利用国家电子政务专用网络，把社会保障信息管理平台作为电子政务专网的第一承载工程。加大总体架构设计的研究力度，从总体技术的高度，做好系统总体架构设计，构建统一的支撑平台和数

① 胡锦涛：《高举中国特色社会主义伟大旗帜为夺取全面建设小康社会新胜利而奋斗》，人民出版社2012年版，第20、22页。

据交换平台。

2. 搞好“三个整合”，确保系统资源共享

一是做好信息资源的整合。信息资源的整合主要是针对当前社会保障信息管理分散、不能共享，已经影响到政府决策水平、办事效率和公众形象的问题。为了适应社会保障领域的不断拓展、管理决策的不断复杂、服务对象的不断变化等形势的发展需要，对现有的社会保障信息和管理资源，按照更为科学合理的方法进行序化、整理、有机集成的信息化建设。

二是做好系统资源的整合。为了避免重复建设和现有资源的浪费，采用服务器的网络计算机模式实现信息资源的整合是比较好的选择。这种基于服务器的网络计算技术，其实质是在网络操作系统之上构筑了一层集中计算模式的平台，在服务器上完成部署、管理、支持和执行应用程序的模式。

三是做好业务需求的整合。过去由于各部门根据各自管理的社会保障的业务需求进行组织建设，不同的时期、参与设计的人员可能不同，再加上部门本位的局限，造成了开发出来的部分管理软件呈现出小而全的特点，部门界限非常明显，缺乏系统性。借助统一平台的建设，可以考虑从全局的层面对各部门的工作需求进行重新审核并予以平衡，在技术上充分考虑未来业务变化趋势，采用一些灵活应变的技术，将过去分部门、分阶段的分散工作需求模式改变为集中、封闭式的需求模式，设立跨部门的、专门的需求管理组织，强调业务和技术上充分互动，通过需求设计在时间、人员上的一致性、连贯性来增强系统性。

3. 规范社会保障业务流程

计算机管理信息系统的开发建设是以系统论的科学方法对各管理环节进行优化，在制定出规范的业务管理流程的基础上，计算机系统才能对业务实行严谨科学、规范高效的管理。一要优化业务流程，对处理环节相一致的业务进行合并，以减少不必要的重复劳动，提高工作效率和服务质量；二要规范办事程序，对各类业务的办事程序制定明确的秩序，各个环节紧紧相扣，相互制约，不要因人而异，任何人都不能擅自更改办事程序；三要规定管理权限，对所有操作人员的岗位职责和业务管理范围、操作权限都要有严格的规定，谁能做什么，不能做什么，都要有明确权限，避免越权办事和推诿扯皮的现象；四要充分考虑政策的延续性，加大宣传力度，使广大参保职工能够及时了解掌握系统的工作流程，更好地服务于参保职工。

4. 拓展信息网络化建设

信息网络化建设是社保信息系统建设的一个发展趋势，网络化建设在某

种程度上反映出信息化的水平。随着改革的不断深入，以及各地社保政策区域性差异的减小，必将进一步促进社保信息网络化建设的发展。基于目前的实际情况，一是充分发挥目前各地局域网的优势，进一步完善目前的信息网建设，实现信息采集、信息处理、信息传递和信息查询无纸网络化办公；二是充分发挥社保信息网站的作用，充分发挥网页图、文、声并茂的优势，作为宣传保险制度政策的重要阵地，直接面向参保人员，向他们提供数据查询、政策咨询、办事指南等相关服务，将大大提高社保系统的服务水平；三是开发相应的应用软件，用于医院、药店等机构业务的监控，充分发挥社保系统监督稽查的职能，通过在线随机抽查和分类别抽查的方式，加大对各项基金的监管力度；四是应当适时地开展一些跨局域网业务的可行性研究，为将来社保信息联网的进一步扩大奠定技术基础。

第十章

社会保障绩效评估

绩效评估是指有关机构运用一定的评价方法、量化指标及评价标准，对具体的工作部门实现其职能所确定的绩效目标及为实现这一目标所安排预算的执行结果所进行的综合性评价。社会保障的绩效如何，直接关系到广大社会成员的利益，公众也有权利和责任共同维护社会保障的正常运行，促进政府改进社会保障绩效，维护社会的安全与稳定。绩效评估是衡量社会保障事业发展水平的管理手段。

一、社会保障绩效评估概述

（一）绩效与绩效评估

绩效评估最早应用于企业内部，主要是企业的管理者对其下属人员的业绩进行考评的一种方法。20 世纪 70 年代以来，英、美等发达国家兴起了一场旨在推动政府更重视绩效提高的“新政府运动”。以政府绩效评估作为核心管理工具，使传统的行政国家逐渐转变为评估国家。从此，绩效评估开始应用于政府部门，而社会保障绩效评估正是在这样的大背景下应运而生。

1. 绩效

绩效主要是指员工的成绩与效果，包括个人绩效与组织绩效，而绩效评估是对员工的绩效进行考核与管理，是一种正式的员工评估制度，二者既有联系又有区别。

“绩效”一词，如果单纯从语言学的角度来说，它包含有成绩和效益的意思。它源于英文的“performance”，意为完成、行为、功绩等。

从管理学的角度来说，绩效指的是个人或组织，完成某种任务或者达到某个目标的行为，通常是有功能性或有效能的表现。绩效由个人绩效和组织绩效构成。个人绩效主要指个人的工作表现、工作成绩、工作态度，以及他的专业知识，熟练程度等。组织绩效是以特定的政府机构或公共部门为关注对象，体现为这些组织的工作成就或效果，具体以效率、效果、公平等来衡量。

2. 绩效评估

绩效评估，又称绩效考评、绩效评价、员工考核，是西方发达国家在现存政治制度的基本框架内，在政府部分职能和公共服务输出市场化以后所采取的政府治理方式，也是公众利益和参与管理的重要途径与方法。

绩效评估是一种正式的员工评估制度，也是人力资源开发与管理中一项重要的基础性工作，旨在通过科学的方法、原理来评定和测量员工在职务上的工作行为和工作效果。对于发展中的中国社会保障事业来说，深入研究社会保障部门的绩效评估，具有重要的现实意义。

当今社会，政府及公共部门绩效评估是指对政府及公共部门从事的各项活动进行评价的一种有组织的社会活动。绩效包括公共部门的管理经营效益，也包括管理目标的实施与公众的满意度测试。

3. 绩效管理

所谓绩效管理，是指各级管理者和员工为了达到组织目标，共同参与的绩效计划制定、绩效辅导沟通、绩效考核评价、绩效结果应用、绩效目标提升的持续循环过程，绩效管理的目的是持续提升个人、部门和组织的绩效。绩效评估是绩效管理的重要手段。

绩效管理的良性循环，包括四个重要的环节，一是目标管理环节，二是绩效考核环节，三是激励控制环节，四是评估环节。

绩效管理发挥效果的机制是，对组织或个人设定合理目标，建立有效的激励约束机制，使员工向着组织期望的方向努力从而提高个人和组织绩效；通过定期有效的绩效评估，肯定成绩指出不足，对组织目标达成有贡献的行为和结果进行奖励，对不符合组织发展目标的行为和结果进行一定的约束；通过这样的激励机制促使员工自我开发提高能力素质，改进工作方法从而达到更高的个人和组织绩效水平。

绩效管理通过设定科学合理的组织目标、部门目标和个人目标，给下属提供必要的工作指导和资源支持，督促低绩效的部门和员工找出差距，下属通过工作态度以及工作方法的改进，保证绩效目标的实现，为组织和个人不断进步指明方向。在绩效考核评价环节，对个人和部门的阶段工作进行客观公正的评价，明确个人和部门对组织的贡献，通过多种方式激励高绩效部门和员工继续努力提升绩效。

（二）社会保障绩效评估的含义

社会保障绩效评估，是根据管理效率、服务质量、公共责任、公众满意度等方面的判断，对社保部门在管理过程中的投入、产出、最终结果所体现出来的绩效进行评定和认可。简言之，就是通过设置一系列指标体系对社会保障的责任实施效果进行评估。实施社会保障绩效评估的目标是提高社会保障服务质量、降低管理成本。

依据不同的标准，可将社会保障绩效评估进行不同的划分。总的来说，社会保障绩效评估大致可以划分为三种类型：

（1）普适性的社保部门绩效评估，这是把绩效评估作为特定管理机制中的一个环节，并随着这种管理机制的普及而普遍应用于多个社保部门，如目标责任制、社会服务承诺制、效能监察、效能建设等。

（2）具体领域的组织绩效评估，这种评估一般应用于某个领域，具有自上而下的单向性特征，即由社保主管部门设立评价指标体系，组织对所属企事业单位进行组织绩效的定期评估。例如，劳动部为保险部门设立的绩效评估体系等。

（3）专项绩效评估，这是针对某一专项活动或社保工作某一方面的绩效评估。例如，保险部门的下属单位实施保险业务效率评价，劳动部制定的“社会保障管理绩效评估评价指标体系”等。

（三）社会保障绩效评估的功能

绩效评估具有反映、评价、监测和矫正四大基本功能，而社会保障绩效评估作为绩效评估的一个重要组成部分，也应该具有这四种基本功能：

（1）反映功能。通过一些指标体系来客观地反映政府社会保障决策效果、执法力度、管理和服务的质量，使人们对政府社会保障绩效有一个条理化、精确化的认识。

（2）评价功能。通过科学、系统的政府社会保障绩效评估指标体系可以对政府社会保障的决策、执行、管理、监督所产生的效果进行评价、分析、比较，为评价政府社会保障提出量化指标。

（3）监测功能。监测和跟踪社会保障的运行过程，对社会保障运行的各项指标与标准值进行比较，对社会保障运行状况作出预测，找出偏差指标，进行分析，从中发现产生偏差的原因或存在的问题，保证政府社会保障行为的正确性和高效性。

（4）矫正功能。根据政府社会保障绩效评估指标体系的结果对比分析，对政府社会保障运行状况之优劣作出评价，促使政府及时调整社会保障政策，调整资源的配置，使之达到优化。

二、社会保障绩效评估的指标体系

（一）社会保障绩效评估指标及类型

社会保障绩效评估指标是指用来反映和衡量政府社会保障绩效水平的概念和具体指标。目前，国内外学术界对政府绩效评估有不少相关研究，并且已经相对成熟。

社会保障绩效评估不仅仅是一个简单的技术过程，也是一个政治治理的过程。因此，政府在进行社会保障绩效评估指标体系的建构时，不仅要遵循一定的原则，还要根据不同的标志对绩效评估指标进行分类。武汉大学学者林毓铭就根据社会保障绩效评估的性质对社会保障绩效评估指标进行了以下分类①：

1. 收入指标与支出指标

社会保障中的收入指标包括时期指标和动态指标。时期指标如社会保障基金总额、基金征缴额、国家财政拨款与财政补贴收入等；动态指标如基金收入总量变动指标、实际征集率变动指标等。社会保障中的指出指标包括时期指标、分析指标和状况指标。时期指标如社会保障基金支出总额、社会保险费用支付额等；分析指标如社会保障基金生活保障系数、社会保障费用统筹率等；状况指标如社会保险费用在单位间或区域间分布不均衡时发生的调剂指标等。

2. 平衡指标与效益指标

社会保障基金收支平衡是从全社会的角度反映社会保障基金从收集到支付的整个资金活动过程平衡关系的方法。按照社会保障基金筹集模式，可分为三种类型：现收现付的基金筹集模式强调基金短期收支平衡（通常为一年）；完全积累的基金筹集模式强调基金的纵向平衡（长期平衡）；而介于两者之间的部分积累基金筹集模式强调的是横向平衡与纵向平衡的结合。社会保障效益指标包括经济效益指标与社会效益指标。经济效益指标如实征率、积累系数和增值率等；社会效益指标如区域覆盖率、单位纳入率、费用统筹等。

3. 主观指标与客观指标

社会保障主观指标是难以用统计报表方式来反映实情的，一般需要进行专项调查。主观指标可以从多个角度进行挖掘，依据马斯洛的需求层次理论，

---

① 林毓铭：《社会保障与政府职能研究》，人民出版社2008年版，第325～327页。

当人们在较低层次的需求得到满足后，就会转向更高层次的需求，因此，依据被调查者不同的价值取向，在不同的时期人们对社会保障有不同的价值判断。主观指标是有时效性的，需要依据情况的变化加以更新，更多地表现为一种现象描述。而客观指标可以通过劳动统计资料、官方统计或是抽样调查获取有效信息，是对现行社会保障制度运行的一种数量描述。

4. 存量指标与流量指标

流量和存量是国民经济核算中一对十分重视的总量指标。两者相互依存，关系十分密切。流量是指按一定时期测算的量，又称时期指标。如收入为某一时期的货币流量，产值为某一时期的产品流量等。存量是指在一定时刻（瞬间）上测算的量，又称时点指标。如资产和负债、储蓄余额。在度量社会保障可持续发展的指标体系中，反映一定时间段内的量的指标为流量指标，如个人失业时间与领取失业保险金的数量，社会保障财政拨款与补贴等；反映资产现有量某时点的指标称为存量指标，如某时点养老保险基金积累额、敬老院数量等。

5. 景气指标与警戒指标

社会保障景气与非景气状况，一般与经济周期相联系。当经济处于繁荣阶段时，社会保障收入增加，支出减少，社会保障就处于景气阶段；相反，当经济处于萧条阶段时，社会保障就处于非景气阶段。社会保障景气指数是对社会保障经济循环波动轨迹的描述与预测，如社会保险项目水平指数、社会保障基金变化指数、民众参与指数与信心指数等。而社会保障警戒指标用于对经济循环轨迹在任一时点上的状态进行描述和预测，如失业率的警戒线，在美国，政府认为失业率的警戒线不能超过5%，而在中国，根据国情失业率警戒线一般在7%左右。

（二）建构社会保障绩效评估指标的原则

社会保障绩效评估指标体系设计，应遵循以下原则①：

（1）科学性原则。中共中央《关于完善社会主义市场经济体制的若干问题的决定》提出，逐步建立起“低水平、广覆盖、可持续、严管理的社会保障体系”的原则，要建立满足这四项要求的社会保障的目标管理责任制。我们应将客观存在和相互联系的社会保障现象的若干指标，科学地加以分类和组合形成指标体系，以反映国家社会保障的整体实力与发展状况。

（2）统一性原则。要统一社会保障指标的含义、口径范围、计算方法、

① 林毓铭：《社会保障管理体制》，社会科学文献出版社2006年版，第154～155页。

计算时间和空间范围，同时，社会保障各指标的目标应该是一致的。即社会保障指标要与相应的财务指标、职能部门的统计指标相一致。

（3）可行性原则。评估指标本身要有可操作性。在实际评估工作中，能够充分利用现有的统计信息资源，便于社会保障统计信息的组合、筛选与加工，在评估中这些指标易于计算和理解。

（4）可比性原则。在社会保障融入国际规范的前提下，要注意评估指标的国际可比性，如失业与失业率的界定，也要注意纵向对比，扣除价格变动因素的一些价值指标在不同的时间和空间上有可比性。

（5）整体性原则。按照社会保障的政治、经济与社会功能，侧重于社会保障效果评估，即社会保障政策实施后的社会反响、企业和公民的参与程度、社会保障投入与产出等，使社会保障活动绩效通过社会实践表现出来。

（三）社会保障管理绩效评估指标体系

进行社会保障绩效评估可能涉及社会保障的各个领域，并与宏观经济环境、社会环境、人口环境等因素密切相关。因此，在设计社会保障绩效评估指标体系时，应综合考虑各方面的因素，设计出一套科学、全面又符合我国国情的社会保障绩效评估指标体系。

1. 定量和定性指标体系模型

根据社会保障绩效评估的特点，绩效评估指标体系可分成定量指标体系模块和定性指标体系模型，两者相互结合。在我国，对社会保障的绩效评估定量分析较多，定性分析较少。

（1）定量指标体系。社会保障绩效评估定量指标体系，包括反映社会保障总体概况、社会保险、社会救助、社会优抚和社会福利以及农村社会保障的绩效评估指标。这些评估指标可以通过与标准值比较得到评价值（见表1①）。

表1　社会保障绩效评估定量指标体系

一级指标	二级指标	三级指标	变量标识	标准值	实际值	评价值
总体指标（A1）	收入、就业状况（B1）	全国社会保障支出占 GDP 比重	X1	≥16%		
		政府社保支出占财政支出比重	X2	≥30%		
		基尼系数	X3	≤35%		
		失业率	X4	≤4%		

① 曹信邦：《政府社会保障绩效评估指标体系研究》，社会保障制度，2006 年第 1 期。

续表

一级指标	二级指标	三级指标	变量标识	标准值	实际值	评价值
总体指标（A1）	社保财务状况（B2）	社会保障基金结余率	X5	≥25%		
		社会保障基金收益率	X6	≥国债利率		
社会保险指标（A2）	养老保险（B3）	养老保险覆盖率	X7	100%		
		养老金替代率	X8	≥60%		
		养老保险基金结余率	X9	≥25%		
	失业保险（B4）	失业保险覆盖率	X10	100%		
		失业金替代率	X11	≥50%		
社会保险指标（A2）	医疗保险（B5）	医疗保险覆盖率	X12	100%		
		医疗保险支付率	X13	≥80%		
	工伤保险（B6）	工伤保险覆盖率	X14	100%		
		工伤津贴替代率	X15	≥60%		
社会救助指标（A3）	贫困程度（B7）	人口贫困率	X16	≤5%		
	贫困救助（B8）	贫困人口救助率	X17	100%		
	灾害救助（B9）	灾害人口救助率	X18	100%		
	医疗救助（B10）	弱势群体医疗救助率	X19	100%		
	法律救助（B11）	弱势群体法律救援率	X20	100%		
社会优抚指标（A4）	军人优待（B12）	军人保险覆盖率	X21	100%		
		军人就业安置率	X22	100%		
	伤残军人抚恤（B13）	伤残抚恤金水平	X23	≥40%		
	死亡军人抚恤（B14）	死亡抚恤金水平	X24	≥30%		

续表

一级指标	二级指标	三级指标	变量标识	标准值	实际值	评价值
社会福利指标（A5）	残疾人福利（B15）	残疾人就业率	X25	≥平均就业率		
		残疾津贴水平	X26	≥30%		
		特殊教育入学率	X27	100%		
	老年人福利（B16）	老年福利津贴水平	X28	≥10%		
		老人福利院床位拥有率	X29	≥5%		
社会福利指标（A5）	儿童教育福利（B17）	义务教育入学率	X30	100%		
		助学贷款发放率	X31	100%		
	妇女福利（B18）	妇女就业率	X32	≥平均就业率		
	住房福利（B19）	廉租房提供率	X33	100%		
		经济适用房提供率	X34	100%		
		住房公积金覆盖率	X35	100%		

政府社会保障绩效最终反映在政府对国民收入分配的参与力度、国民收入分配的结果以及整个社会的就业状况等方面。在上述社会保障绩效评估指标体系中，一级指标包括了反映政府社会保障总体概况、社会保险、社会救助、社会优抚和社会福利的绩效评估指标。这些评估指标可以通过与标准值比较得到评价值。

在二级指标中，反映社会保险绩效评估指标由养老保险、失业保险、医疗保险和工伤保险绩效评估指标构成；反映社会救助绩效的评估指标有人口贫困率、贫困人口救助率、灾害救助率、弱势群体医疗救助率和弱势群体法律援助率；反映社会优抚绩效的评估指标有军人保险覆盖率、军人就业安置率、伤残抚恤金水平、死亡抚恤金水平等；反映社会福利绩效的评估指标包括精神福利也包括物质福利，精神福利很难用具体的评估指标来衡量，有些物质福利也是很难用指标来衡量，表中仅仅反映的是物质福利中的部分评估指标，即残疾人就业率、残疾津贴水平、特殊教育入学率、老年福利津贴水平、老人福利院床位拥有率、义务教育入学率、助学贷款发放率、妇女就业率、廉租房提供率、经济适用房提供率、住房公积金覆盖率等。

在定量指标中，每项标准值的确定采取了三种方式：一是以国际上公认的标准为标准值；二是以国际上平均标准作为标准值；三是将某一指标理论上的理想值作为标准值。对各类、各项指标权重可采取按照重要性及影响程度来赋予，也可以采取平均化的方法。

（2）定性指标体系。定量指标体系从客观的角度上反映政府社会保障绩效程度，同时也应该有一些主观指标体系来反映人们对政府社会保障的态度和取向。

可以用满意度来衡量，对于每项指标的满意度，可量化成非常满意、比较满意、一般、不太满意、非常不满意五个层次，每个层次系数可以分别以 100、80、60、40、20 计量，以此来计量各分类指标和总体指标的公众满意度。

定性评估指标体系可以根据表 1 的 5 个一级指标、19 个二级指标设置评价表，对政府社会保障的满意度进行主观评估，由于篇幅有限，这里不再一一说明。

但是，应该指出，在研究政府社会保障绩效评估指标体系时，对于定量指标评价值和定性指标评价值是分别计算并得出结果的，没有将两者分别设置权数合并计算总的绩效评估结果，主要是考虑到定量评估指标数据来自历年统计资料，是政府社会保障绩效的客观反映，而定性指标评价值由主观判断得到，其指标值或多或少受到个体的主观因素影响，存在随机性和不可控性，会对政府社会保障绩效评估的整体结果产生较大的影响。

鉴于上述原因，我们可以将定量指标评价值和定性指标评价值进行比较分析。在比较过程中，一般会出现两者不一致的情况，我们必须对存在的差距进行分析，找出评估差距的原因，政府及时对社会保障的具体政策措施、服务、社会保障的财政投入、政府社会保障的思路进行改进、校正，由于公众对政府社会保障的要求不断提高，因而定性指标评价值一般会低于定量指标评价值。但是，一旦政府社会保障绩效定量指标评价值、定性指标评价值都同时达到一个临界点时，则说明政府社会保障已经失去其应有的功能，已经不能被公众所认同。

2. 三大测评标准

建立社会保障绩效评估指标体系，有不同的测评标准。甘肃省政府委托独立机构评议政府工作绩效，建立了职能绩效指标、影响指标与潜力指标三大类。①

① 林毓铭：《社会保障管理体制》，社会科学文献出版社 2006 年版，第 160 ~ 162 页。

(1) 职能绩效指标，是社保部门在其职能范围内所表现出的绩效水平，它有直接性和主体性，如社会保险问题、社会救济问题等是政府应解决的基本问题，这方面出了问题，社保部门要负直接的责任。

(2) 影响指标，体现效果为本，是用来测量社保部门管理活动对整个社会经济发展成效的影响和贡献，它具有间接性和根本性。这一指标直接考察的是社保部门的有所作为，反映在人民生活中实实在在的效果。

(3) 潜力指标，用来测量潜在的发展动力。反映的是政府社会保障内部的管理水平，它是履行社会保障职能的基础，也是政府绩效持续发展的保证，同时也是政府管理廉洁、公正、高效的政治要求。因此，潜力指标在整个体系中占有相当重要的地位，与影响指标一样是职能指标的重要补充和提高。

由于社会保障内容繁多，各类指标又错综复杂，对社会保障的绩效评估仅仅依靠定量指标体系的几大类指标是远远不够的，这就需要根据社会保障所包含的内容以及上面讲的三大测评标准，把定量分析各指标中的每一类指标加以细分。下面以社会保险绩效指标为例，对这三类指标进行具体介绍（见表2）：

表2　社会保险绩效指标

	养老保险	医疗保险	失业保险	工伤保险	生育保险
职能绩效指标体系	养老保险费年均收入增长率； 养老保险基金年支出增长率； 中央财政补贴年增长率； 地方财政补贴年增长率； 养老基金调剂总额；离退休人员对养老金及养老金增长状况的满意程度	医疗保险费年均收入增长率； 医疗保险基金年均支出增长率； 医疗保险费用控制率； 中央或地方财政补贴及增长率； 某流行病治愈率； 每千人拥有医生或护理人员数	失业保险费年均收入增长率； 失业保险基金支出年均增长率； 领取失业保险金人数所占比例； 国有企业下岗职工基本生活费发放率； 下岗职工培训人数及比率	工伤保险费年均收入增长率； 职业伤害事故降低率； 农民工工伤事故降低率； 职业病患病率或治愈率； 生产或劳动条件投资增长率； 工伤预防措施到位率或落实情况	生育保险费年均收入增长率； 生育保险基金年均支出增长率； 生育保险补贴占生育费用的比例； 生育津贴落实率

续表

	养老保险	医疗保险	失业保险	工伤保险	生育保险
影响指标体系	离退休人员总额及增长率；离退休人员与在职职工比率；提前退休对养老金的影响；养老保险覆盖率；养老金社会化发放率；个人账户"空账"程度；养老保险金平均欠缴率；缴费（税）率变化对企业竞争的影响	政府采购对医疗费用控制的影响；医疗保险覆盖率；得到医疗保障的人数比重；参保后个人医疗费用负担率；公众对医疗保险的满意程度；进入统筹账户的人数占参保人数比率	失业率及失业增长变化状况；失业对失业人员心态的影响程度；平均失业周期；政府就业信息发布对就业率增长的影响；工伤保险覆盖率；	农民工工伤事故降低率或增长率；工伤待遇、死亡补助金及遗属抚恤待遇落实率；工伤保险浮动费率变化状况；生产条件或加班加点对工伤事故发生率的影响；工伤事故对职工心态的影响	生育保险覆盖率；生育保险对女性就业的影响程度；女职工生育或流产后工资及劳动关系保全状况
潜力指标体系	养老保险基金滚存积累额；养老保险基金年平均增长率；国有资产划拨增长程度及实有额；企业年金积累额及增长程度	医疗保险基金滚存积累额；医疗保险个人账户基金增值率；农村新型合作医疗网点预期增长率	失业保险基金滚存积累额；职业介绍所网点分布状况；就业信息发布点击率及有效率	工伤保险基金滚存积累额；社会劳动康复中心规模状况	生育保险基金滚存积累额；医疗费用报销保障程度

3. 考评的等级及权重

考评的等级根据考评内容和要素考虑设置6级，分为A、B、C、D、E和N/A，对应为7、5、4、2、1和不作评价。基础权重为1，最高权重为1.3，以0.05为一个等级，共设立6级。

A：出色，工作绩效始终超越本职位常规标准要求，能够在规定的时间之前完成任务，完成任务的数量、质量等明显超出规定的标准。

B：优良，工作绩效经常超出本职位常规标准要求，能够严格按照规定的时间要求完成任务并经常提前完成任务，经常在数量、质量上超出规定的标准。

C：可接受，工作绩效经常维持或偶尔超出本职位常规标准要求，基本上达到规定的时间、数量、质量等工作标准。

D：需改进，工作绩效基本维持或偶尔未达到本职位常规标准要求，偶尔出现小的疏漏，有时在量、质、期上达不到规定的工作标准。

E：不良，工作绩效显著低于常规本职位工作标准的要求，工作中出现大的失误，或在时间、数量、质量上达不到规定的工作标准，经常突击完成任务。

N/A：不作评价，在绩效等级表中无可以利用的标准或因时间等因素无法得出结论并进行评价。

权重：加权就是依据测评项目相对总体的“份量”而赋予不同的权重，以区分各工作的轻重缓急、重要性。设置权重时要根据各项工作产出在工作目标中的“重要性”而不是花费时间多少决定的。权重由基层社会保障机构提出建议权重，在实际评估后确定。各项工作的基础权重如下：日常性工作为1（最高1.15），月度重点工作和项目性工作为1.05（最高1.3），年度重点工作为1.1（最高1.3）。采用比较加权法，在与基础权重进行比较基础上，做出重要程度和难度的判断，确定该项目的权重系数。

三、社会保障绩效评估的实施

（一）社会保障绩效评估的方法

按照现代民主与法治关系的理论，政府运转必需的政治资源与经济资源均来源于公众。绩效评估中引入“使用者介入”机制，所依据的绩效指标应该从公民的立场和价值选择中予以确定，才能使评估的结果具有更大的可信度。绩效评估要借助平衡计分卡法、AHP分析方法、PCA分析方法和模糊评判方法等进行评估。①

1. 平衡计分卡法

平衡计分卡是一种超越传统以财务量度为主的绩效评价模式。平衡计分

---

① 林毓铭：《社会保障管理体制》，社会科学文献出版社2006年版，第165～171页。

卡主要是通过图、卡、表来实现组织战略的规划。平衡计分卡系统包括战略地图、平衡计分卡以及个人计分卡、指标卡、行动方案、绩效考核量表。在直观的图表及职能卡片的展示下，抽象而概括性的部门职责、工作任务与承接关系等，显得层次分明、量化清晰。

平衡计分卡法的核心，是通过经济（财务）、客户、内部业务流程（内部经营管理）、学习与成长（持续提高的能力）四个指标之间相互驱动的因果关系来展现组织的战略轨迹，实现绩效考核的目标。

平衡计分卡法从财务、客户、内部运营、学习与成长四个角度，将组织的战略落实为可操作的衡量指标和目标值。这一方法的优点在于：

（1）把社会保障各部门的日常工作跟社会保障的总目标建立一个自然的联系，社会保障的总目标的实现就有了保障；

（2）社会保障部门的最高领导者，通过平衡计分卡的体系，方便地掌握社会保障内部各个部门清晰、全面的运作状况，有利于提高领导者的管理水平。

但是，平衡计分卡的最大的缺点是它很难执行。一份典型的平衡计分卡需要5~6个月去执行，另外再需几个月去调整结构，使其规则化。从而总的开发时间经常需要一年或者更长的时间。衡量指标有可能很难去量化，而衡量方法却又会产生太多的绩效衡量指标。但是，平衡计分卡的最大的缺点是它很难执行。一份典型的平衡计分卡需要5~6个月去执行，另外再需几个月去调整结构，使其规则化。从而总的开发时间经常需要一年或者更长的时间。衡量指标有可能很难去量化，而衡量方法却又会产生太多的绩效衡量指标。

2. 层次分析法

层次分析法，是由美国著名运筹学家萨蒂（T. L. Saaty）于20世纪70年代提出的一种定性、定量相结合、系统化、层次化的分析方法。它是一种将一个复杂的多目标决策问题作为一个系统，将目标分解为多个目标或准则，进而分解为多指标（或准则、约束）的若干层次，通过定性指标模糊量化方法算出层次单排序（权数）和总排序，以作为目标（多指标）、多方案优化决策的系统方法。

实施层次分析法的关键是：建立递阶层次结构模型。将组织行为的目标、考虑的因素（决策准则）和决策对象按它们之间的相互关系分为最高层、中间层和最低层，绘出层次结构图。其关键步骤如下：

（1）通过对系统的深刻分析，确定该系统的总目标；

（2）建立一个多层次的梯阶结构，将系统分为几个等阶；

（3）确定梯阶结构中相邻层次元素间的相关程度—相对权重；

（4）计算各层元素对系统目标的合成权重，进而确定梯阶结构中最底层各个元素在总目标中的重要程度；

（5）根据分析结果，考虑相应的决策。

层次分析法的优点包括：分析思路清楚，分析时需要的定量数据不多，可以适用于多准则、多目标的复杂问题的决策分析，为社会保障绩效指标体系的分层结构的综合评估提供了可能。但是这种方法最大的缺点就是技术性较强，需要专业人士进行评估。

3. 主成分分析

主成分分析法是，研究用变量族的少数几个线性组合和解释多维变量的协方差结构，从中挑选最佳变量子集，简化数据，揭示变量间的一种多元统计分析方法。

主成分分析法的基本原理是，当用统计分析方法研究多变量的课题时，变量个数太多就会增加课题的复杂性。人们自然希望变量个数较少而得到的信息较多。在很多情形下，变量之间是有一定的相关关系的，当两个变量之间有一定相关关系时，可以解释为这两个变量反映此课题的信息有一定的重叠。而主成分分析对于原先提出的所有变量，将重复的变量（关系紧密的变量）删去多余，建立尽可能少的新变量，使得这些新变量是两两不相关的，而且这些新变量在反映课题的信息方面尽可能保持原有的信息。这是一种掌握事物主要矛盾的统计分析方法，它可以从多元事物中解析出主要影响因素，揭示事物的本质，简化复杂的问题。计算主成分的目的是将高维数据投影到较低维的空间。

社会保障绩效指标体系是由多层次、多角度与各种类型的指标组成的，彼此之间存在一定的相关性，容易发生信息重叠，使得在具体的评估工作中存在一定的困难。利用主成分分析的降维办法，变相关指标为独立指标，是在不损失原有多个指标的主要信息的前提下用少数几个主要成分来实现，排除一些意义不大的指标。用较少的指标可能反映原来多个指标的统计特性，仍能充分反映社会保障工作的质量状况。用这种方法可以克服指标信息的重叠性，做好信息过滤工作，较为理想地对社会保障可持续发展水平进行有效评估。

4. 模糊评判方法

模糊评判法，又叫模糊综合评价法，是一种基于模糊数学的综合评标方法，于1965年由美国著名自动控制专家查德教授首先提出。

综合评价法根据模糊数学的隶属度理论把定性评价转化为定量评价，即用模糊数学对受到多种因素制约的事物或对象作出一个总体的评价。它具有结果清晰，系统性强的特点，能较好地解决模糊的、难以量化的问题，适合各种非确定性问题的解决。能较好地解决模糊的、难以量化的问题，适合各种非确定性问题的解决。

模糊综合评判的对象，是对多种属性的事物，或者说是对总体优劣受多种因素影响的事物，作出一个能合理地综合性评判，其最大特点就是比较自然地处理人类思维的主动性和模糊性。因此对这些诸多因素进行综合后，有利于作出合理的评价。在多数情况下，评判涉及模糊因素，用模糊数学的方法进行评判，可能是一条可行的也是一条较好的途径。

社会保障本身也存在很多较为模糊性的现象，社会保障评估难以避免对社会保障模糊现象的数字处理，如社会保障绩效评估中个指标权重的分配、社会保障民意测验中公众对各选项正问题或反问题满意程度的选择等，并没有明晰的界限而形成的一种模糊性现象。因此，要采用模糊综合评判方法对社会保障绩效进行评价。

以上四种方法在具体实践中并不是独立的，而往往是几种方法综合运用。这也是由社会保障绩效评估的复杂性所决定的。

（二）社会保障绩效评估的难点

西方学者提出了制度设计特征的评估方法，旨在对一个国家法定的社会保障倾向作出评价。当然，在社会保障制度最初的设计和最终实施之间总会有一些差距，特别是当公共管理和公共财政崩溃，或因战争、自然灾害或严重的经济混乱而无法运转时，这种差距就会加大。所以，我们在使用上述评估标准时，必须制定结合我国国情的社会保障绩效评估指标。但是，在具体的实施操作过程中仍然可能会遇到一些困难。①

1. 绩效评估的技术难度较高

社会保障的公正与效率问题是测量社会保障绩效的重要参照系，而公平与效率的标准比较抽象，我们在评价政府治理工具时也可以运用效率和公平作为选择政府治理工具的标准。但是公平与效率在不同的场合要发挥不同的作用，在实施社会救济时，我们要追求效率最大化原则；在实施社会保险时，我们首先要在建立公平原则的基础上，强调公平与效率原则的结合，在社会保险的基准上建立收入再分配的深层次改革，因此，绩效评估的标准要将制

① 林毓铭：《社会保障与政府职能研究》，人民出版社 2008 年版，第 344 ~ 345 页。

度改革的因素考虑进去，其技术难度较大。

2. 评估方法无法超越经济统计或客观指标的范畴

我国现有的社会保障统计信息资源还严重不足，数量指标多，质量指标少，测量表面量度经济效果较易，但对社会效果或政治效果的影响测量偏难，如“两个确保”政策的实施可以用准时率与足额发放率指标来反映，但这一政策对社会稳定的效应系数却难以度量；经济适用房的初衷是解决低收入者的住房问题，却造成了低价买进、高价转让或出租等投机套利现象的发生。对这些社会保障政策二重性的绩效评估会导致被调查者复杂的心理测量。

3. 评估指标难以摆脱主观判断的片面性

一些明确的以价值为取向的社会发展指标和政治性指标受主观影响较大，评估采用的测度与标准不一致，使评估结果的反馈和扩散能力变差。如什么叫下岗职工？什么叫失业者？在民众眼中和在官方统计中是不一样的。而我国的失业统计口径又与国际社会的失业统计口径相差太大，失业率作为一个极为敏感的政治术语左右了人们对中国社会失业问题严重性的认识。

4. 社会保障牵涉到绝大多数人的切身利益

绩效评估的重要方式之一是民意测验，公众对政府工作评估是高还是低，认可或不认可总的来说属于满意度的研究范畴，满意度指数与李克特量表(Liket scale)① 是基本的测量工具，要将结果导向理念、公共服务市场化理念、全面质量管理理念、公众参与理念、顾客导向理念贯穿于政府绩效评估之中。

5. 民意测验中存在抽样误差

社会保障绩效评估中实行民意调查，系统误差在抽样过程之内和过程之外都可能发生。过程之内的系统误差是由于有悖于抽样基本原理，多级混合型抽样过程之内的系统误差，不对抽样过程构成主要影响；而抽样过程之外的误差可产生于抽样的各个环节，包括调查者、被调查者，也包括无应答及数据处理过程中工作失误造成的系统误差，社会保障的评价准确度可能由此降低。而规模较大的社会保障抽样调查，系统误差比抽样误差更大，成为影响调查质量的大问题。

（三）社会保障绩效评估中的注意事项

社会保障绩效评估是对社保机构在管理过程中的投入、产出、最终结果

---

① 是现代调整研究中普遍采用的一种测量表，常在问卷中使用。量表设计比较简单且容易操作，可选答某与题目处于一条水平线上，让受测者以画圈或点选的方式回答。一般有五个答题选项，作为区间测量变项尺度，所以又称李克特五点量表。

所体现出来的绩效的评定，在绩效评估的组织过程中应注意以下问题。

（1）注意评估方法的适用性。任何绩效评估方法都不是十全十美的。没有最好的绩效评价工具，只有最适合于社会保障管理机构的工具。运用绩效评估不是赶时髦，而是要运用科学的方法来检查和评定社会保障管理机构员工对职位所规定职责的履行程度，以确定其工作成绩。当前，一些社会保障管理机构在进行绩效评估时，盲目运用所谓新兴的绩效评估方法，结果导致评估失灵。“平衡记分卡”等绩效评估方法固然有其先进性，但不一定普遍适用。如果一知半解，盲目引入，有时未获其利，可能反受其害。因此，因地制宜，顺势而为，选择适合社会保障管理机构自己的绩效评估方法，方为明智之举。

（2）要注意评估标准的合理性。绩效评估标准是对员工绩效的数量和质量进行监测的准则。在进行绩效评估时，要充分考虑标准的合理性，这种合理性主要体现在几个方面：一是考核标准要全面。要保证重要的评价指标没有遗漏，公共部门制定的各种考核标准要相互补充，扬长避短，共同构成一个完整的考核体系。二是标准之间要协调。各种不同标准之间在相关质的规定性方面要衔接一致，不能相互冲突。三是关键标准要连贯。特别是关键绩效指标应有一定的连贯性，否则不仅于不利考评工作的开展，而且可能导致员工奋斗目标的困惑。四是标准应尽可能量化，不能量化的要细化。只有科学合理的量度方法，才能让员工相信绩效评估的公正性和可行性。倘若绩效量度的内容过于笼统，量度的方法不明确，员工完全有理由认为考核结果是由考核者主观臆断而作出的判定，无任何客观标准和实际意义，只不过是形式上“走过场”，从而产生不满和抵抗情绪。

（3）管理者成为业绩考核的中坚推动力量。绩效评估是主管与员工之间的一种双向交互过程，公共部门的各级管理者应作为业绩改善和提高的有效推动者，而不仅仅是员工业绩和能力的评定者。这一过程包含了考评者与被考评者的工作沟通，考评者把工作要项、目标以及工作价值观传递给被考评者，双方达成共识与承诺。在实施目标的过程中，考评者随时对被考评者进行指导、帮助和观察，收集考评信息，通过实施可控的工作过程从而使考评结果可靠，令人信服。因此，绩效评估必须得到各级管理者的有效支持和认同。只有各级管理者的中坚力量得以发挥，绩效评估的思想才能深入员工心中，受到重视与接纳。

（4）目标管理与行为评价应有效结合起来，协调好业绩评估的监督职能与引导职能。目标管理能够指导和监控员工的行为，使其把时间和精力最大限度地投入到主要的组织目标上。目标越具体，越具有挑战性，反馈越及时，奖励越明确，员工表现就越好。行为评价通过列出具操作性的行为指标，便于主管观察员工的行为并作出评价，也便于公共部门文化建设过程中在内部寻找适合的行为案例，使公共部门最终实现形成一支高效能工作团队的管理目标。

四、我国社会保障评估的改进

（一）加强我国社会保障绩效评估的重要性

当前，我国所面临社会保障改革和发展的任务仍旧非常艰巨，深入研究社会保障绩效评估的途径，对于完善和促进我国社会保障制度具有十分深刻的社会意义和影响。

1. 社会保障绩效评估是社会保障体制改革的必然要求

改革开放以来，我国社会保障制度进行了积极的改革探索，初步建立了基本适应社会主义市场经济体制要求和生产力发展水平的社会保障制度体系和运行机制，但是，我国40多年的改革开放是一个渐次推进的过程，在取得巨大成就的同时，也有许多改革不到位、不彻底的地方，甚至出现一些失误，比如，社会保障运行成本增大，削弱了经济的竞争力和制度的可持续发展能力等，因此，社会保障体制的新一轮改革，必然要求建立一套科学合理的社会保障绩效评估体系。

2. 绩效评估是推进我国社会保障事业进一步发展的重要环节

当前，我国社会保障事业尚处于初创阶段，许多体制的发展尚不完善，对社会保障管理进行绩效评估，有助于推进社会保障事业的进一步发展。这是因为我国政府过去一直强调对社会经济生活进行大一统的管制，造成了政府机构臃肿，效率低下，腐败滋生。改革开放以来，虽然已经沿着市场的方向前进了很多，但还存在许多问题，如社会的公平、公正，政务公开、行政管理中的民主机制等，在进一步深化改革过程中，必须对政府的投入产出，政府行为的效率、效果进行评价，确定问题所在，并接受人民群众的监督，这也是民主政治的基本要求。

3. 绩效评估可以提高社会保障部门的绩效，降低运行成本

现代社会保障管理的核心问题是提高绩效，要改进绩效就必须首先了解目前的绩效水平是什么。如果不能测定绩效，也就无法改善。绩效评估为社保部门了解绩效水平提供了技术上的支持。同时，绩效评估在行政管理实践中具有计划辅助、监控支持、促进、激励及资源优化功能。总之，社会保障

绩效评估有助于在社会保障组织内部形成浓厚的绩效意识，从而把提高绩效的努力贯穿于社会保障管理活动的各个环节。

4. 绩效评估是我国实施社会保障改革的科学的决策依据

社会保障绩效评估通过构建完整、规范的社会保障指标及其体系，我国社会成员对社会保障的需求度以及社会对此种需求的满足度，甚至是社会保障的未来趋势与承受能力，都将得到最为准确的反映和表达。通过社会保障机构进行社会保障具体情况的记录、总结、考核、监督和预测等活动的有效工具，社会保障各个项目的收支情况、社会保障基金的存储与运用情况等，都依赖于社会保障评价工作的记录和总结。这样做，有助于推动我国社会保障理论研究的健康发展，还有利于开展我国社会保障与社会发展的国际比较服务，为我国社会保障改革提供新的思路。

（二）当前我国社会保障绩效评估存在的问题

在我国，随着政府目标责任制的推行，政府绩效评估问题已经成为理论界和实践界研究的热点问题，而社会保障绩效评估无疑是热点的中心。但是我国政府绩效评估无论在理论还是实践上都极不成熟。

（1）与社会保障实践脱节现象严重。目前，有关社会保障的研究在学术界是较热，但是在研究人员当中以高校教师为主体，社保部门的主动参与甚少。高校教师多受西方思想的影响，对我国社保提出了许多自己的看法，其中不乏精辟见解。但是，社保部门作为研究对象，对政府的研究参与甚少。有些社保部门拒绝为学者们的研究提供数据，造成实证研究方面的停滞，还有的社保人员常常将社保绩效评估等同于对社保人员的评估。

（2）在评估环节上缺乏科学、明确的评估标准和程序。衡量和评价一个国家或地区的社会保障制度的运行状况，需要运用科学、合理的评估方法，所得到的结果不仅是研究社会保障的基础资料，同时也是决策和职能部门制定政策的科学依据。但是，目前我国社会保障的绩效评估可以说还没有建立起科学的评估指标体系。没有标准，自然就谈不上评估结果的客观性和有效性。另外，社会保障绩效评估多处于自发状态，评估过程与结果存在很大的随意性，甚至完全表面化而流于形式，使社保绩效评估失去其应有的意义。

（3）在绩效评估的形式上缺乏全面有效的监督。目前，社会保障的评估主要以上级对下级的评估为主，社会保障部门自评为辅。一般而言，下级只需要获得上级的好评就能够得到提拔，这种方式促使其将上级的评估指标摆在第一位，而忽视社会公众的利益与需求。因此，我国政府缺乏社会公众与专家的参与，媒体的监督甚少，不够开放、透明。

（4）社会保障绩效评估的导向也不正确。社会保障绩效评估本应是通过评估发现其存在的不足，以提高管理水平，而我国社会保障管理绩效评估却是作为“消极防御”的手段。这样一来，只要某一方面成为社会的热点问题，有关部门才会采取诸如大检查、专项调查、大评比等方式谋求改正，而对某些隐忧却没有积极地看待处理。

（5）社会保障管理绩效评估尚未形成制度。因尚未建立和健全遵循国际惯例、适合中国特殊国情的完整有序并切实可行的政府绩效评估的理论、方法和实践体系，社会保障管理绩效评估还停留在较低水平上，缺乏系统的理论指导。评估的方法多在定性方面，较少采用定量方法，导致评估结果不够科学，评估自然就不准确。而导致社保绩效评估体系不科学的最主要原因是尚未建立有效的社保绩效评估制度。

（三）完善我国社会保障绩效评估的对策

由于我国的社会保障绩效评估工作起步较晚，尚处于初级阶段，有必要借鉴国外先进的理论和实践经验，结合我国国情逐步探索、完善和发展我国的社会保障绩效评估方法。

1. 建立科学的绩效评估指标体系

我国社会保障体系主要由社会保险、社会救助、社会优抚以及社会福利等四大方面构成，则社会保障评价指标体系应该被确定为用于反映一定时期内我国社会保障发展在对象、比例、规模、速度及效益等不同方面变化情况的相关统计指标有机结合的整体。以整个社会为出发点，社会保障评价指标体系必须囊括了用于反映社会保障发展规模及水平的指标、反映社会保障管理效率的指标、反映社会保障效益的指标以及反映社会保障同国民经济发展协调性的指标等。

2. 采用科学、先进的评价方法

计算机技术的发展使社会保障绩效评估所需的大量数据资料的存储、分析、快速查询得以实现，评估方法更为科学，增强了评估结果的真实性、可信性，节省了大量人力、物力和财力，提高了效率，减轻了工作人员的压力。同时，信息化使社会保障绩效评估的各种信息得以在网络上公开化、透明化，有利于社会公众对社会保障工作绩效的监督。另外，社会保障绩效评估的成功还需要建立一个完善的信息系统，广泛、及时地进行信息收集、分析，从而既满足社会保障绩效评估的信息需求，又满足政府日常管理工作的信息需求。

3. 实现社会保障绩效评估主体的多元化

我国应借鉴西方发达市场经济国家的经验，建立健全社会保障管理绩效评估多元化评价体系。这个体系可以包括内部评估和外部评估。内部评估是指社保部门自身的评估，主要包括社保部门的自我评估和专门评估两部分，外部评估指社保部门以外的评估主体的评估，包括政党评估、国家权力机关和社会评估等。

4. 尊重和发挥专家独立评估的作用

社会保障绩效评估是通过制度保障的、规范化的工作行为，同时也是专业性很强、技术含量很高的研究活动。因此，有必要成立包括各方面专家的绩效评估机构。为了保证评估机构独立工作，必须保证评估机构的独立性，使其免受被评估的社保部门的干扰，从而保证评估结果只对客观事实负责，只对数据和法律负责。例如，许多西方国家的社会保障绩效评估机构虽然也是其中的一个部门，但其官员从属于文官系列，不受政府更替的影响，确保了评估工作的独立性。

第十一章

社会保障人事管理

社会保障工作是直接涉及民生问题的保障与改善的战略性任务，承担着就业资金使用、基金管理、公务人员招录、事业单位人员招聘、军转干部安置等重要职责，与人民群众切身利益密切相关，受到全社会各个方面高度关注。社会保障工作涉及面广、头绪繁多，工作艰巨复杂，因此不断加强社会保障工作机构的建设、提高社会保障机构员工的政治素质、业务素质，是社会保障员工管理的重要任务。根据现代人力资源管理的一般规律，该项工作的管理目标是挑选、组织和激励员工，科学决策和高效地完成任务。

一、社会保障人事管理概述

（一）从人事管理到人力资源管理

在传统体制下，组织常常将其工作的重心或管理的中心放在实体设备资源、财务资源、技术信息资源的取得和操作上，试图以此来解决经营上的管理问题和挑战，从而忽略了人力资源的特性。但是，比较各种资源，虽然物质、资本、技术和人力资源各有其重要性，人力资源更显特色。

1. 人事管理

人事管理是人力资源管理发展的第一阶段（有时也作为广义的“人力资源管理”的代称），是有关人事方面的计划、组织、指挥、协调、信息和控制等一系列管理工作的总称。

长期以来，我国对员工的管理习惯上都称人事管理，即对人事关系的管理，它是以从事社会劳动的人和相关的事为对象，在一定管理思想和原则的指导下，运用组织、协调、控制、监督等手段，形成人与人之间、人与事之间相互关系的某种状态，以实现一定目标的一系列管理行为的总和。

传统人事管理有如下特点：

（1）传统的人事管理视人力为成本，将员工视为成本负担，因此组织尽量降低人力投资，以提高产品在市场上的竞争力。

(2) 传统人事管理以"事"为中心开展工作，对人是一种"我要你做"的"被动反应型"和保守的档案式管理模式，在大多数场合下都是根据员工的自我条件和绩效水平去管理。

(3) 传统人事管理基本上属于行政事务管理，主要由人事部门人员执行，很少涉及企业高层战略决策。

(4) 传统人事管理内容简单、生硬，主要是对员工"进、管、出"的管理过程。所谓"进"，是指员工的招聘、录用；所谓"管"，是指员工的考核、奖惩、职务的升降、工资福利待遇、档案管理等；所谓"出"，即办理员工离开的各种手续等。这些环节构成了人事管理的主要内容，是一种简单的事务性人事管理。

(5) 传统人事管理活动处于执行层、操作层、被认为无需特殊专长、不需要有专业知识，不需要有良好的管理水平和综合素质，是谁都能掌握的工作。①

2. 人力资源管理

现代人力资源管理是指对人力资源的取得、开发、利用和保持等方面进行计划、组织、指挥和控制，使人力、物力保持最佳比例，以充分发挥人的潜能，提高工作效率，实现组织目标的管理活动。

人力资源管理的基本任务是，通过有计划地对人力资源进行合理配置，搞好员工的培训和人力资源开发，采取各种措施激发员工的积极性。主要包括：员工的录用和调配、教育和培训、考核和激励、工资福利、劳动保险和劳动保护、职位分类、定编定员，人力资源规划等。

与传统的人事管理相比较，现代人力资源管理是一种深入全面的新型管理形式。其特点如下：

(1) 现代人力资源管理视人为资源，将员工看成有价值，并且还能创造价值的资源，只有努力开发人力资源，才能产生巨大的经济利益。人力资源不仅是自然性资源，而且更重要的是资本性资源，人力资源与生产资源一样也要投资以提高产出率。

(2) 现代人力资源管理是以"人"为中心开展工作，对人是一种"我能帮你做什么"的主动开发型的管理模式。由于它是实现社会人力资源开发战略的重要环节，因此呈现出主动开发的特点，对员工的招聘录用、培训晋升、

---

① 田玉新：《浅议传统人事管理与现代人力资源管理》，中小企业管理与科技，2009 年 18 期。

薪酬福利、考核奖惩等工作都从开发人的潜能、激发人的活力出发，并通过协调冲突、实行员工激励、进行员工职业生涯规划等多种方式运作。

（3）现代人力资源管理是一种战略型、策略型的管理，重视对人的能力、创造力和指挥潜力的开发和发挥，既要考虑如何应对企业的发展，满足人力资源开发的需要，又直接参与企业的决策、配合和保障企业总体战略目标的实现。

（4）现代人力资源管理不仅涵盖了传统人事管理的基本内容，而且管理内容更加丰富了，工作范围拓宽了，工作内容增加了，工作内涵加深了。它根据组织的发展，设计组织结构，进行工作分析，制订人力资源规划，合理组织和使用劳动力，进行员工的教育和培训，帮助员工实施个人职业生涯计划，建立可行的绩效评估体系与激励机制，进行人力资源的会计核算等。

（5）现代人力资源管理进入决策层、运作层，是具有战略和决策意义的管理活动。它把人力资源管理与实现企业的战略目标紧紧地联系在一起，成为组织发展不可缺少的一个重要方面，关系到组织战略目标的实现。而且，人力资源管理部门的地位大大提高，被视为一种专业性的工作，大都被设置在管理的高层。

3. 人事管理与人力资源管理的区别

传统的人事工作一直被理解为“谁都能做的工作”，因此在任命人事部门的管理人员时，经常是随便安排一位非技术人员，或将不适合做某一专业岗位的人员调到人事部门。由此也确定了人事管理部门人员的素质能力，只局限在忙于繁杂的事务性工作，被动地进行接收录用、人事档案、工资管理和奖励处罚等工作。而现代人力资源管理的功能是参与组织制定策略，进行人力资源规划，塑造组织环境，远远超出了传统人事管理的范畴。具体说来，二者的管理方式存在以下一些区别：

（1）传统人事管理的特点是以“事”为中心，只见“事”，不见“人”，只见某一方面，而不见人与事的整体、系统性，强调“事”的单一方面的静态的控制和管理，其管理的形式和目的是“控制人”；而现代人力资源管理以“人”为核心，强调一种动态的、心理、意识的调节和开发，管理的根本出发点是“着眼于人”，其管理归结于人与事的系统优化，致使企业取得最佳的社会和经济效益。

（2）传统人事管理把人视为一种成本，将人当作一种“工具”，注重的是投入、使用和控制。而现代人力资源管理把人作为一种“资源”，注重产出和开发。如果是“工具”，你可以随意控制它、使用它。而如果是“资源”，你就得小心保护它、引导它、开发它。难怪有学者提出：重视人的资源性的管理，并且认为21世纪的管理哲学是“只有真正解放了被管理者，才能最终解放管理者自己”。

（3）传统人事管理是某一职能部门单独使用的工具，似乎与其他职能部门的关系不大，但现代人力资源管理却与此有着截然不同之外。实施人力资源管理职能的各组织中的人事部门逐渐成为决策部门的重要伙伴，从而提高了人事部门在决策中的地位。人力资源管理涉及企业的每一个管理者，现代的管理人员应该明确：他们既是部门的业务经理，也是这个部门的人力资源经理。人力资源管理部门的主要职责在于制定人力资源规划、开发政策，侧重于人的潜能开发和培训，同时培训其他职能经理或管理者，提高他们对人的管理水平和素质。

（二）人事管理的重要性

如同其他资源一样，人力资源具有量的属性，也有质的属性。今天的人事管理必须融入现代管理的理念，因为一个国家和组织只有拥有了高素质的人力资源，才真正地拥有了竞争的实力。

（1）人力资源具有能动性。人力资源的能动性，核心表现为人力资源在管理活动中的主导作用，一切经济活动和管理活动都是人力资源的活动。在经济管理和管理活动中，人力资源的活动总是处在发起、组织、操纵和控制其他资源的中心位置。人力资源能统合其他资源的效益而创造更高的价值，因而其脱离了“纯粹资源”的地位。另一方面，与其他资源相比，在经济活动中，人力资源是唯一起创造作用的资源。

（2）人力资源具有高增值性。组织的其他资源的运用方式与范围都有一定的限制和功能，而人力资源则基于“人”的特性，所产生的价值与影响、收益的份额远远超过其他资源，人力资源和其他资源一样，在投入使用以后都可能引起损耗，但是人力资源却能在使用过程中不断实现自我补偿、更新和发展。因此，人力资源是一种高增值的资源。

（3）人力资源具有开发价值。自然资源和物质资源可以闲置，资本资源可以储存于金融机构，但人力资源往往无法储存，如果不及时应用，就不能得到人力资源的价值，同时也不能保留以待日后使用。社会知识、技术的飞速发展使得“闲置的”人力资源逐渐流失其价值与特性，因此，人力资源闲置是对人力资源的巨大浪费，唯有前瞻性地、有计划地适时运用，才能发挥人力资源的作用。

（4）人力资源需要不断地投资、维持与提升。一切资源都有损耗性，人力资源也会老化，它表现为人的体力、智力、知识、技能以及态度与行为不能适应新的时代要求，人力资源的老化结果表现为这种资源的价值或所能创造的价值的减少和损耗。为了维持人力资源的价值，一个组织只有依据社会和环境发展的要求、组织与个人的要求持续不断地投资于人力资源，强化其知识、技能与态度，才能适应变革的压力，发挥人力资源的价值。

所以，国外的优秀管理者在总结经营管理经验时，大都将人力资源的开发与管理放在显著的位置而予以重视。人事管理应该认真地分析和研究员工的心理活动规律，依据客观实际，尽可能充分考虑和满足员工的合理要求，激发其动机，全方位地创造能够发挥其自身潜力的环境，这样才能有效地广为开发社会和部门中的人力资源，从而实现较好的管理效益目标。

（三）从社会保障人事管理向人力资源开发的转变

组织中的人事管理部门实际上是一个决策型的服务部门，其职责是为组织发掘优秀员工。在关系全社会稳定和谐的社会保障领域不仅要发现人才，更重要的是培养人才、保持人才，使社会保障经办机构中的每一个人才都工作在最合适的岗位上。这就需要社会保障的人事管理部门及时转变观念。

1. 从“经济人”观念向“社会人”观念的转变

任何一种传统模式的转变，都须先从转变思想观念开始，这是真正实现人力资源开发的关键。传统的人事管理与现代人力资源开发的思想基础是基于对人的本性的认识。

传统人事管理的思想基础是建立在把人假设为“经济人”的基础上，更多的是看到人的自然属性，把人当作一种成本，缺乏对人充分的理解和信任，常常使管理者和被管理者对立起来。这种思想引发管理适应计划经济的要求，并在一定时期发挥了应有的作用，但无法适应市场经济条件下、特别是信息时代的飞速发展对人的需求。人力资源开发与管理是建立在完整、丰富的人性假设的基础上，不是只抓人性中的一个片段，而是对完整、丰富的人性予以全面尊重。其思想渊源是把人假设为“社会人”和“自我实现人”，建立在美国心理学家马斯洛的需要层次论的基础上，不仅看到人的自然属性，还充分认识到人希望发挥自己的潜能、自我实现的愿望。

2. 人事管理职能从执行层向决策层转变

传统人事管理是组织内部人事工作的职能部门，就是具体政策执行部门，侧重的是行政事务性管理，主要是进行人员的接收、录用、安置，干部的任免、调配、退离休及工资待遇、档案管理等，是一个单纯的行政性业务部门，其对人员的管理是一种被动的、资源格式化的战术管理。

加入了人力资源管理理念的人事管理，要变成参与制定策略、进行人力资源规划、为组织目标发掘优秀人才、培养适合组织需求和发展的人才、塑造一种组织文化环境，使每个人都工作在最合适的岗位上，发挥其最大的积极性和潜能，提高工作效率的战略性管理，其职能侧重的是人力资源的预测、规划、培训、薪酬管理。

3. 从以事为中心的管理向以人为本转变

现代人力资源开发与管理则是以人为中心展开工作，将人作为组织发展的根本，将开发人的潜能、调动人的积极性与实现组织的目标紧密结合起来。工作内容主要是进行工作分析，确定单位中的各个工作岗位的性质、内容和要求，从而确定岗位需要什么条件的人员。只有从以事为中心的传统人事管理转向以人为本的人力资源开发，才能从同一种模式的管理变为共性与个性、整体与个体相结合的管理，最大限度地调动每一个人的积极性，为组织目标的实现努力。

4. 从被动管理型向积极主动开发型转变

以前人事管理的主要内容都是围绕档案来进行运作。管理上只要依靠上级的红头文件行事，保守的、被动地执行文件政策，根据领导意图进行人员调配。今天必须变成提倡对整个组织的人才需求进行预测和规划，通过工作分析明确岗位对人员的需求，还可对现有人员进行供给预测，依此来进行人才招聘与配备，制订培训计划，按照需求目标主动开展现有人员的培训、培养与开发，这是传统的人事档案管理所无法实现的。

1. 人力资源管理人员的素质要向复合型转变

在经济发展的大潮中，要实现人力资源的开发和利用，必须要求人力资源管理人员具有很强的业务素质和专业知识。作为人力资源管理人员，其本身所学的专业也许不是重要的因素，重要的是需具备管理素质和管理能力，具备与人交流的能力，善于与人沟通，分析人的心理，体察人的心理需求，知人善任。必须具有强烈的事业心和责任心，热爱所从事的工作，对组织的专业知识有充分的了解；具备人力资源开发与管理的专业知识，如管理学、心理学的知识，法律知识等。

人力资源部门应是国家进行人才建设和管理的重要职能部门，因此要求人力资源部门管理人员特别是人力资源主管应具有站在组织的全局高度来分析问题、解决问题、研究政策、制定政策、参与决策的能力，特别是根据组织及人员需求的不同情况制定切实可行的人力资源开发与管理政策，促进组织战略的成功、组织目标的实现。

二、社会保障人事管理的原则、任务与方法

(一) 社会保障人事管理的特点、原则与内容

社会保障机构的员工，是指在国家或社会对社会保险实行行政性、事业性管理的职能机构，主要如社会保险经办机构中的工作人员，负责具体收缴、调剂和支付社会保险资金等工作。社会保障员工管理，就是遵照管理学的一般规律，对各级各类社会保障管理机构工作人员的管理活动。

1. 社会保障机构人事管理的特点

如同其他资源一样，人力资源不仅具有量的属性，也有质的属性。当代社会保障机构员工的管理必须融入现代管理理念，因为一个国家和组织只有拥有了高素质的人力资源，才真正地拥有了竞争的实力。

(1) 人力资源具有能动性。人力资源的能动性，核心表现为人力资源在管理活动中的主导作用，一切经济活动和管理活动都是人力资源的活动。在经济管理和管理活动中，人力资源的活动总是处在发起、组织、操纵和控制其他资源的中心位置。人力资源能统合其他资源的效益而创造更高的价值，因而脱离了“纯粹资源”的地位。另一方面，与其他资源相比，在经济活动中，人力资源是唯一起创造作用的资源。

(2) 人力资源具有高增值性。组织的其他资源的运用方式与范围都有一定的限制和功能，而人力资源则基于“人”的特性，所产生的价值与影响、收益的份额远远超过其他资源；人力资源和其他资源一样，在投入使用以后都可能引起损耗，但是人力资源却能在使用过程中不断实现自我补偿、更新和发展。因此，人力资源是一种高增值的资源。

(3) 人力资源具有开发价值。自然资源和物质资源可以闲置，资本资源可以储存于金融机构，但人力资源往往无法储存，如果不及时应用，就不能得到人力资源的价值，同时也不能保留以待日后使用。社会知识、技术的飞速发展使得“闲置的”人力资源逐渐流失其价值与特性，因此，人力资源闲置是对人力资源的巨大浪费，唯有前瞻性地、有计划地适时运用，才能发挥人力资源的作用。

(4) 人力资源需要不断地投资、维持与提升。一切资源都有损耗性，人力资源也会老化，它表现为人的体力、智力、知识、技能以及态度与行为不能适应新的时代要求，人力资源的老化结果表现为这种资源的价值或所能创造的价值的减少和损耗。为了维持人力资源的价值，一个组织只有依据社会和环境发展的要求、组织与个人的要求持续不断地投资于人力资源，强化其

知识、技能与态度，才能适应变革的压力，发挥人力资源的价值。

2. 社会保障机构人事管理的原则

社会保障机构的员工管理，必须充分做到人性化管理，以充分开掘人的潜能。因为对机构内部员工的人性化管理，可以辐射到员工对服务对象的态度上。至于其具体原则，包含以下若干方面。

（1）人岗匹配。人岗匹配是配置员工追求的目标，为了实现人适其岗，需要对员工和岗位进行分析，使员工分配的工作要适合他们的工作能力和工作量。每个人的能力和性格不同，每个岗位的要求和环境也不同，只有事先分析、合理匹配，才能充分发挥人才的作用，保证完成工作任务。

（2）论功行赏。员工对组织的贡献受到诸多因素的影响，如工作态度、工作经验、教育水平、外部环境等，虽然有些因素不可控，但最主要的因素是员工的个人表现，这是可以控制和评价的因素。其中一个原则是，员工的收入必须根据他的工作表现确定。员工过去的表现是否得到认可，直接影响到未来的工作结果。论功行赏不但可以让员工知道哪些行为该发扬哪些行为该避免，还能激励员工重复和加强那些有利于公司发展的行为。因此，在工作表现的基础上体现工资差异，是建立高激励机制的重要内容。

（3）重视培训。通过基本和高级的培训计划，提高员工的工作能力，并且从公司内部选拔有资格担任领导工作的人才。为员工提供广泛的培训计划，由专门的部门负责规划和组织。培训计划包括一些基本的技能培训，也涉及高层的管理培训，还有根据公司实际情况开发的培训课程，以帮助员工成长为最终目标。组织结构的明确，每个员工都知道自己岗位在公司中的位置和作用，还可方便地了解到有哪些升迁途径，并可获取相关的资料。

（4）改善环境。适宜的工作环境，不但可以提高工作效率，还能调节员工心理。因此，要为组织员工创造良好的工作环境和安全的工作条件。根据生理需要设计工作环境，可以加快速度、节省体力、缓解疲劳；根据心理需要设计工作环境，可以创造愉悦、轻松、积极、富有活力的工作氛围。同时，为了保证安全，组织应向员工提供定期的安全指导和防护设施，还可以建立各种安全制度。

（5）坦诚合作。在领导与被领导的关系中，强调在工作中既分工又合作的态度。领导者在领导的过程中，就如同自己被领导一样，在相互尊重的氛围中坦诚合作。组织中的领导者要重视以合作的态度，分解工作指标、委派工作任务、收集社会信息、检查知道工作、解决棘手问题、评定下属职工和提高工作水平。

3. 社会保障机构员工管理的内容

鉴于社会保障机构（如社会保险法经办机构）工作人员，主要承担社会保险登记、参保人员权益记录、社会保险待遇支付、提供社会保险咨询服务等政策性很强的工作。

社会保障机构的员工管理有如下内容：

（1）制定工作规则和程序。任何一个组织需要制定规则从而使每一个员工知道管理者对他们的期望。管理者需要不断地与员工进行沟通进而使组织制定的政策、规则和工作程序能够得到下属的支持，并且需要一贯地加以强化。就是说，组织要通过建立制度而不是通过人治来建立积极正向的员工关系，从而避免在管理中的随意性。

（2）招聘合适的工作人员。雇佣/招聘/配备是避免员工关系问题的非常重要的一个方面。预防性的措施包括良好的面试，实际工作预演。需要花费一定的时间把组织的政策、工作程序以及员工与雇主的法律义务告知新员工。把合适的人引进组织中来，招募与甄选是进行防护的第一道关口。决定谁是合适的人不能完全依据经验与学历，还要考虑其个性、态度、沟通技能以及其他与组织相匹配的行为特性。如在招聘或提拔管理者时，需要候选人具备较强的人际沟通技能。如果管理者沟通技能拙劣，那么以后可能会产生冲突和其下属的工作绩效较低的问题。

（3）保证管理和服务的有效运行。一是要根据员工是否能够完成任务为标准来进行工作分配。为了增加员工对组织的认同，必须使他们感觉到他们的工作对组织来说是非常重要的；二是需要对自己的时间进行管理。拙劣的时间管理的后果，使工作过程和程序不能按部就班地进行，这可能导致员工和外部顾客的不满；三是要善于对冲突进行管理。很多管理者由于工作繁忙而没有时间去思考解决冲突的最好办法，管理者需要专心思考冲突的解决办法和如何防止冲突的产生；四是要重视与离职者面谈。事实上离职面谈是发现员工真实感受的一种好的方式，从而在需要的时候采取合适的正确的管理方式。如果能够合理运用离职面谈的话，那么可以将其作为识别组织中存在问题的一种手段，进而实现问题的解决。

（4）调动员工的工作积极性。组织在制定员工奖酬制度时一定要公平对待和尊重员工。有许多方法可以奖酬员工。其中一种方法是通过建立正式的奖酬制度来确保员工受到奖励。如果奖酬制度能够适当地执行，那么员工就会感觉自己受到了公平的对待，从而提高工作的积极性。奖励计划不应当只针对某些员工而把其他人排除在外，因为员工会很容易地发现组织的偏袒。

组织应当精心设计报酬形式，因为任何形式的报酬或奖励都应当对员工有吸引力。只有这样，才能增加员工的满意度，更好地激励员工工作。

（5）为机构员工创造良好的发展环境。社会保障员工管理包含组织为帮助员工及其家属解决职业心理健康问题，为员工设置的一套系统的心理卫生服务。为此，要制订员工帮助计划，通过系统的需求发掘渠道，协助员工解决其生活及工作问题，如工作适应、感情问题、法律诉讼等，帮助员工排除障碍，提高适应力，最终提升组织生产力。组织应当向员工提供有关员工帮助计划方面的信息并鼓励在需要的时候接受服务，这项计划应当与其他任何计划（如医疗计划）一样受到组织的重视。因为员工帮助计划的目标，是追求物质和心灵并重，努力营造工作与生活融合的舒适环境。比如，公司设置了一个 24 小时的开放空间，员工可以在这里纾解工作压力。

（二）社会保障人事管理的任务和环节

中国现行的人事管理制度在社会保障的人事管理方面主要有以下任务，并由此分出若干管理环节。

1. 社会保障人事管理的基本任务

在我国，社会保障人事管理的主要任务有以下几个方面：

（1）组织。即制定、修改关于权限和职能责任的组织结构，建立双轨的、相互的、纵向及横向的信息交流系统。

（2）计划。即预测对工作人员的要求，制订人员投入计划，并对所需要的管理政策和计划作出预先设想。

（3）人员的配备和使用。即按照工作需要，对工作人员进行录用、调配、考核、奖惩、安置等。

（4）培训。即帮助工作人员不断提高个人工作能力，进行任职前培训和在职培训。

（5）工资福利。即根据按劳分配的原则，做好工作人员的工资定级、升级和各种保险福利工作。

（6）思想政治工作。即通过各种教育方式，提高工作人员的思想政治觉悟，激励工作人员的积极性、创造性。

（7）人事管理研究。即对工作情况和程序进行总结、评价，以便改进管理工作。

2. 社会保障人事管理环节

根据我国社会保障人事管理的主要任务，具体管理工作由以下五个环节构成：

(1) 录用。录用是全部人事管理的基础。在我国，国家机关、企业、事业单位在编制定员内需要补充工作人员时，根据招录的条件和要求，除了从高等学校、中等专业学校毕业生和从现有的工人中遴选外，还可以从社会上的待业人员中录用。

(2) 调配。调配是人事管理中的一项经常性的工作。由于工作的需要，或为达到在职训练的目的，或为调整“人与人”“人与事”的关系，或为照顾工作人员本人及其家庭的困难，常常采取调动工作人员工作岗位的措施。调配工作人员必须按照国家编制和人员结构要求，企业单位生产人员与非生产人员的合理比例，本着学以致用、适才适所、发挥特长的原则进行。

(3) 任免。任免是国家依据法规，授予工作人员一定的职务，或免除工作人员所任的职务。任免必须经过严格考核，做到及时、正确。只有任免得当，才能人尽其才，否则将会贻误工作。

(4) 考核。考核是对工作人员的政治、业务素质和工作实绩的考察了解。考核是人事管理中的一个基本要素，是“用人行政”的基础。通过考核，全面了解工作人员的优劣短长，可以为识别、使用、培训、调动、奖惩工作人员，以及实行按劳分配原则提供可靠的依据，也是激励先进、鞭策后进、巩固岗位责任制的重要措施。考核要以德才为基本标准，以考绩为重点，全面地考德、考能、考勤、考绩。

(5) 定编定员。定编定员就是确定各个工作职位及其任务，以及各个岗位人员必须具备的条件，同时还要相应地规定其应有的责任和权力。

(三) 社会保障人事管理的方法

1993 年《国家公务员暂行条例》及 2006 年《公务员法》的颁布实施，把社会保障经办人员纳入公务员系统的管理轨道，同时也明确了公务员“凡进必考”的进入机制。根据中国社会保障人事管理过程，我们可以比较清楚地梳理出其管理的主要有以下几方面内容。

1. 人员的选拔与录用

社会保障机构的员工是受国家和人民的委托来代理行使相应的公共权力的，其甄选与录用适用国家公务员招考以及其他公共事业单位员工的录用原则。

(1) 确定人员需求。它取决于人员的职位空缺情况，职位空缺原因一般有四个：第一，因机构调整，部门增加或岗位增加形成新的职位；第二，因自然减员造成空缺，如工作人员的退休，离职，生病受伤，死亡等情况；第三，因非自然减员如公务员因公出国，辞职下海，导致原职位空缺；第四，政府部门人员调整形成的空缺，职位升降，部门调整。

（2）决定录用方式，明确报考资格。我国公务员队伍整体的获取途径有三个：一是选举委任，是各级政府组成人员的获取方式；二是外部调任，即从行政机关以外的国家机关和企事业单位中选拔调入，一般情况下，这类人员是补充领导职务的空缺；三是公开考试录用，采用公开招考的方式针对社会力量特别是应届大学毕业生的选拔录用，主要补充级别较低的非领导职务空缺。

（3）组织测试。包括资格审查、笔试、面试、体检等环节。

2. 人员培训

人员培训是指根据所配置职位的任职需要对人员的培养和训练。无论是新员工还是老员工，完成人员配置后，人员与职位之间并非百分之百完全匹配，这需要组织通过一系列的人员培训来解决两者之间的相互适应性问题。

（1）培训的类型。根据不同的标准，可以将培训划分为不同的类型，即按时间长短的不同，可分为长期培训和短期培训；按培训机构的不同，可分为学校培训、部内培训、行政学院或专门机构培训；按目的不同，可划分为初任培训、在职培训、晋升培训、专业培训等。

初任培训是对新录入的人员或新调入职位的员工在正式上岗之前所进行的理论和时间教育的培训，目的在于使员工了解即将任职部门的历史，性质和工作内容；熟悉工作环境、岗位要求、组织结构、工作程序，掌握任职岗位必要的任职技能；在职培训主要是通过分期分批地将培训人员送往各种学习班进行理论学习，或邀请专家学者前往公共部门进行培训，或组织知识讲座、专题学习班等；晋升培训是指对即将晋升到某一管理职务的在职员工或有希望晋升到某一管理职务的在职员工的培训；专业培训是指根据工作需要，对公务员进行的与任职岗位相关的专门知识和技能的培训。

（2）培训的内容。一是提高思想道德素质的培训，这是因为从事社会保障工作的人员，代表国家和政府行使公共权力，履行公共职责，无论其职务高低，其政治素质与政治行为直接影响到国家的性质，利益与形象，通过培训激发他们的克己奉公的精神；二是进行职业能力培训，目的是提高政府职员的能力，即通过制定和执行积极有效的社会保障政策，保障人民的基本生活，降低了个人和整个社会未来发展的风险，促进我国社会保障事业的发展；三是专业知识培训，因为对于从事社保工作的人员来说，进行专业的知识培训是极其必要的。因为社保工作所包含的内容极为广泛，对象群体极为庞杂，因此对专业素质有很高的要求。

（3）培训的方法。培训的方法分为讲授法、研讨法、专家辅导法、案例教学法等。

3. 绩效考评与管理

绩效考核是考核员工贡献，或对员工的价值进行评价，是人事聘用中解续聘的根据，是岗位、绩效工资确定的根据。因此，绩效考核在人事管理中因少了一些人为的因素而显得更加公平。

（1）绩效考核的程序。现代人事管理对员工的考核标准的制定，首先对岗位职责进行划分，目标任务的完成程度进行定量分析才能实现。岗位职责—绩效考核—岗位工资是进行绩效考核一套完整的考核与结果的程序。

（2）岗位工资。在人事制度改革中，绩效考核应该与岗位工资紧密相连，怎样实现岗位工资，打破大锅饭，事业单位不像流水作业的生产企业，可以进行明显的定量考核来做好一岗一薪，实现岗位工资。其主要步骤如下：一是分类统计，对内部人力资源状况进行系统性清查，对明显不合格人员予以调整；二是建立管理人员竞聘上岗。打破职工“干部”和“工人”的界限，变身份管理为岗位管理，择优录用，建立管理人员能上能下、职工能进能出的人事用工制度；三是加强对员工的绩效考核。在员工的绩效考核中，坚持与职工的岗位职责、工作业绩和实际贡献直接挂钩；四是建立岗位工资制度。实行以岗定薪，岗变薪变收入能增能减的机制，建立业绩与能力为主的薪酬分配系统，真正形成重实绩、重贡献的分配激励机制。

4. 薪酬管理

薪酬管理主要是对所有员工工资待遇、社会保险、社会福利方面的管理。主要包括：

（1）工资制度。它主要是种类型工资混合的产物。按不同职能将工资分为职务工资、级别工资、基础工资和工龄工资四部分。

（2）福利制度。主要包括福利补贴（如取暖费、生活困难补贴等）、探亲休假、集体生活福利设施（如图书馆、员工住宅、员工餐厅等）。

（3）保险制度。如用人单位给职工缴纳养老、工伤、医疗、失业、生育等方面保险金等。

5. 人员激励

社会保障人事管理的激励方式主要有物质激励、精神激励、舆论激励、民主激励、监督激励等。

（1）物质激励。物质因素包括工资、津贴、奖金等，这些物质因素是管理人员关心的最重要方面之一。物质激励的关键是优化薪酬设计。薪酬设计要注重“对内具有公正性，对外具有竞争力”的原则，分析现行的职位工资、等级工资制度，并以实事求是的态度和科学的方法逐步加以完善。

（2）精神激励。物质是基础，精神是力量的源泉和工作的动力。马斯洛的需要层次理论告诉我们，人的需要是多层次的。社会保障部门的工作人员也是一个自然的和社会个体的人，有最基本的物质方面的需要，也有更高层次的情感、荣誉以及自我实现的追求。要通过精神激励激发社会保障工作人员踏实工作、创新工作的激情，并使他们对自身职位产生更加强烈的荣誉感和责任感。

（3）舆论激励。人不仅要有物质基础和精神动力，更需要受社会尊重。所谓舆论激励就是通过通报、会议以及广播、电视等手段和途径，对先进事迹进行表扬，对不良行为进行批评，从而达到弘扬正气、抵制歪风的目的，造就奋发向上、你追我赶的良好氛围。

（4）民主激励。管理心理学告诉我们，如果一个单位的领导能够充分发扬民主，给予广大员工以参与决策的机会，让他们感受信任，那么这个部门的凝聚力会不断增强。社会保障部门在管理实践中必须树立民主管理意识，引导广大工作人员参与民主管理，做好本职作用，尽职尽责；同时也积极接受群众监督，行使好职权。

（5）监督激励。英国的著名政治学家阿克顿说过，“权力倾向腐败，绝对的权力绝对导致腐败”。就我国目前的行政管理领域和职能来说，依然存在着权力过于集中、管理事务过宽和范围过广的问题，为腐败现象的发生留下了一定的空间。要保持社会保障工作队伍高效服务和廉洁自律，必须建立针对本部门员工权利行使的制度化约束与监督机制，包括明确责任制度，加强民主监督和舆论监督等。

6. 档案管理

人事档案是历史地、全面地考察了解和正确使用人才的重要依据。人事档案所具有的真实性、完整性、动态性，决定了其在人力资源开发中的不可替代作用。因此，社会保障人事管理的干部要充分认识人事档案的价值作用，善于利用档案来实现人力资源的管理开发。①

（1）人事档案有利于了解人才的相关信息，以便进行科学管理。人事档案真实地记录着每个人的经历和德、智、体、能表现，档案内容丰富，情节具体，材料真实，时间准确。利用人事档案有助于动态分析干部的人生轨迹，

① 薄祥宇：《基于人力资源管理的认识档案管理》，兰台世界，2009 年第 6 期。

预测其发展潜力，为充分发挥人才的作用创造良好条件。

（2）人事档案有助于单位更好地认识、评价和培养人才。人事档案是一个人社会实践活动的记录，它形成于不同的历史时期，客观地记录着一个人的成长历程。因此在人才的选拔中，要将查阅档案与实际考察有机结合，充分认识二者是辩证统一、缺一不可的，只有这样才能对每个人的素质作出全面的、准确的评价。

（3）人事档案有助于促进人才更好地发展。人事档案是一部人生史卷，记载着人生的足迹，记载着每个人的成绩和缺点。通过查阅档案可以进一步了解干部的籍贯、住所、家庭成员、社会关系、岗位经历、专业特长、技术状况、健康状况等信息，有利于人事部门合理使用人才。

三、提高我国社会保障人事管理水平

（一）我国社会保障人才培养状况

人力资源是组织发展的第一资源，是组织的核心竞争力。随着社会的进步和发展，对社会保障人力资源提出了新的要求，迫切需要建立一套与之相适应的人才队伍和人力资源的管理体系。

1. 人才培养的目标

人才培养的目标即适应我国劳动力市场的培育与发展、企业内部人力资源管理系统的不断完善以及社会保障制度建设的需要，培养具备比较扎实的经济学、管理学、社会学和社会保障学的专业知识，熟悉社会主义市场经济理论，掌握现代管理技术和方法，能在政府部门、政策研究部门、企业事业单位从事劳动、工资、就业以及社会保障工作，并具有一定理论研究能力的高级复合型人才。

从能力的角度来说，培养的目标是通过培养和训练使学生全面地掌握经济学、管理学、劳动与社会保障专业性知识，具备基础能力、专业知识运用能力、独立研发能力、创新与创业能力的社会保障专业应用型关键能力——为社会服务的能力。

目标中包含了三层含义：首先，人才的培养是为了适应国情以及经济的发展，是社会保障制度建设的需要；其次，社会保障这一边缘性、交叉性较强的领域需要学生掌握大量和专业相关的知识；最后，培养出的人才能够适应不断变化发展的社会，并能够在政府、企业中从事社会保障工作。

2. 人才培养的内容

社会保障管理方面的人才，应使他们具备下列几方面的素质：

（1）思想品质的培养。“要学做事先学做人”。社会保障是平凡、复杂但又重要的事业，一个未来要从事该行业的人应是个胸怀宽广、忧国忧民、体恤他人、品德高尚的君子。

（2）社会责任感的培养。要做好社会保障工作，其实首要的是强烈的社会责任感。社会保障的功能主要是在社会成员面临年老、疾病、失业、工伤、生育及受灾等其他事件而影响收入时为其提供基本生活保障。社会保障保护的是弱势群体，是要最大程度上实现社会公平。社会责任感不是只靠课堂教育就能培育的，其强化有赖于密切关注真实社会和亲身参与社会实践。要注意的是，我们需要的社会责任感是实事求是的责任感，而不是盲目的“愤青”。

（3）道德观念。社会公德是作为一个公民应具备的基本道德，即《公民道德建设实施纲要》所要求的“文明礼貌、助人为乐、爱护公物、保护环境、遵纪守法”。这是维持社会公共生活正常、有序、健康进行的最基本条件，也是终身必须遵守的基本原则。

（4）心理素质。心理学家屠格涅夫曾说：“先相信你自己，然后别人才会相信你。”在从事社会保障工作之后要处理日常的事务以及应对突发事件，只有自己拥有冷静的头脑、坚定的信念、一定的同理心，才可以感染他人。

（5）知识结构。社会保障人才培养的目标内容之一就是传授学生大量和专业相关的知识，由于社会保障的特殊性，知识的结构也更交错复杂。主要包括：社会保障专业知识、社会调查与统计分析、人力资源管理、法学、社会心理学、管理学、政策科学、经济学和保险学。

（6）实践能力。实践是在知识学习的基础上的提升，社会调查能力、问题分析能力都是课堂培养的重点，而沟通互动能力以及对策提出能力都是在实际操作中不断累积的，由最初的肤浅笨拙到之后的深入老练，非一日之功。实践能力包括：沟通互动能力、社会调查能力、问题分析能力、结合实际提出对策建议的能力。

3. 人才培养的方式

我国现有的社会保障人才可分为两类，一类是目前正在从事社会保障工作的人，另一类是在校的劳动与社会保障专业的学生，即潜在的劳动与社会保障人才。

（1）从业人员的职业培训

关于我国现在的社会保障从业人员的现状，用一句话说就是，专业队伍不专业。据2004年北京青年报记者了解，当时全国劳动保障系统有30万职工，社区等基层工作机构建立起来后预计将达到36万左右的规模。中国人民大学劳动人事学院郑功成教授介绍，我国从事专业化的社会保障人才缺口很大，大部分人是“半路出家”，虽然不少人也经过培训，但仍缺乏专业化素质。①

目前在岗的从事劳动保障工作的人员大部分是以前从事劳动、人事等方面工作转行的，虽然不少人也经过培训，但仍缺乏专业化的素质。这与我国劳动保障体系的发展及完善显然很不配套。我国养老保险、医疗保险等社会保障制度于20世纪90年代后期才逐步建立起来，在此之前，我国并没有大规模的专门培养过这方面的人才，因而造成了目前专业队伍不专业的现状。虽然单位也经常组织培训，但是这些培训大多流于形式，缺乏系统性和规范性，并且单位为了不影响工作，培训大多安排在周末或者休息日，这样职工的积极性不高，培训效果自然不会理想。

为此，从2004年起，我国劳动和社会保障工作也推出了岗位资格证书制度。目前，社会保障机构员工的职业培训包含以下内容：一是基本素质的培训，包括文化知识、道德知识、法律知识、公共关系与社会知识、生产知识与技能；二是职业能力培训，包括职业基础知识、职业指导、劳动安全与保护知识、社会保险知识等；三是专业知识与技能培训，包括专业理论、专业技能和专业实习。

（2）高等院校的专业培养

据了解，在日本、香港等社会保障比较发达的地区，社会保障人才的培养已经细化到每一项工作，而且都要进行考核认证的，又分为社区、青少年、老年等多个细分专业，而在对人才培养上也注重实践，如培养为老人服务的社会保障人才都要让学生戴上相应道具，体验老人活动不便，生活不能自理的痛苦，从根本上树立其社会保障的职业理念。

而我国内地高校劳动与社会保障专业的现状可以概括为：初步形成了具有中国特色的劳动与社会保障研究理论，劳动与社会保障专业专门人才培养方面也逐渐形成体系；各院校劳动与社会保障专业的方向定位呈现多样化的趋势。

1998年教育部在新修订并颁布的普通高等院校专业目录中，新增设了“劳动与社会保障”专业。到目前为止，全国开设劳动与社会保障专业的高校

① 资料来源：南方网人才频道，http：//www. southcn. com/job/careercenter/hrheadlines/200404050172. htm。

已经多达90多所，初步形成了具有中国特色的劳动与社会保障研究理论，劳动与社会保障专业专门人才培养方面也逐渐形成体系。

但是，目前各院校劳动与社会保障专业的专业方向定位较为复杂，有劳动经济方向、劳动关系方向、薪酬管理方向、人力资源管理方向、社会保障方向、社会保险方向、企业年金方向、保险精算方向等，并形成了各个院校自身的专业特色。有偏重于劳动经济学传统的，或是具有社会学背景的系开设社会工作和劳动与社会保障管理专业，或有公共管理学背景的，或是突出保险专业优势的……突出不同院校各自的办学特色本是一件好事，但是由于各个院校办学层次、师资力量参差不齐，为了扩招和健全学校的学科门类，一些高校不考虑自身实际情况，急于上马新专业。有的学校办社保专业，所有师资力量严重不足，教学质量很难保证。

（3）职工的职业生涯规划

职业生涯规划是指针对个人职业选择的主观和客观因素进行分析和测定，确定个人的奋斗目标并努力实现这一目标的过程。换句话说，职业生涯规划要求根据自身的兴趣、特点，将自己定位在一个最能发挥自己长处的位置，选择最适合自己能力的事业。

职业生涯规划是社会保障部门高效运作的组织保证。社会保障部门要成功地服务大众，离不开高质量的组织员工。人的才能和潜力得到了充分发挥，人力资源就不会虚耗和浪费，社会保障部门的绩效就有了切实的保证。

职业生涯规划为机构员工的职业发展确定正确的目标。随着知识经济和网络时代的到来，社会保障机构的员工管理进入了“知识行政”和“信息行政”阶段。因此，有必要通过员工与组织的职业生涯规划，为员工构建职业发展和度过工作的生命周期的通道，使之与组织的职业需求相匹配、相协调、相融合，以达到满足组织及成员双方需要、彼此受益的目标。

职业生涯规划通过规划求得职业发展，为员工制定出今后各个阶段的发展计划，并且拿出实现计划的措施。由于职业生涯成功方向和标准的多样性，组织应根据每一个员工的具体情况制定个性化的职业生涯开发与管理方案，这体现了对员工的人格及价值的尊重；同时，组织也应根据自身的特点制定职业生涯开发与管理工作的战略目标和措施。通过两者之间的平衡，找到组织发展和个人发展之间的最佳结合点。

（二）我国社会保障人事管理存在的问题及原因

社会保障是一个专业性较强的学科，而且极具综合性，涉及心理学、社会学、管理学等多学科，专业化要求较高。而由于我国的特殊情况，社会保障管理人才呈现两大特点：既多而又少。多是在岗人数不少，但能办事、会办事的不多。这与我国社会保障体系的发展的要求显然很不适应。

1. 社会保障的人事管理存在的问题

我国以养老保险、医疗保险为主体的社会保障制度于20世纪90年代才逐步建立起来，目前在岗的从事劳动保障工作的人员大部分是以前从事劳动、人事等方面工作转行的，虽然不少人也经过培训，但仍缺乏专业化的素质。目前我国从事专业化的劳动保障人才缺口很大。

（1）社会保障工作专业化职业化水平较低。在国外，社工需通过合法注册，领取专业牌照才能上岗。而我国现在在职在岗的社会保障工作者绝大多数都未接受过专业学习，工作手段和方法比较落后，难以提供个性化、多样化、系统化服务。如郑功成所认为，不同单位的社会保障人才需要的能力也不尽相同，如到政府部门就要有一定的公共管理知识，到企业内任职就要懂企业管理，到福利部门就要有更多的社会学知识。社会保障人才不论在什么行业，都需要具备以人为本的关怀精神，要了解社会多接触社会，只有对社会有一定了解才能找出社会保障工作的重点，还要熟知社会保障基本理论，以及相应的规章制度、法律政策，还要懂社会学，有能力进行社会调查和研究，懂心理学，也有义务为人们提供初级的心理服务和帮助。

（2）社会保障工作教育培训相对薄弱。我国截至2018年底已经有近2.5亿老年人、8500万残疾人，仍有4000多万的城乡贫困人口，这些群体大约需要社会工作者300万专业人员提供服务，但每年培养大学生只有1万名，缺口非常大。此外，现有院校不仅招生和培训规模十分有限，不少实习基地专业化水平不够，没能给学生提供真正的社工实习岗位，而且社会工作专业的毕业生中，90%左右改行干了其他的工作。据政府相关部门官员介绍，劳动保障系统干部队伍与劳动保障事业发展的长远目标相比，队伍的学历层次和能力素质还有待进一步提高，据初步掌握的情况看，劳动保障系统干部队伍中有1/3学历在高中及大专以下，基层学历则要更低一些，真正学习劳动保障专业科班出身的不多。

（3）缺乏规范的社会保障工作岗位设置。各级各类公共服务和社会管理部门，如民政部门、工青妇等人民团体的主要业务部门，未能配备社会保障工作专门人才和设置社会工作岗位。同时，民办的公益性、慈善性社会团体、民办社会服务机构不够发达。

（4）政策措施和激励机制有待完善。包括积极营造有利于社会工作开展的环境和氛围，加大财政资金向公共服务领域的投入力度，不断改善社会工作人才的工资收入、福利待遇和工作条件，扩大社会工作者的就业岗位和渠道，加强社会工作职业技术培训等。

另外，由于我国劳动与社会保障专业是一门新兴的专业，在大学生就业形势异常严峻的今天，专业如何定位、如何打造自己的专业特色，以培养适应市场需要的劳动与社会保障专业人才，成为每个开设劳动与社会保障专业的高校所面临的一个现实问题。

2. 社会保障的人事管理存在问题的原因

健全的社会保障制度是社会稳定的基石和市场经济健康运行的保证，也是建立现代企业制度、促使国有企业改革走出攻坚阶段和促进社会稳定的重要前提。然而，目前我国的社会保障人事管理的制度尚不健全、水平也不够高，其中的原因多种多样。

（1）结构性不合理。我国社会保障管理人员在结构性上的不合理主要表现在：我国的社会保障管理队伍建设存在着较为重视队伍数量、年龄结构，而忽视队伍的专业结构和整体素质的现象。从管理人员名单上看门类齐全，数量充足，而真正能够挑起工作的人有时候捉襟见肘，使工作跟不上形势发展的需求。根据管理学的一般定律，要把管理单位的用人权放在一个公正、公开、平等、科学、合理的用人制度上，不受人为因素的干扰，最需要注意的，是不将用人权放在一个可能直接影响或触犯掌握用人权的人的手里，问题才能得到解决，可是我国的社会保障管理组织却存在着一定的结构性不合理的问题。

（2）人才选拔方式不尽合理。我国社会保障管理人员在选拔方式上的不合理主要表现在：内部关系敏感，难以保持客观性、公平性和公正性。错综复杂的人际关系使公开竞聘上岗不可避免地受到过多的人为因素影响，内部考官往往难以确保对人才的胜任能力进行客观公正的评价。结果是竞聘工作流于形式，领导不满意、员工也不满意。其中原因：一是欠缺科学和清晰的岗位考评“标准”。有学者在调查后发现，在实施公开竞聘时，往往缺乏明确的测评指标与标准，又或者用片面化、单一化、片面化、欠缺科学性的指标进行考核，这样势必造成选才的严重误差，无法挑选出真正的“千里马”。二是欠缺专业的考官。人才选拔测评是一项敏感性较强而且十分专业的工作，每位考官都必须过专业的训练才能真正胜任。调查发现，考官通常直接由领导班子成员及职工代表组成，他们虽然十分熟悉企业内的业务流程与专业知识，但由于没有经过专业的测评培训，评分时往往凭印象，较为主观和随意，直接影响到选才的准确性。三是欠缺标准规范的竞聘流程。由于公开竞聘上岗测评对“三公”原则有着特别的要求，如果实施流程欠缺科学性和规范性，将直接影响测评结果的客观性与权威性。

(3) 社会保障人才紧缺。我国社会保障管理的专业人才缺乏，主要表现在：我国社会保障事业发展时间较短，专业人才较少。自改革开放之后，我国社会保障事业才开始真正地得到发展，二十多年来，社会保障事业取得了可观的成绩，得到了长足的发展。但是，同西方资本主义国家相比，我国社会保障事业仍处于幼生期。社会保障事业仍存在很多问题，人们对社会保障的认知和参与程度很少，对人才培养造成了很大的困难。从事社会保障工作的人中为社会保障专业科班毕业的人少之又少，特别是基层职位。造成这种局面的原因在于：我国人才教育存在一定的缺陷。现在我国的人才教育存在着严重的教条主义，照本宣读，对人才的素质教育和实际操作能力认知不足，造成很多人空具很多理论知识，但是实际操作能力过于地下，不能适应社会的需要。同时，我国社会保障事业发展的时间短而造成了我国社会保障事业的理论不够完善，人才得不到健全的教育与培养，造成人才的短缺。同时组织制度也存在不合理，难以保持客观性、公平性和公正性。错综复杂的人际关系使公开竞聘上岗不可避免地受到过多的人为因素影响，内部考官往往难以确保对人才的胜任能力进行客观公正的评价。很多人才因为许多社会因素而不能得到应用，造成人才流失。

加之，由于专业水平不高、经费紧缺，现有人员普遍处于满负荷甚至超负荷工作状态，专门培训不够，从一定程度上影响了人员整体素质的提高。

(三) 社会保障人事管理的前景

作为社会保障的人力资源管理，其目标是追求完善的内在运行机制，具体体现在：保证劳动与社会保障部门对人力资源的需求得到最大限度的满足，最大限度地开发与管理社会保障部门的人力资源，促进劳保部门的持续发展，维护与激励部门内部人力资源，使其潜能得到最大限度的发挥，使其人力资本得到应有的提升与扩充。

1. 树立现代人力资源管理理念

经过多年的努力，我国已经初步建立起比较完善的社会保障体系。但是与此同时，相应的社会保障管理人才却没有适应社会保障事业的需要。这就需要我们及时转变观念，在社会保障这一新兴的员工管理领域建立现代人力资源管理理念。

(1) 高度重视人力资源，树立以人为本的思想。“以人为本”，就是以人为中心。即以人的全面发展为本企业各项活动的最终目标，把人看成是具有多方需要和发展能力，追求自我实现和全面发展的“复杂人”“文化人”，要关心员工的需要，通过调动和激发人的工作积极性和创造性，以实现人的全面发展。在知识经济时代，知识日益成为决定企业生存和发展的重要资源。人作为知识的主人，作为企业知识资源的驾驭者，人的主动性、积极性和创造性调动和发挥的程度如何，直接决定着企业的创新能力，最终决定着企业的生存和发展。

（2）建立有效的激励机制，激发员工的工作积极性。激励作为管理的一项重要职能，就是为刺激他人或自身完成一个预期的行为过程而采取的行动。它是建立在满足个人某种需求期望的基础上，其结果是让个人对工作产生满足感和公平感，激励从形式上讲大致可以分为外在激励和内在激励。传统员工管理采取的激励方式，基本上以物质激励为主，激励手段单一，远远不能适应发展的需要。人有生理、安全、社交、自尊、自我实现五个层次的需求，应根据不同的需求，采取不同的激励方式，使需求都能得到相应的满足。人力资源管理的一项重要任务就是要建立一个有效的多维交叉的员工激励机制，激发和调动员工的工作积极性。

（3）加强职工培训，大力开展成人教育。人的素质与能力不是自然形成的，而应有计划地进行开发。人力资源开发的主要手段是教育和培训。人力资源管理部门要把对员工的教育培训作为一件大事来抓，对培训工作加强管理，当前特别要做好如下工作：第一，培训要有全面的计划和系统安排。人力资源管理部门必须对培训的内容、方法、教师、教材、参加人员、经费和时间等有一个系统的规划和安排；第二，要建立培训激励机制。教育培训工作应与员工的考核、提升、晋级、调动等紧密结合起来，以提高人们参与培训的积极性。

（4）加强管理队伍建设，提高人力资源管理水平。人力资源管理工作的职能从简单提供人力到为人力设计安排合适的工作，从只管人到管理与人的关系，人与工作的关系，工作与工作的关系，工作难度今非昔比，对人力资源干部队伍提出了新的更高的要求。因此人力资源管理人员要努力做到以下几点：一是要具有良好的政治觉悟和崇高的思想境界；二是具备全面的业务知识和管理能力；三是具有高尚的道德修养和踏实的工作作风。

2. 要重视对社会保障人事管理的规划

人力资源管理既要考虑组织目标的实现，又要考虑员工个人的发展，强调在实现组织目标的同时实现个人的全面发展。针对社会保障人力资源追求完善的内在运行机制的目标，其具体规划是：

（1）实行竞争择优机制。竞争机制是市场主义法则在公共部门管理人员制度中的体现和应用，它促成了一个优胜劣汰、竞争发展的环境。竞争机制需要个人可以长期预期的稳定的法制规则。

（2）实行权利保障机制。要保证公共部门管理人员队伍的稳定性、连续性，并能够吸引更多的优秀人才，必须充分保障其工作和生活的基本条件，满足他们生产，以及自我发展的不同层次的需求。

（3）建立功绩激励机制。人才的竞争必然要求组织建立相应的功绩激励机制作为配套措施。在现代公共部门管理人员制度中，激励机制通过人事奖惩、考绩考核、职务升降、在职培训、工资晋级、辞退和奖金等管理环节的措施保证。

（4）实行流动更新机制。一是促进社保部门工作人员正常的新老交替和流动，保持人员的稳定性和年龄结构的合理性。二是更新现有人员知识结构和技能手段，以及根据适才适用的原则和职业生涯发展的条件，进行职位交流调配的人才流动。

（5）建立制约监控机制。权力最大的危险是权力腐败或失控，对管理机构而言，监控的主要内容是人事行政管理体制和机构设置、权力机关和司法机关的监督等。社会保障部门在进行其人力资源管理时，必须注意加强监控机制的建设。

3. 建立人才选拔和竞争机制

（1）完善与实际相适应的科学公正绩效考核体系。在社会保障中，由于管理对象的广泛性，管理方式的复杂性，因此为了提高其管理的效率，必须加强对管理队伍的绩效考核。首先，考核方法应该有科学性，应该将定性与定量相结合，使考核规范化、制度化。其次，实施公职人员绩效考核，必须重视其激励过程，以“绩效”为主线的公职人员考核是完善激励机制的核心内容。再次，要完善绩效评估制度。绩效评估应以组织绩效为核心，个人绩效的评估应以组织绩效的优劣为前提。同时，绩效评估不再是个人评判的工具，而应视其为提高人员业务能力的过程。最后，强化考核的使用价值。主管领导与被考核者之间进行良性的、友善的互动和反馈，并将考核结果与公职人员的晋升、奖惩、培训以及薪资挂上钩。

（2）构建均衡的工资体系，深化薪酬改革。工资水平直接关系到人们对自己职业的归属感、自豪感和安全感。对社会保障从业人员而言，经济上安全的需要必须通过合理的工资报酬、奖金和福利等措施来满足，这也是他们其他需要满足的基础。因此，建立公正、公平、合理的薪酬管理制度是其激励机制方式完善的重点，主要包括两个方面的内容：一是提高薪酬。通过提高社保人员的平均工资水平，以增加其对自己职业的归属感和自豪感。另外，工作人员的待遇与经济社会发展水平相适应，并且要体现出实际的工作成绩、工龄等因素对待遇的影响，发挥待遇的激励作用。二是合理设计薪酬体系。社保部门要实施全面薪酬战略，即组织不仅支付工作人员的“外在薪酬”，如基本工资、奖金、退休金、医疗保险、住房津贴、公司配车等，还支付给他们“内在薪酬”，如宽松的环境、良好的培训以及对个人成就的表彰等。

（3）深化人事管理制度改革。第一，借鉴西方国家“新公共管理”的经验，引入任职竞争淘汰制度，打破我国公共部门人员雇佣终身制。第二，在人才选拔机制上，进一步拓宽竞争范围，并加强监督。竞争考试的参与条件要宽，除素质要求和基本学历外，一般不应再设置其他限制条件，以便为更多人提供参与考试竞争的机会。第三，构建合理的内部晋升机制。晋升应以绩效作为主要依据，通过建立科学的晋升程序大力推行竞争上岗和职位任期制，从制度上遏制“跑官、要官和买官”等权力寻租现象。第四，完善培训机制，关注个体成长。目前盛行的“人才银行”的观点认为，人才量的方面是硬银行，质的方面是软银行，人力资源开发就是要让软银行方面的“固定资产”不断增值。基于此，社会保障部门应为他们提供受教育和不断提高技能的学习机会，使其人力资本不断增值。

4. 优化社会保障人才成长环境

人才是推动和实现事业发展的第一资源，所以各个行业都必须解决人才引进难、留住难、作用发挥不充分等问题。对此，我们应在破除体制机制障碍、积极落实人才政策、努力完善配套服务等方面入手，大力优化人才发展环境，吸引人才、用好人才、留住人才。

（1）积极落实人才政策。办好中国的事情，关键在党，关键在人，关键在人才。现阶段，社会保障管理机构要想吸引人才、用好人才、留住人才，就要进一步落实中共中央《关于深化人才发展体制机制改革的意见》，人才管理相关职能部门要科学地制定改革的目标和内容，建立人才有效发挥作用的体制机制，合理有效配置人才。注重人才管理责任体系和责任评价标准，进一步完善人才选用机制、评价机制、激励机制、实施个性化的人才管理制度。

（2）注重“盘活”既有人才。人才是衡量一个国家综合国力的重要指标。针对目前社会保障管理岗位仍然存在的高端人才引进难，引进人才留不住等问题，因地制宜地挖掘培养现有人才，用好用稳既有人才则是一个具有挑战的问题。为此，各地各部门一要充分挖掘既有人才的潜能。按照其所学专业和专长匹配相应的工作，真正做到“人尽其才，才尽其用”。二要激发既有人才干事创业的积极性。当前人才评价方式仍然是“唯论文、唯职称、唯学历”的评价方式，对不同类型人才“一把尺子量到底”。对此，应创新人才评价机制，实施对人才差别化评价，发挥评价指挥棒的正向激励作用，最大限度地激发各类人才的内生动力，促进人才成长、调动人才干事创业积极性。

（3）努力完善配套服务。人才引进来，能不能留得住、能不能干得成，关键在于服务。应大力营造有利于人才成长的优良环境，学习借鉴先进经验，拿出更多接地气、有吸引力的务实举措，积极推动政策落地见效。要围绕“人才链”，构建“服务链”。持续提供人才优质服务，全面落实各项人才政策，对人才的户籍、子女入学、医疗保险、创业投资等方面，实行“一站式”受理服务，千方百计帮助人才解决工作和生活中的困难，解决他们的后顾之忧，让人才能够“撸起袖子加油干”。更重要的是，还要加强创新创业平台建设，为人才施展才华提供土壤、创造机会。

第十二章

社会保障管理伦理

社会保障是工业化社会的一项基本制度，意在通过政府组织并提供化解现代社会变迁过程中出现的功能失调和社会问题。但是，社会保障制度不是人类消极地适应工业化时代经济和社会阅题的产物，它还有着深厚的政治道德基础——分配正义，即承载着消除贫困、降低社会不平等和促进社会成员福利水平的积极作用。因此，做好这项工作，必然要求社会保障管理者应有较高的思想素质和道德修养水平。

一、社会保障管理伦理概述

（一）伦理与公共伦理

伦理是一种自然法则，是有关人类关系（尤其以姻亲关系为重心）的自然法则。这个概念也是与道德及法律的绝对分界线。

1. 伦理

“伦理”的“伦”即人伦，指人与人之间的关系；“理”即道理、规则。伦理的意思，是人伦道德之理，指人与人相处的各种道德准则。

“伦理”是人们处理相互关系应遵循的道理和规则。社会生活中的人与人之间存在着各种社会关系，如生产劳动中的关系、亲属关系、上下级关系、朋友关系、同志关系、敌对关系等。由此必然派生出种种矛盾和问题，就需要有一定的道理、规则或规范来约束人们的行为，调整人们相互之间的关系。

伦理分为三个层次：

（1）普通伦理。普遍适用于世界上所有人的最高伦理规范。它包括：核心的人权、尊重所有权的尊严的义务以及维持自然和社会可持续发展的义务。也就是说，企业必须通过普遍伦理管理，来尊重和维护人们的人身自由权、财产所有权、生存权、人身安全及健康权、政治参与权、知情权和发展权，保护环境，消除污染，维护和平。

（2）民族伦理。管理离不开一个国家或民族的文化背景和社会状况，管理必须和民族文化相结合，企业伦理管理更应如此。东西方文化存在很大区别，其社会道德伦理也各有特点，因此，企业伦理管理不能离开本国、本民族的国情、民族性和文化。

（3）职业伦理。伦理管理除了要符合其普遍性和民族性的要求外，还必须以职业道德为基础，实行职业伦理管理，以建立高于普遍伦理和民族伦理的具有企业自身文化特点的职业伦理，职业伦理也称之为企业个性伦理。

2. 公共伦理

所谓公共伦理，亦称公共管理伦理、行政伦理。公共管理伦理是指公共管理领域的基本伦理维度、公共管理行为的基本道德规范，以及通过公共管理行为与公共事务所集中体现出来的社会公共精神。

公共伦理要求包括以政府主导的公共组织，和以公共利益为指向的非政府组织（NGO）为实现公共利益，为社会提供公共产品和服务的活动的道德行为和规范评价的标准。或者说，是以政府为核心的公共部门整合社会的各种力量，广泛运用政治的、经济的、管理的、法律的方法，强化政府的治理能力，提升政府绩效和公共服务品质，从而实现公共的福利与公共利益的一套规则。

公共管理伦理不同于一般伦理之处在于：

（1）它具有鲜明的管理特征，服务于组织的管理目标；

（2）主要体现为管理活动中处理功利与人文、民主与集权、公平与效率、权力与权威、竞争与合作这些基本关系时所遵循的基本道德原则；

（3）它往往既通过社会舆论、组织内部舆论和人们的内心信念等发挥作用，又通过物质激励和精神激励等形式发挥作用。

3. 管理与伦理的关系

管理伦理是指“对公共管理行为加以道德规范的理论依据、内涵界定、实现途径、功能分析、效应评估等公共管理道德哲学的理论与实践问题”①。通俗地说，就是为何、如何对公共管理活动加以道德规范的问题。

（1）管理有赖伦理的支持。具体的管理，侧重于通过“显性”的制度安排来规范社会公共生活，强调对社会公共生活的行为和关系进行“法治”；而伦理则侧重通过“隐性”的制度规范来影响社会公共生活，强调对社会公共

① 张文芳：《初探公共管理伦理》，华东经济管理，2002年第4期。

生活和关系进行“德治”。管理过程中的计划、组织、指挥、协调及控制等职能的发挥有赖伦理的支持。

（2）管理强化着伦理规范。伦理凭借着自身的力量严格规范着管理的行为目标和价值取向，管理也以自己的方式强化着伦理精神，组织内部成员的人伦关系需要通过某种具体的管理制度、管理方式、管理措施，形成有序协调，产生组织向心力和凝聚力。管理常常把以人伦关系为主体的伦理作为自己的工作对象、工作手段和工作目标。管理与伦理之间还存在着一种互制关系。如管理强调纪律的严明，伦理注重人性的和谐，这就要求管理与伦理在各自的职责范围内有效发挥其功能，从而实现互补又互制的双向渗透。

（3）管理和伦理相互作用。管理和伦理都是人类社会诞生以来即已存在的社会现象和社会活动，两者相互联系、相互影响、相互渗透。伦理不仅自身具有一定的管理功能，而且还规范着社会管理的方向和性质。国家这个“从人类社会分化出来的管理机构”①，在阶级社会里代表着统治阶级的利益和意志，一方面以法律的形式表达出来，实行管理；另一方面又以伦理要求的形式表达出来，作为管理社会的重要内容。

（二）社会保障管理伦理及其作用

伦理是以道德现象为研究对象，具有广泛的社会性，包括作为社会行为基本规范的伦理——公德，和作为特殊领域规范的伦理——职业伦理。职业伦理是高度社会化的角色伦理。

1. 社会保障管理伦理的含义

社会保障管理伦理是公共事业管理领域中的角色伦理，即以社会保障管理领域的基本维度、社会保障管理行为的基本道德规范，以及在社会保障管理行为和事务中体现的社会公共伦理精神。

上述定义能够揭示社会保障管理伦理的内涵包括：

（1）社会保障管理伦理提倡维护和增进公共利益。公共组织是以维护和增进社会公共利益作为组织宗旨的，致力于社会保障产品的生产和提供。社会保障管理伦理追求的价值，包括最大限度地满足公众的合法和合理的要求，保证并逐步提高公众的基本生活质量，避免或尽量避免给公众造成的损害，使人民充分享受到社会保障管理所带来的社会效益。

（2）社会保障管理伦理提倡以公众为本提供服务，维护和增进公共利益。

① 《列宁全集》（第29卷），人民出版社1990年版，第432页。

就是社会保障管理机构和人员以何种理念和行为方式面对公众，进行社会保障产品的生产和提供，树立“领导就是服务”“管理就是服务”的观念，服务社会服务公民。在管理过程中广泛听取公众的声音，支持和尊重公民对社会保障管理的参与，为公民参与公共事务创造条件。

(3) 社会保障管理伦理提倡严格遵守和执行法律。因为现代社会是法制社会，现代社会保障管理是在法律规范下的管理，所以，社会保障管理者的社会角色决定了公共事业管理者应该成为宪法和法律尊严的捍卫者，在管理过程中，通过自己的行为成为宪法和法律在公共事业领域中的忠实执行和具体体现者。

(4) 社会保障管理伦理提倡承担公共责任。责任是管理主体应负的义务，是为其服务对象尽责尽职，谋取利益的义务。作为社会保障管理者，社会化角色已决定了其担负的是公共责任，即有义务追求公共利益和实施法律，必须在社会保障领域内为公共负责，为自己负责，必须恪守职责，理解公共政策的精神和意图，忠诚、守信，积极回应公众的需求。

(5) 社会保障管理提倡高尚的敬业精神。社会保障管理是现代社会中一种极为重要的职业，它承担着与公众基本生活质量密切相关的社会保障产品的生产和提供。因此，社会保障管理者不仅应对这一职业有一般工作者对职业的忠诚和敬业，更应将这一职业与自己的人生价值的追求融为一体，使之成为毕生的事业为之奋斗。

2. 社会保障管理伦理的实现

社会保障管理伦理是以“责、权、利”的统一为基础，以协调个人、组织与社会的关系为核心的行政行为准则和规范系统。其本质上是一种对社会保障管理主体的要求和引导，它从正面鼓励“应当”的行为，从反面谴责“不应当”的行为，以实现社会保障管理伦理的功能。

(1) 追求理想与利润最大化的结合。传统管理以利润最大化为目的，单纯从管理机构自身利益而非社会整体利益来看待管理机构目的。伦理化管理则把管理机构作为社会一分子所肩负的使命来界定管理机构目的。讲求伦理的管理机构倾向于追求好几个目标，既追求利润，也追求范围更广泛的、意义更深远的理想。在追求理想的同时又得到了利润。它们两方面都做到了。

(2) 从手段人到目的人。传统管理之所以认为人重要，是因为人是一种弹性最大、具有潜力可挖的资源，是能带来丰厚回报的资源，是实现管理机构自身利益最大化的工具。伦理化管理尊重人，把人看作目的而不仅仅是实现目的的手段，尊重每个人的尊严、权利、价值和愿望，以人为中心，高度重视人的作用，充分发挥人的创造精神，认为这是管理机构社会责任概念的核心。人在实现经济过程的同时，保持个人尊严并达到个人价值的实现。

（3）从注重目标、战略、结构、制度到强调管理机构价值观。随着管理与伦理结合，进一步凸现了管理机构价值观的作用。首先，伦理观是价值观的核心。人们对真假、善恶、美丑等价值观的评判常常会是以善恶观为轴心的。在经营活动中，大量的价值判断都是关于"应该不应该"，即"善"或"恶"的。其次，价值观有崇高和庸俗之分。伦理化管理所说的管理机构价值观，正是崇高的价值观。追求崇高的价值观，实际上也就是用道德的高标准来要求自己。

（4）注重所有利益相关者的利益。伦理是处理"人""己"关系的规范，管理与伦理结合，使人们对管理机构经营中各种"关系"的认识有了变化。人们发现，管理机构的所有决策，不仅会给管理机构及其所有者带来利益或者损失，而且会对其他利益相关者产生正面或负面影响。管理机构与利益相关者之间存在着相互依赖关系，管理机构离不开所有者、顾客、员工、供应者、政府、社区、公众，而后者也能从与管理机构的合作中获得好处。

（5）从遵纪守法到德法并重。管理与伦理结合，对管理带来的最显著变化是：仅仅守法是不够的。不考虑伦理的管理机构关心的是在合法的情况下能做什么。管理机构之所以不做某些事，是因为害怕受到法律的惩罚；员工之所以做或不做某些事，是命令、制度使然，服从命令、遵守制度可以获得承认、奖赏，否则，则会受到批判、处罚。这只是一种他律。管理与伦理结合，则要求管理机构通过管理措施营造良好的道德环境，使管理机构成员认识到什么是应该做的，什么是不应该做的，并以这种认识指导自己的行为。

（6）从重视技巧到注重道德修养。管理与伦理结合，要求管理机构及其成员不断提高道德素质。技巧是末，修养是本，不能本末倒置。技巧应该是道德修养前提下的技巧，要从玩弄技巧转变到注重道德修养上来。管理者真正重要的是要做到处事公正，尊重人，为他人着想。做到了这些，哪一种技巧都能收到效果。即使方式方法不是很妥当，也会得到下属的谅解。否则，再注意技巧，也不能使下属心悦诚服。

3. 社会保障伦理管理的作用

伦理建立在人们共同的价值观之上，形成一定的具体标准，并通过实践活动得以体现。社会保障事业的管理者不仅要具备社会成员的一般伦理，还要具备作为社会保障管理者角色的伦理。虽然，它不是现代管理的主要形式，却依然具有不可替代的作用。

（1）培养机构职员维护和增进公共利益。社会保障机构是以维护和增进社会公共利益作为组织宗旨的，致力于社会保障产品的生产和提供。社会保障管理伦理追求的价值，包括最大限度地满足公众的合法和合理的要求，保证并逐步提高公众的基本生活质量，尽量避免给公众造成损害。

（2）培养机构职员高质量提供服务。就是社会保障管理机构及其工作人员以何种理念和行为方式面对公众，进行社会保障产品的生产和提供，树立"领导就是服务""管理就是服务"的观念，服务社会服务公民。在管理过程中广泛听取公众的声音，支持和尊重公民对社会保障管理的参与，为公民参与公共事务创造条件。

（3）培养机构职员严格遵守和执行法律。因为现代社会是法制社会，现代社会保障管理是在法律规范下的管理，所以，社会保障管理者的社会角色决定了公共事业管理者应该成为宪法和法律尊严的捍卫者，在管理过程中，通过自己的行为成为宪法和法律在公共事业领域中的忠实执行和具体体现者。

（4）培养机构职员勇于承担公共责任。责任是管理主体应负的义务，是为其服务对象尽责尽职，谋取利益的义务。作为社会保障管理者，社会化角色已决定了其担负的是公共责任，即有义务追求公共利益和实施法律，必须在社会保障领域内为公共负责，为自己负责，必须恪守职责，理解公共政策的精神和意图，忠诚、守信，积极回应公众的需求。

（5）培养机构职员树立高尚的敬业精神。社会保障管理是现代社会中一种极为重要的职业，它承担着与公众基本生活质量密切相关的社会保障产品的生产和提供。因此，社会保障管理者不仅应对这一职业有一般工作者对职业的忠诚和敬业，更应将这一职业与自己的人生价值的追求融为一体，使之成为毕生的事业为之奋斗。

（三）社会保障管理伦理的理论基础

社会保障制度作为现代社会发展和文明进步的产物，是一项充满人文关怀精神、具有深厚伦理意蕴的制度体系。一个国家或一个单位的管理水平如何，其先进性何在，最基本的现实尺度就在于它是否具有高效率的社会价值创造能力和公平合理的社会价值分配制度。

1. 分配正义

在古典自由主义思想中，收入和社会财富分配的主体是市场，它无差别地对待每一个人所拥有的天赋权利，给他们提供自由竞争的经济条件，并按照每一个人有效的市场投入进行分配。在这种市场自然分配的过程中，市场本身具有原始的分配公正性，慈善救济和社会救助只是市场分配机制的延伸。不具有独立的意义。虽然纯粹的市场分配具有其原始的市场公正特征，但市场运行过程中充满了竞争的不确定性、无均衡性和偶然性等因素，都导致社会贫富差距的拉大。用经济的方法无法解决市场分配中的非正义问题，就必须用社会分配的方式，限制市场分配结果的差异，系统地纠正市场分配的不平等，使之同时具有社会正义的特点。

从社会保障制度的历史变迁中可以看到，社会保障是一种保障机制，它从政治道德上提供合理的分配正义原则和符合这一原则的制度安排。即除传统的济贫模式外，社会保障已不仅仅是为社会成员提供基本物质生活保障的经济制度，它也是一种通过社会再分配促进社会平等和提高社会成员共同福利的社会制度。

由此，可以认为，分配正义是社会保障制度及其职业伦理必须坚守的重要原则。首先，财富作为满足人的需要的资源，应该属于真正需要它的人——需要原则；其次，财富是通过劳动创造的。应该属于它的创造者——应得原则；同时，每个人都有平等享受分配的权利——平等原则。当然，上述每一个原则都有它的合理性和局限性，我们不作进一步的讨论。但是，建立一种分配正义理论，以此探求一种比较合理的，既符合经济理性、又符合社会道义的社会分配方案，一直是许多思想家们孜孜以求的理论目标。①

2. 公平效率

公平指人与人的利益关系及利益关系的原则、制度、做法、行为等都合乎社会发展的需要。公平是一个历史范畴，不存在永恒的公平。不同的社会，人们对公平的观念是不同的。公平观念是社会的产物，按其所产生社会历史条件和社会性质的不同而有所不同。公平又是一个客观的范畴，尽管在不同的社会形态中，公平的内涵不同。不同的社会、阶级，对公平的理解不同，但公平具有客观的内容。公平是社会存在的反映，具有客观性。

效率指资源投入和生产产出的比率。人类任何活动都离不开效率问题，人作为智慧动物，其一切活动都是有目的的，是为了实现既定的目标。在实

---

① 胡威:《论社会保障制度的政治道德基础》，行政与法，2005 年第 2 期。

现目标的过程中，有的人投入少，但实现的目的多，即我们所说的事半功倍，而有的人投入很大，但实现的目的少，或者实现不了其目标，即我们所说的事倍功半，前者是高效率，后者是低效率。所以，效率就是人们在实践活动中的产出与投入之比值，或者叫效益与成本之比值。如果比值大，效率就高，也就是效率与产出或者收益的大小成正比，而与成本或投入成反比例。

效率与公平的关系是辩证统一，一个有效率的社会，其资源配置、管理体制、运作机制应该是合理的、公正的；同样，一个公正的社会，其资源一定能得到合理的配置，人的积极性、创造性才能得到最大限度地发挥。效率的提高有助于公平的实现，社会的公平也有助于效率的提高。但是，在现实生活中，效率与公平没有能够很好地协调起来，相反，矛盾突出。追求公平，效率就打折扣；追求效率，公平便有失公允。其结果，必将影响经济的发展，社会的稳定。因此，强调坚持注重效率与维护社会公平相协调显得非常重要。

社会保障制度虽然是一项关乎社会公平的事业，但是任何只顾公平而忽视效率和只顾效率而损害公平的思想和行为都是错误的。只有做到效率与公平的统一和协调，在全社会树立注重效率、维护公平的价值观，坚持公平的原则，保障人们利益和分配的合理化，使每个社会成员既有平等参与的机会又能充分发挥自身潜力，才能够在全社会形成团结互助、平等友爱、共同前进的人际关系。

3. 民主法治

社会保障管理伦理的行为，一方面体现着人类对公共事业伦理关系的自觉认识和自觉规范，体现着人类的主体性、创造性。另一方面，还体现为对社会保障行为的客观约束性，是具有普遍性的行为规范。民主和法治，是评价现代管理的基本的价值尺度和价值目标。

社会主义民主主张让人民当家做主，保障人民其中的各项权利，使每个人都得到全面发展。现代民主政治是现代和谐社会的基本要求和发展动力。广大人民群众直接或间接地参与国家政治生活与社会管理，对国家重大事务享有知情权，只要针对各项重大决策和立法建议进行充分表达和交流，就能更好地反映多数人的根本利益和共同意志。民主是实现社会和谐的重要条件。

公民权利的实现，需要法制的保障。在现实生活中的不公平现象，大致有两个方面原因：一方面是客观因素导致的不平等，如个体之间存在身体健康与残疾的差异、存在智力高低的差异等；另一方面是人为因素导致的不平等，如制度安排的不合理导致发展不平衡、收入存在两极分化等。

对于人为因素造成的不平等，是可以通过制度调整来消除的，如可以通过完善收入调节制度和社会保障制度来消除社会分配不公。如果这种人为因素导致的不公被长期维持就很容易引起社会的不满。所以以公平原则制定的法律规范是衡量制度安排合理的重要尺度。

民主与法治相辅相成，不可分割。民主为法治奠定基础，法治为民主提供保障，这也正是现代民主法治所追求的目标，也是中国社会主义政治文明和法治中国建设的目标与基本内容。社会保障管理旨在维护公民权利，争取社会效益，它的终极目的具备社会伦理的意义，其最终目标指向理性与行为、个体与群体、社会与自然的合一。民主与法治是全体中国人民实现中国梦的双翼。

二、社会保障管理伦理的构成

（一）社会保障管理伦理的类型

社会保障伦理不仅包括作为社会行为基本规范的伦理的一般规定性，而且还由于行政所固有的特殊性质和地位，决定了必然要在伦理上有自己的特殊要求和内在规定性。明确社会保障伦理的类型是社会保障伦理建设的基础。

1. 体制伦理

通常人们有意无意地将伦理范畴看作个体道德的代名词，看作纯粹个人主观观念的范畴。其实伦理的概念很大，社会保障管理伦理就体现在体制伦理方面。行政体制伦理是相对于行政管理者个体道德而言的，它由行政体制内在的一系列分配权利和义务的原则、规范所构成，并通过社会结构关系，一系列的政策、法规、条例和成文的或不成文的制度等环节表现出来。体制伦理依附于体制而存在，与个体道德相比较，体制伦理对于维系社会秩序、规范人们的社会行为具有优先地位。特定的社会体制在伦理上有多大的合法性，主要不是通过这个体制下个体道德体系显示出来并得以确证的，而是通过体制自身的伦理性显示出来的，是通过不同体制的比较来评判的。

2. 行为伦理

所谓行为伦理，是社会管理机构以“责、权、利”统一为基础，以协调个人、组织与社会的关系为核心的行政行为准则和规范系统。包括社会保障管理机构在内的行政行为伦理是行政管理领域中的角色伦理，是针对行政行为和政治活动的社会化角色的伦理原则和规范。从行政行为的角度看，行政行为伦理就是要追求公正。由于公正问题产生在人与人的利益关系中，所在利益关系的种类就决定了公正问题的划分。在各种各样的利益关系中，有两种最基本的关系形式：一是利益交换关系，二是利益分配关系。与此相应的最基本的公正形式：一是交换公正，二是分配公正，三是程序公正与规则公正，四是权利与义务的平等。

3. 政策伦理

公共政策伦理有两层含义：其一是指维护某种公共秩序所需的伦理规范，是由政府或其他社会权威机构设计、制定和推广的；其二是指对于政府预制倡导的这些公共领域的伦理规范所采取的硬约束手段，即公共政策。前者为理念、原则，后者为制度、政策。作为公共政策一部分的社会保障伦理建构包括：社会保障政策制定的伦理学要求；社会保障政策执行的伦理学要求；社会保障政策评估的伦理学要求；社会保障决策的伦理学要求。如合理地对生活贫困者进行最低限度的保障，这本来仅仅是伦理的要求，公共政策以强制性的方式给予规定，谁不遵守将受到相应的惩罚，就成了公共政策伦理问题。公共政策伦理不仅包括由惩罚手段禁止不道德行为，也包括由奖赏手段鼓励高尚的行为，如设立见义勇为奖励基金、行政部门的承诺制，实际上也是伦理的政策化。

4. 职业伦理

从事每项行业，都要有必须遵守的行为规范。职业伦理是指特定职业者基于职业需要和职业逻辑而应当遵循的行为准则。职业伦理即要求名与分的统一，而职业伦理的建设过程，无非是要明确每个行业和岗位上从业者的名与分的统一。社会保障事业的管理者既要具备社会成员的一般伦理，又要具备作为政治角色的职业伦理。社会保障职业伦理应该是相对于社会群体的关系以及特别事项而言的，职业道德实质上就是责任与义务的表现。责任就是对国家权力主体负责，通过自身职责的履行，来为国民谋利益。对国民负责，从国民的利益着想，实质就是“公仆责任”。责任也是一种义务，即承担为其服务对象尽责尽职、谋取利益的义务。对行政管理者来说，行政活动过程是一个承担为国民尽义务的过程。

（二）社会保障管理伦理的内容

社会保障管理伦理是社会保障管理主体作为特定的社会化角色，在进行社会保障管理活动中的道德行为规范和准则，包含了伦理意识、伦理实践和伦理角色三个部分。

1. 社会保障管理伦理意识

伦理意识与道德意识相通，是人们在长期的道德实践中形成的道德观念、道德情感、道德意志、道德信念和道德理论体系的总称。可区分为个体道德意识和群体道德意识。两者的统一，即表现为人们共同承认和遵守的一定的道德原则和规范。道德意识受一定的经济关系和阶级利益的制约。

社会保障管理伦理意识包含伦理准则意识和伦理责任意识。准则意识是社会保障管理主体的原则，立场和根本态度，通过对伦理主体的调控，达到由内及外的目的和理想，它突出表现为主体的严格律己精神；责任意识是公共事业管理主体如何看待其组织的责、权、利。

社会保障管理的伦理意识是完全“内化”的伦理境界，是“由里到外”所采取的自觉行为。

2. 社会保障管理伦理实践

社会保障管理的实践伦理，是通过政策或制度表现出来的对社会公众的行为规范或要求。因为社会保障管理伦理是社会公共管理活动中的重要道德规范，而在现实生活中，道德规范必须转变成可见可操作的规则、制度或者具体活动，才能为人遵守。

这些实践要素在立法层面、行政层面、监督层面都有反映，但很难列举出完整的要素。一些国家和一些国际组织对此作了探讨，比较有代表性的是经济合作组织（OECD）提出的“公共伦理基本框架”，由八个部分组成，旨在对伦理行为实施控制、引导和管理。①

（1）政治保证，即来自政府领导人的明确的反腐败立场和行为。

（2）有效的法律框架，即强制性的法律和立法行为准则予以界定。

（3）有效的责任机制，即监督和评估程序。

（4）可行的行为准则，即义务、角色和价值观陈述。

（5）职业社会化机制，即教育和培训。

（6）公共服务的环境支持，即平等、公平和恰当的薪金报酬。

（7）伦理实体之间的合作，即设立具体的机构或委员会，以协调和监督相关方面的活动。

（8）公众参与和监督，即一个能够有效地获得信息的市民社会。

在公共管理伦理所有的实践要素中，最值得一提的是信息透明度的提高。建立政务公开的信息系统，提高信息的流动性，增加公民对公共管理决策与执行流程的知情权，这是防止公共权力腐败的有效办法。

---

① 刘义胜：《对 OECD 国家地方政府职能转变的分析与借鉴》，内蒙古社会科学，2009 年第 4 期。

3. 社会保障机构的组织伦理

组织伦理主要指与组织制度和组织程序相联系的一系列伦理原则和行为规范。组织伦理是一种微观的道德文化，它以道德规范为内容和基础。一方面，组织伦理是一种善恶标准，可以通过舆论和教育方式，影响员工的心理和意识；另一方面，组织伦理是一种行为标准，可以通过规章、习惯等成和不成文的形式，调解组织和员工行为。

总的来说，社会保障组织伦理表现在以下几个方面：

（1）程序公正。在社会保障管理工作中履行行政职能、推行政务的过程中所建立的一系列程序、规章、条例、办法等，其目的都应该是为公共权力的授权者服务，而不应成为行政机关或个人谋取私利的手段。因此，社会保障管理机关必须摆正与人民群众的关系，制定合理公正的程序规定，以更好、更方便地为群众提供高质量的服务。

（2）信任合作。公共管理的责任是完成公共管理任务的体现和保证。公共管理责任机制由公共管理责任控制机制和公共管理伦理构成。社会保障管理是一个在分工基础上进行合作的整体，这种合作一方面需要正式的权力体系，更要构建人与人之间、部门与部门之间和谐的信任关系。另一方面，在行政机关与外部环境的关系上，也要求维持和增进政府与社会之间的信任关系。两方面信任关系的结合，才能最大限度地降低行政活动的运行成本，使行政任务得以顺利完成。

（3）作风民主。行政管理权力来源于人民的授权，行政机关并没有自己特殊的利益。因而，社会保障管理机关对广大的人民群众负有国家制度所赋予的责任，即所谓的公共责任。这种公共责任与民主原则结合起来，要求社会保障管理的目标、价值偏好必须反映人民的意志，并且在管理工作中自觉接受群众的监督。即在制定涉及公共利益和公民利益的政策、规划和决定时，应举行公共听证，广泛听取公众各相关利益群体的意见，以保证公共政策真正代表、反映和符合了公共利益。

（4）制度激励。社会保障管理制度也存在着制度的伦理问题。这主要体现在激励制度方面，即如何通过建立组织内部合理公正的制度关系来激发组织成员的积极性，进而推进组织活动的顺利开展。制度激励就是制定何种制度来保障完成激励的模式，比如说职务激励、知识激励、感情激励等，也就是说，通过制定相应的制度，让员工按规定得到激励。一般来说，制度激励所蕴含的伦理问题包括两类：一是组织需要与个人需要之间的关系问题；二是效率与公平的问题。制度激励具体表现在奖励公正、惩罚公正、分配公正、程序公正上。

4. 社会保障管理政策伦理

公共政策的本质，在于对社会利益和价值进行权威性的分配。因而，在资源稀缺的政策情境下，公共政策背后所隐藏的伦理选择显得十分重要。

（1）社会保障管理政策伦理是制定良好的社会保障的前提。政策伦理影响政府等管理机构，要以公平、公正、公益等伦理价值进行公共政策的制定。就此意义而言，政策伦理比任何单个的政策都更加重要，原因在于所有的政策都依于伦理。坚持公共政策伦理，就是运用社会主导价值标准和伦理规范，对公共政策产生与发展中存在的伦理问题和原因进行阐述和分析。

（2）社会保障管理政策伦理以维护公共利益为目的。行政管理活动的根本目的是维护公共利益、增进公共利益。因此，社会保障机构的工作人员在行使公共权力时必须坚持公共利益至上的原则，不得因为一己私利或地方利益、部门利益而影响公共事务管理的公正性。这就要求社会保障管理及其服务机构在制定社会保障政策或提供服务的时候，必须以公共利益为重，慎重选择政策取向，最大限度地增进公共利益。

（3）政策伦理对于提高公共政策的社会效益和理性化、合法化程度具有重要意义。具体来说，政策伦理的内容包括了公共政策的公共性与私人性、主体与对象、目的与手段、制定与执行、经济效益与社会效益之间的事实如何，以及关系应当如何处理的分析。社会保障管理政策伦理所涉及的是正义价值的选择问题，也就是如何做到社会利益和社会负担的合理分配。如果政府制定的社会保障管理政策偏离了公共利益的轨道，后果是不堪设想的。

（四）社会保障管理的职业道德规范

社会保障管理的职业道德，是各级社会保障管理机构工作人员在职业活动中应遵守的道德准则、道德情操与道德品质的总和。应该是笼统的“爱”社会保障管理的“岗”，和“敬”社会保障管理的“业”的细化。

（1）遵纪守法。一个单位的规章制度，通过明确责、权、利来引导各岗位人员的行为意识。规章、制度具有导向性，可以促进形成行为准确的标准理念、安全平稳的大局观念等，逐渐影响、修正各岗位人员的行为意识，使其全体员工自觉遵守各项规章制度。规章、制度对各岗位人员的行为加以引导，明确告诉各岗位人员应该做什么，应该怎样做，就是鼓励各岗位人员实施规章制度允许的行为，防止或反对其他偏离行为。

（2）严谨细致。严谨细致是一种工作态度，是有责任心的具体体现。严谨缜密，就是对所做的事情都能一丝不苟，精益求精，细微之处显示职业精神、显示境界、显示水平。要做到严谨，就是把做好每件事情的着力点放在每一个环节，每一个步骤上，不好高骛远；就是从一件件具体工作做起，从最简单、最平凡、最普通的事情做起，特别要把自己岗位上的手中的事情做精做细、做得出彩、做出成绩。

(3) 精通业务。精通业务是指作为社保经办人员具有透彻理解并能熟练的工作本领。只有精通业务，才能为社会公众提供优质、高效的服务。因此，社会保障感管理机构人员要把学习科学、文化和业务知识，掌握做好本职工作的知识和本领。要干一行，爱一行，学一行，钻一行，精通一行，努力成为本职岗位上的内行和能手。

(4) 热情服务。热情就是热烈的感情，是一种较高的情感表达方式。热情服务是社会保障管理机构工作人员的基本态度，它要求所有工作人员应对自己的职业有肯定性的认识，对工作对象的心理有深切的理解，同时要有爱心、感激的心，才能有发自内心的满腔热情去服务群众。

(5) 廉洁自律。廉洁就是对事报以光明磊落的态度，不借职权职务之便而损公肥私；自律，指一个人遵循法律并以此为基础进行的自我约束。社会保障工作与老百姓的切身利益打交道，作为一名社会保障机构的工作人员应严格要求自己，公私分明、不贪不占，不利用职权和职务上的便利谋取不正当利益、不利用职权和职务上的影响为亲友及身边工作人员谋取利益、不利用职权和工作之便，向服务对象私自索要钱财、不接受服务对象的宴请、礼金、礼品和安排的娱乐活动，严禁吃、拿、卡、要等行业不正之风发生。

三、社会保障管理伦理的构建

(一) 社会保障管理伦理失范

所谓伦理失范，是某些组织或个人在社会生活中，作为存在意义、生活规范的道德价值及其伦理原则体系或者缺失，或者缺少有效性，不能对社会生活和人们的个人生活发挥正常的调节和引导作用，从而表现为社会生活和个人生活的失控、失序和混乱。

1. 伦理失范的本质

行政组织的伦理失范，是行政人员在行政权力运行的过程中，置行政伦理的规范与原则不顾，把公共权力用来满足私利的情况或现实，从而导致公共利益受损。从本质上来说，行政组织的伦理失范是行政权力的异化。社会保障机构的管理伦理失范，道理亦然。

(1) 伦理失范指旧有的道德观念和行为规范被普遍否定，逐渐失去对社会成员的约束力，而新的道德观念和行为规范尚未形成，不具有对社会成员的有效约束力，使得社会成员的行为处在一种规范真空的社会状态中。

（2）伦理失范是在道德领域的一些准则或规范，已经不能够通过社会的舆论压力或人们的内心确信来有效地调整和控制人们行为。

（3）伦理失范是在社会生活中道德规范约束力失去或弱化。表现为相当一部分具有道德责任能力的社会成员在社会活动中不遵守本该遵守的道德准则，丢失了最起码的道德良心的行为现象。

（4）伦理失范是社会缺乏一个统一明确的道德规范体系，个人行为丧失是非善恶标准，由不同道德观、价值观相互冲突所造成的道德混乱和无序现象。

（5）伦理失范是在社会生活中，作为存在意义、生活规范的道德价值及其规范要求或者缺失，或者缺少有效性，不能对社会生活发挥正常的调节作用，从而表现为社会行为的混乱。

总之，社会保障管理作为一项伦理性很强的公共活动，必须有其伦理支撑。而因为角色、利益、权利、制度、管理者素质等因素的影响，社会保障管理会或多或少地出现伦理失范现象，即社会保障管理主体在行使社会保障管理权力的过程中，为了私人利益而置社会保障管理伦理的规范和原则不顾，利用公共权力满足私人利益的行为，其本质即社会保障管理权力的异化。

2. 社会保障管理伦理失范的表现

当前，在国际性国内政治经济形势发生剧变的大背景下，因为市场经济体制标准、法律法规、社会整治还不足完善，受欠佳观念文化艺术腐蚀和互联网不良信息危害，道德领域仍然存在着许多难题。一些地区、一些行业道德普遍下降，拜金主义、享乐主义、极端化个人主义花样翻新；一些社会组员道德意识模糊不清乃至缺少，是是非非、善恶、美丑不分，唯利是图、利欲熏心，损人利己、损公肥私；伪造诈骗、不讲信用的状况久治绵绵不绝，提升公共秩序道德底线、妨碍老百姓幸福的生活、损害国家自尊和中华民族情感的恶性事件时有发生。这反映了伦理失范表征出社会精神层面的某种危机和剧烈冲突，这是社会急剧变革或转型时期的产物。

（1）公共责任漠视及官僚化。公共责任是公共管理者在运用公共权力谋求公共利益的过程中所必须承担的职责，从广义上可以理解为公共利益责任的履行，狭义上则是指履行失败后所要承担的责任。公共责任漠视主要表现在公共管理者对自身权力委托者权益的漠视，权力运作不以人民的权益为依据，对自身应当履行的公共职责敷衍塞责、玩忽职守，权力的滥用及乱用。

公共责任的漠视导致政府内部官僚化倾向严重，思想僵化、办事低效，公共组织在日常管理中首要考虑的是组织内部的等级，以及组织外部的权威，这些直接导致组织力量内耗及公共利益的损失，也使得行政系统中的群体缺乏明确的正义目标，在不同的价值或善恶冲突之间难于做出正确的抉择。

（2）片面追求效率的功利主义倾向。功利主义，即效益主义，是伦理学中的一个理论。提倡追求“最大幸福”，认为实用即至善的理论，相信决定行为适当与否的标准在于其结果的实用程度。不同于一般的伦理学说，功利主义不考虑一个人行为的动机与手段，而是将效用与人的快乐和幸福等同，仅考虑一个行为的结果对最大快乐值的影响。功利主义可以说完全忽视结果与手段之间的关系，认为只要能达到增加快乐值的结果，可以采取任何一切手段，而不被考虑其复杂社会关系中的伦理因素。在功利主义的驱使下，过分注重效率的公共管理者为了片面追求政绩，就会违反有关法律法规、政策与伦理原则，采取违背公共伦理道德的行为，导致公共管理伦理的失范。

（3）权力异化而导致腐败行为。在正常的情况下，公共管理伦理以一定的概念、范畴和一系列的伦理规范反映并作用于行政过程和行政行为而存在，通过伦理规范限定行政活动的活动范围、行为模式，使行政过程趋于程序化、规范化。然而，公共管理者突破了公共管理伦理的规范约束，利用公共权力谋求个人私利而出现权力异化。权力异化主要表现为权力滥用、权力腐败等。权力异化具有极大的危害，它导致不同政府部门及官员争权夺权，影响政府声誉和增加廉政成本，妨碍公共政策的制定与执行过程，降低行政运转速度甚至危及政权稳定。权力异化是政治稳定、经济繁荣和文化进步的陷阱。一旦落入这个陷阱，就会使社会处于低效、停滞甚至紊乱的状态。

3. 社会保障管理伦理失范的原因

我国社会保障管理伦理失范的发生，其内因是作为公共事务的管理者和公共服务的提供者所具有的多重身份，在一定条件下影响了其伦理选择，最终威胁到公众对其“公共人”的伦理期望，在一定的利益的驱动下的玩忽职守、以权谋私等。这些问题的出现，与外部的制度制约不足是有密切关联的。

（1）伦理难于被量化及把握。由于伦理是一种思辨的价值判断，因此伦理活动本身很难被具体化，伦理活动的产出更是难以被测定和最终量化，这就导致了公共管理对其影响和作用有所忽视。即使人们有所意识，对于其作用也很难做出判断，这都在一定程度上造成实践中伦理的弱化和失范。此外，随着社会阶层的分化，公共管理面对的是复杂的社会关系，调整的利益存在多元性，在各种利益的相互博弈中，把握伦理标准也有一定的难度。“现实中伦理决策的标准差异及非伦理行为的标准差异，往往使公共管理者非伦理行为的产生存在多种原因，并与一定的社会制度、历史条件和社会道德风尚等因素紧密联系在一起。”①

（2）功利的交往原则与利益渗透。随着政府进入商业领域，并与企业建立合作关系或合同外包关系，传统公共服务价值观逐渐被商业价值观所代替。随着企业和政府之间界限的日益模糊，公共管理者受到了这样的鼓励，要像一个私营企业家那样思维和行动，而不是以公共福利的委托人身份进行思维和工作。公共管理组织一般属于非功利化的组织机构，其管理者在理论上不应当受社会功利因素的过度影响，但是在功利化色彩不断向这些组织渗透的社会发展阶段，这些组织及其管理者也会形成功利型人格，进而导致公共管理伦理的缺失。如我国正处在社会转型时期，在各种价值观念冲突融合的过程中，过分强调经济利益导向作用，使着评价公平与正义的伦理精神逐渐被商业文化中的价值观念所取代。

（3）社会保障管理体制不健全。通常行政主体在行使行政权力的过程中，既要进行决策又要实行监督，行政主体的角色冲突使得内部监督形同虚设。立法、司法和检察机关对行政机关及其官员实施的法制监督也往往因为缺乏监督力度而达不到监督效果。社会监督也出于群众的政治参与意识薄弱、积极性不高、监督渠道不畅而显得无力。同时，公务人员的奖惩制度也存在缺陷，主要是奖罚界限不清。公务人员的道德表现与其晋升等关系不明确，职业道德良好也只能得到领导或群众的精神表扬，而缺乏职业道德也不会对其以后的工作产生太大影响。因此，缺乏强有力的制约机制和明确的赏罚制度就为行政伦理失范创造了客观条件。

（二）社会保障管理伦理发展的趋势

当今社会发展速度之快，让人们既期待又畏惧，期待社会发展带来的巨大变化，畏惧社会发展步伐的迅速会导致人们不能紧跟潮流。面对这种情况，伦理道德的制高点就需要重新澄清。新的时期，社会保障管理伦理的发展态势，呈现出以下新的迹象。

（1）从控制导向转化为服务导向。公共行政从控制导向向服务导向转化，实际上是在科学化、技术化的基础上转向伦理化，服务导向注定的“关系”格局是这种转变最强有力和直接的动力。

---

① 刘丽伟：《公共管理理论与公务员伦理关系问题探析》，中国行政管理，2008 年第 11 期。

（2）从效率导向转化为公正导向。管理行政基本上是效率导向的行政。从 19 世纪 80 年代管理行政开始成为公共行政的主流以来，效率的问题渐渐掩盖了公正的问题。公正导向的提出促使公共机构和公职人员担负公正责任。

（3）在工具研究中引入价值视角。公共行政的主体是理性与情感兼具的行政人员，他们的思想观念、认识能力、个人处境与道德素质等，都是在公共行政实践中发挥不同作用的重要影响因素。只有致力于在公共行政研究中引入价值视角，才足以保证工具理性与价值理性的健全，才能真正保证公共行政的合理化方向。

（4）确立合作与信任的整合机制。公共行政的基本功能在于实现对社会资源的优化整合，一方面，它要实现对自身体系的优化整合；另一方面，通过自身的优化整合而实现对整个社会的有效整合。公共行政强调以合作建立行政机构、行政人员与社会各种机构、人士的关系，以信任建立起合作者之间的牢固互动结构。

（5）谋求德治与法治的结合。从 20 世纪后半期开始，随着后工业社会的到来，囿于法治的公共行政呈现的不足，它需要得到德治的补充。德治作为法治的有效补充，将公共机构与行政人员主动履行公共责任放在重要位置，将外部的制度约束与内在的工作动机贯通起来，从而将公共机构及其人员履行公共职能变成高强度化的自觉诉求。

（三）新时代我国社会保障管理伦理的构建

对社会保障管理者来说，公共管理活动过程是一个为全体社会公众尽义务的过程，体现了社会保障管理机构的社会责任，关系到公民千家万户的利益，所以加强社会保障管理伦理建设十分必要。

1. 坚持新时代伦理建设的价值指引

2019 年 10 月，新颁布的《新时代公民道德建设实施纲要》明确指出，坚持以社会主义核心价值观为引领，将国家、社会、个人层面的价值要求贯穿到道德建设各方面，以主流价值建构道德规范、强化道德认同、指引道德实践，引导人们明大德、守公德、严私德。

（1）社会主义核心价值观尊崇道德、高扬道德、坚守道德，代表了中华民族所追求的美好崇高的道德境界，表明了中国特色社会主义发展进步的价值追求所在。正如习近平总书记所说："核心价值观，其实就是一种德，既是个人的德，也是一种大德，就是国家的德、社会的德。国无德不兴，人无德不立。”①

修大德者乃能成大业。社会主义核心价值观不仅为新时代中国社会发展指明了前进方向和进步趋向，也为个人的人生问题提供了根本解答，为每个人的人生发展提供了基本遵循。

（2）把社会主义核心价值观要求融入日常生活。我们要按照《新时代公民道德建设实施纲要》的要求，持续深化社会主义核心价值观宣传教育，增进认知认同、树立鲜明导向、强化示范带动。坚持贯穿结合融入、落细落小落实，把社会主义核心价值观要求融入日常生活，使之成为人们日用而不觉的道德规范和行为准则；高度重视和切实加强新时代公民道德建设，把社会公德、职业道德、家庭美德、个人品德作为着力点，抓好网络空间道德建设，推动道德实践养成；发挥制度保障作用，坚持正确的价值取向、舆论导向，坚持以文化人、以文育人，弘扬真善美、贬斥假恶丑，在全社会推动形成知荣辱、讲正气、做奉献、促和谐的社会风尚。

（3）提升社会保障管理伦理水平是一项长期性而急迫、严峻而繁杂的任务。中国特色社会主义进入新时代，我国经济社会发展站在了一个新的历史起点上，面临多样化的利益诉求、多样化的社会思潮、多样化的价值观念，迫切需要精神旗帜、思想导向、价值引领和道德基础。因此，我们应把新时代公民道德建设的要求融入新时期新规定，坚持总体目标导向性和问题导向相统一，进一步增加工作成效，掌握规律性、积极主动自主创新，坚持不懈、久久为功，推动全民道德素养和社会文明行为水平提升到一个新境界。

2. 新时代我国社会保障管理伦理建设的原则

建立健全我国的社会保障体系是一项开创性的工作，也是一项长期而艰巨的任务，形成社会保障管理人员良好的道德风尚，同样是一个逐渐积累的过程，任重而道远。在新时代历史条件下，加强社会保障管理伦理建设，应遵循以下工作原则。

（1）效率原则，指社会保障部门的管理效率及提供社会保障服务的效率。通俗讲就是指政府和社会保障部门用极低的成本为社会成员提供最大的产品需求和服务。

（2）正义原则，指对国家政府和社会保障部门在社会的制度设计和安排，制度的执行与操作，社会保障决策及政策实施等方面的公正要求。

（3）责任原则，是社会保障工作者在管理社会保障事务中所应该承担的

---

① 习近平：《在北京大学师生座谈会上的讲话》第2版，人民日报，2018-05-03。

伦理责任。

(4) 和谐原则，指通过有效协调社会公共行为和关系，公正地处理公共事务，建立良好秩序，以实现社会稳定、有序和可持续发展。

3. 社会保障管理伦理建设的途径

社会保障伦理构成是社会保障伦理建设的基础，而社会保障伦理实践更为重要。为此，当前伦理建设重要的事项是根据我国的国情和问题，提高社会保障伦理建设的水平。

(1) 加强社会保障伦理教育。良好的社会保障伦理，有赖于正确的行政价值观的确立。行政意识、行政理论、行政认识、行政情感、行政态度等行政文化的诸多要素，构成了行政模式取向，直接决定着社会保障伦理的状况。因此，加强管理文化建设，使各层级人员树立正确的社会保障管理伦理观，形成内在的约束机制，使社会保障伦理规则尽可能达到广泛的社会认同和可接受性，并成为所有社会保障机构的工作人员的基本行为准则和内心的自觉。

(2) 强调社会保障伦理立法。这是把伦理行为上升为法律行为，使伦理具有与上层建筑的政治、法律同等地位的监督、执法权力的法律效力和作用。道德良心作为软件必须通过政治法律等硬件系统的功能才能很好地发挥作用。如果没有相应的硬件设施，再好的道德体系也很难对社会产生实际的影响。因为人的道德品质的不完善性和认识客观事物的局限性，不能保证行政人员永远正确地行使权力而不发生失误和偏差。倘若权力落到了道德恶劣者手中，就极易变成谋取私利的工具。所以，需要有一种外在的力量来制约行政权力运行过程中的负效应和被滥用的现象。

(3) 加大对社会保障管理伦理状况的监督。在民主政治中，各级政府管理机构中工作人员的公务活动是公共责任的行为，应当对整个公民社会负责。促进社会成员对公共决策的干预和参与，加强公民的政治责任意识，尤其在行政系统的输入方面要强化，民众不仅仅是行政系统输出方面的被动接收器，而应该在输入与输出双向都是积极的参与者。公民社会应当创造出更多的途径和机会，鼓励社会成员关心并参与有关重要的公共管理的讨论，从而对重大的公共决策发生影响和进行民主的干预和监督。同时，要特别注重发挥社会舆论的监督作用。因为社会舆论反映整个社会对人们行为的一种监督，具有明显的行为约束的优势。

(4) 把社会保障伦理作为社会保障机构的工作人员任职、升降、奖惩的必要条件。在社会保障机构的工作人员的任免、升降等行为中引入道德赏罚机制，是社会保障伦理得以发挥其规导作用的重要保证。它是社会以利益作为对行政主体行为责任或道德品质高低的一种特殊的道德评价和调控方式。对于社会保障机构的工作人员来说，职位的升降是其最关注的利益函数。在用人机制上赏善罚恶，即对那些道德模范者，给予重用和提拔；对那些品行不端，道德不良者，绝不能提拔重用，形成用人机制的道德赏罚导向。赏为社会保障机构的工作人员的道德行为提供了内在吸引力，罚又为其施加了外在的压力。这样，倡导和禁止并用，内引与外压结合，形成了行政行为趋善避恶的强大动力。

第十三章

社会保障管理创新

随着市场经济体制的深化，社会保障制度体系的完善越来越受到广大人民的关注，一个高效透明、责权清晰的社会保障管理及管理体制，无论对于建立完善小康社会与和谐社会还是对于社会保障的可持续发展都是不可或缺的。当前，我国正在大力推进政府自身建设和管理创新，这是行政管理体制改革的主要任务，也是经济体制改革和政治体制改革的重要内容。社会保障作为政府职能的重要组成部分，也必须高度重视创新工作。

一、社会保障管理创新概述

(一) 管理创新及其意义

管理创新需要一系列制度安排来保证它的运行和发展，而制度的形成、变更和打破是一个渐进的连续的演变过程，是通过不断调整旧制度的边际效益而创造新制度的过程。所以创新政府管理必定离不开制度创新。

1. 管理创新的定义

管理是指与他人及通过他人有效地达成组织目标的过程，是组织中的管理者通过计划、组织、指挥、协调和控制，运用一定的管理职能和管理方法对组织中的人、财、物、信息四大资源进行整合和协调，从而实现组织目标的过程。

“创新是一种思想及在这种思想指导下的实践，是一种原则以及在这种原则下指导的活动，是管理的一种基本职能。”① 创新的表现，是在学习借鉴已有经验的基础上，敢于突破自己，超越别人；敢于抛弃旧的，创造新的。创新包括产品创新、服务创新、工艺创新、技术创新、文化创新和管理创新。其中，管理创新是关键和基础的一环。

而管理创新，“就是根据客观规律和现代科技发展的态势，在有效继承的

---

① 周三多：《管理学》，高等教育出版社2005年版，第318页。

前提下对传统的管理进行改进、改革、改善和发展。管理创新包括管理思想、管理观念、管理理论、管理制度、管理机制、管理体系、管理组织机构、管理模式方法及管理人才的培养组织等方面及其组合的创新"①。或者说，是管理者借助于系统的观点，利用新思维、新技术、新方法，创造一种新的更有效的资源整合范式，以促进组织管理系统综合效益不断提高，达到以尽可能少的投入获得尽可能多的产出效益的具有动态反馈机制的全过程管理。

管理创新要求组织的管理者不断根据市场和社会变化用新维、新技术、新方法、新机制，创造一种新的更有效的资源组合范式，以使调整后的四大资源的协作关系能最大限度地发挥他们的整合作用，达到以尽可能少的投入获得尽可能多的综合效益的目的。

2. 管理创新的内容

21 世纪是一个以智力资源占有配置为最重要因素的知识经济时代，以整合组织资源实现组织既定目标为主要特征的管理活动，在资源对象发生历史性变化的背景下，正在进行着深刻的变革，强调管理者应不断根据市场和社会变化用新思维、新技术、新方法、新机制，创造一种新的更有效的资源组合范式。

（1）组织与制度创新。以组织结构为重点的变革和创新，如重新划分或合并部门，流程改造，改变岗位及岗位职责，调整管理幅度、改进制度等。

（2）战略与决策创新。以战略为核心的变革和创新，它决定着企业的发展方向。包括企业与环境的关系、企业使命的确定、企业目标的建立、基本发展方针和竞争战略的制定等。

（3）管理模式与方法创新。管理模式是管理内容、管理方法、管理手段和形式的有机统一。模式与方法的创新就是对这四个方面进行创新。

（4）组织文化与观念创新。这是企业管理创新的灵魂，包括"以人为本"、培养危机意识、管理意识、创新意识、形成独特的企业文化等。

（5）环境创新。环境创新不是指组织为适应环境的变化而调整内部结构或活动，而是指通过组织积极的创新活动去改造环境。

3. 管理创新的特征

管理创新作为一种创新行为，并不是凭空想象的东西，而是实践的结果，如同技术创新、制度创新一样也是一个与经济相结合并一体化发展的过程，而且由于管理自身的性质，使得这一过程更具一定的复杂性、动态性及风

① 王祖成：《世界上最有生命力的管理—创新》，中国统计出版社 2002 年版，第 1 页。

险性。

(1) 管理的二重性决定了管理创新行为具有复杂性。管理具有二重性是马克思主义管理学说的重要原理之一，也是管理的根本属性。管理的自然属性——生产力属性，体现了管理活动具有技术性，并使其成为现代生产力系统的重要构成要素。而其社会属性——生产关系属性，则体现了管理活动具有社会性，表明了社会生产关系决定着管理性质，和决定着管理体制的建立，管理方式手段的选择和运用等。正因为管理活动具有技术性与社会性，使以围绕生产力的发展而进行的技术创新理论中包含了管理技术创新这一内容，也使以主要围绕生产关系（社会制度、组织管理制度、产权制度）变革进行的制度创新理论中涉及了组织管理制度创新这一层次。

(2) 管理的动态性、创造性决定了管理创新具有持续性。现代社会组织，都是一个不断与外界环境进行物质、能量、信息交换的动态开放系统，而作为管理主体和客体的人又各自具有独特的个性特征，这使得现代组织的管理活动的内外环境都具有资产不确定性因素和不完全信息，从而为组织管理的动态性活动提供了客观现实的依据。正如彼得·德鲁克所说的，"管理者不能把明天简单地理解为只是今天的延续"①。既然管理活动的逻辑和轨迹不是一种简单的重复，那么要达到既定的组织目标，就必须具有一定的创造性。也正是由于这一特性，创新就成了管理的职能形态。同时，对管理的各项活动和内容进行创新的行为也必然是一个动态的过程，而且是一个沿着一定的创新目标方向持续向前的，并不断超越的动态过程。

(3) 管理的间接性、滞后性决定了管理创新行为更具风险性。管理归根到底是对人的管理，是通过指挥、影响"他人"来做好工作的职能。而人是有独立意志性的主体性存在的，因而实施管理的过程，就是实现对人的意志行为进行规范、协调、诱导，让其行为符合某一预定目的和目标。而这一般目标事实上是加入了"他人"的体力和脑力劳动消耗，管理劳动只能是凝结于其中，所以组织目标的实现必然表现出一定的间接性与模糊性。不仅如此，管理的这种协调、引导他人的意志行为的本质，需要管理工作竭力形成一种气氛或价值观，这样其影响或支配人们的行为时效性才能更大、更长。但是，由于管理环境的不确定性，和管理效果具有一定的滞后性，因此管理手段的实施可能在目前有益，但却以牺牲了今后的长远利益为代价的；也可能目前的优势并不明显，但长期看却可能极有价值。这就使管理创新具有了一定的

---

① 〔美〕彼得·德鲁克:《动荡午代的管理》，工人出版社 1989 年版，第 7 页。

风险。

（二）管理创新的背景、内容和过程

随着科学技术日新月异、不断向前发展，专业知识、专业技能需要不断提高，加之政策的调整、变化，必须有新的管理模式和它相适应。如果在原来管理水平徘徊不前，势必造成员工组织的纪律松懈，不能调动员工的积极性和创造力，不能创造更好的个人和组织绩效。

1. 管理创新的时代背景

信息技术引领的现代科技的发展以及经济全球化的进程，推动了管理创新，这既包括“宏观管理层面上的创新——制度创新，也包括微观管理层面上的创新”①。

一方面，全球化在历史、政治、经济、社会和人们的思维方式等方面深刻地影响着当代政府的管理。全球化指的是一种历史过程，它转变了社会关系和交易的空间组织，造就了权力运用和交往行为的跨大陆的或者区域间的网络。在全球化的进程中，“政治生活的性质和形式也出现了转变。在当今时代，这种独特形式就是‘全球政治’——日益广泛的政治组织、交往和立法活动模式。世界某个地方的政治决策和政治活动能够在世界范围内迅速产生影响。通过快捷的通信，政治活动或决策的地点能够与政治交往的复杂系统发生联系。而与政治的这种‘伸展’相关的，是全球化进程的加强和加深，以至于‘一个遥远的行动’都可以影响到某个特别的地方或社区的社会局势和认知世界”②。

另一方面，全球化政治也把全球秩序中超越国家和社会的相互联系的密切性和复杂性凸显出来。全球化是跨越政治边界、区域与大陆的社会、政治和经济活动的延伸。全球化进程推动了不同形式的多边政治、跨政府政治和跨国政治。全球化对政治价值、政治行为、政治结构、政治权力和政治过程的深刻影响，也就必然对当代政府管理产生极其深刻的影响。这就要求当代政府以及公共部门的管理，必须有一个巨大的调整和适应。

2. 管理创新的内容

一般说来，管理创新包括管理思想、管理理论、管理知识、管理方法、管理工具等的创新。但是，作为激发组织潜力的重要形式，主要包括以下三

---

① 李京文：《中国在 21 世纪全新环境下的管理创新》，管理科学文摘，2002 年第 11 期。

② 戴维·赫尔德、安东尼·麦克格鲁著，陈志刚译：《全球化和反全球化》，社会科学文献出版社 2004 年版，第 15 ~ 16 页。

个方面的内容：

（1）管理理论上的创新。所谓管理思想理论创新，是摒弃原有的管理理论，引入现代的管理理论模式，并对现有的管理理论进行创新性地改变，也就是对管理思想从感性认识到理性认识的转变；管理思想理论的创新就是要对原有的科学的管理理论上升到行为科学理论。人际关系理论、激励理论、领导效能理论是行为科学理论的三要素。

（2）管理制度上的创新。管理制度上的创新，是打破束缚组织发展的陈旧的管理制度，建立起以激励为前提，人本化的制度。新的制度的建立要能最大限度地发挥组织内部的创新能力。

（3）管理方法上的创新。管理方法的创新，是在创新的管理理论指导下，借鉴成功的先进管理模式，运用到组织的管理之中。先进的管理模式并非都是有效的管理手段，只有对组织的管理有推进作用的才是最正确和有效的。

管理创新的思想、制度、方法三个方面内容相互联系、相互作用，任何一个方面不可或缺。

3. 管理创新的过程

管理创新过程是一个渐进的过程，是从无到有，从认识到认知，从认知到创新的过程，它分为以下四个阶段。

（1）冲突阶段。员工对组织原有管理模式的不满或组织遭遇到前所未有的发展危机而导致组织和员工在认识上与原有管理理论思想的冲突。

（2）认知阶段。因为认识到组织现有管理手段、方法的落后，而主动去认知新的管理理念和成功经验主动去认知，有借鉴和学习的意愿。这个过程需要大量的理论基础和案例的支持，从这些经验中汲取有利的元素，应到新的管理体系之中。

（3）创新阶段。创新行为的实施阶段，这个阶段是将组织之中不满的因素，先进的管理理论和成功的创新案例组合到一起，加以总结，提炼、加工，在重复、渐进的不断尝试中寻求一个最佳创新方案。

（4）认可阶段。创新后的管理体系要得到组织内部和外部的一致认可，包括对创新内容的适应过程；创新过程中消极因素的规避问题；创新收益的评价等各方面有利、不利因素的综合分析、认可过程。

（三）社会保障管理创新条件和创新能力

社会保障管理创新是在立足国家政治、经济和社会发展的条件下，运用各种社会资源，依据社会保障制度自身运行规律以及社会保障管理的相关理念和规范，对传统社会保障管理模式及方法进行改进，并构建新的社会保障管理机制和制度，最终实现社会保障管理新目标的过程。

1. 社会保障管理创新的条件

社会保障管理创新是指组织把新的管理要素（如新的管理方法、新的管理手段、新的管理模式等）或要素组合引入机构管理系统以更有效地实现组织目标的活动。为使管理创新能有效地进行，必须创造以下的基本条件。

（1）创新主体应具有良好的心智模式。创新主体（机构领导、管理者和员工）具有良好的心智模式是实现管理创新的关键。心智模式是指由于过去的经历、习惯、知识素养、价值观等形成的基本固定的思维认识方式和行为习惯。创新主体具有的心智模式：一是远见卓识；二是具有较好的文化素质和价值观。

（2）创新主体应具有较强的能力结构。管理创新主体必须具备一定的能力才可能完成管理创新，创新管理主体应具有：核心能力，必要能力和增效能力。核心能力突出地表现为创新能力；必要能力包括将创新转化为实际操作方案的能力，从事日常管理工作的各项能力；增效能力则是控制协调加快进展的各项能力。

（3）组织应具备较好的基础管理条件。管理创新往往是在基础管理较好的基础上才有可能产生，因为基础管理好可提供许多必要的准确的信息、资料、规则，这本身有助于管理创新的顺利进行。

（4）组织应营造一个良好的管理创新氛围。创新主体能有创新意识，能有效发挥其创新能力，与拥有一个良好的创新氛围有关。在良好的工作氛围下，人们思想活跃，新点子产生得多而快，而不好的氛围则可能导致人们思想僵化，思路堵塞，头脑空白。

（5）管理创新应结合本组织的特点。现代组织机构之所以要进行管理上的创新，是为了更有效地整合本组织的资源以完成本组织的目标和任务。因此，这样的创新就不可能脱离本组织和本国的特点。

（6）管理创新应有创新目标。管理创新目标比一般目标更难确定，因为创新活动及创新目标具有更大的不确定性。尽管确定创新目标是一件困难的事情，但是如果没有一个恰当的目标则会浪费企业的资源，这本身又与管理的宗旨不符。

2. 社会保障管理的创新能力

从新公共管理的视角来看，公共管理主要包括战略管理、政策管理、资源管理和项目管理。与之相对应，社会保障管理创新的能力也可以划分为四个层次。

（1）战略规划能力。战略规划能力是指管理者和组织者通过思考，在衡量影响组织未来的内部和外部环境的基础上，为组织创设目标、前进方向、焦点和一致性的能力。战略规划能力的强弱直接影响政府等公共部门长远的生存与发展，影响到公共部门能否在迅速变化的环境中取得更大的绩效，甚至还影响到公共部门的合法性、正当性和公正性。

（2）公共政策能力。公共政策能力是指政府部门在战略规划的指导下，制定具体的管理创新行动方案的能力。公共政策能力不强，缺乏操作性，是我国许多政府部门的通病。这表现在：政府部门缺乏根据自身实际来制定的领导者，战略规划制定出来以后，领导者往往出于尽早看到战略实施效果的迫切愿望而匆匆上马，甚至认为制订实施计划是在浪费时间或延误战机；一些政府部门好大喜功，不结合自身资源状况来制定政策，不切实际，根本无法分步实施；公共政策的制定缺乏科学的方法，往往靠管理者的主观臆断和历史经验，而很少运用科学的量化的标准。

（3）资源管理能力。资源管理能力是指政府部门获取、配置并有效使用管理创新所需要的各种资源的能力。每个公共组织至少都应该拥有四种可能实现预期目标的硬性资源：人力资源、物力资源、财力资源和技术资源，除此之外，还应该拥有必要的软性资源，包括信息、制度以及公众的认同和支持等。总的来说，改革开放以来，我国政府的资源管理能力不断增强，但仍然有待提升。

（4）项目管理能力。项目管理能力是指将战略规划具体执行的能力，是将理想的目标转化为可见的现实的能力，项目管理是从企业管理和工程管理借鉴的概念，它在政府部门中被证明同样能提高绩效。项目管理在我国政府部门中的运用处于起步的原始阶段，项目管理能力也相对十分低下，在项目的实施中，政府部门对于时间、成本、收益、风险的关注甚少，项目管理极不规范。

3. 社会保障管理创新的意义

创新是一种理念，也是社会保障科学进一步发展的内在要求。只有通过管理创新，才能使组织机构的管理体制和运行机制更加规范合理，实现人、财、物等资源的有效配置。

（1）提出一种新的经营思路并加以有效实施。负有社会管理之责的公共管理机构在竞争中要想占据优势地位，出路只有一条，那就是贯彻落实科学发展观，提升管理水平，实现管理创新。机构应尽快创新自身的管理体制，适应现代组织管理制度的要求，才能在竞争中站稳脚跟，在竞争中求得发展。

（2）设计一个新的组织机构并使之有效运作。市场经济的法则是优胜劣汰。当今世界，经济全球化是当今世界经济发展的特征，各国经济通过商贸往来相互联系、相互依存、相互融合。我国已加入 WTO，融入世界经济的大潮中，我们应该主动学习现代资源、技术、信息、人才管理经验，适应日益竞争激烈的市场变化。

（3）创造新的管理方式、方法。管理创新通过对管理方式、方法的调整，不断采用适应市场需求的新的管理方式和管理方法，提高工作效率，协调人际关系，进一步激励员工的工作积极性。

（4）设计一种新的管理模式。真正的、现代意义上的管理，都要通过管理模式来进行。任何已有的和常规的管理模式都将被创新的管理模式所取代。我们应该在不断的发展中完善，改进管理模式，不能固守陈规，应紧紧关注当前管理发展的动态与趋势，修正管理模式。

（5）进行一项制度创新。管理创新的内容是多方面的，它不仅体现在更新岗位设计和工作流程，更体现在对经营观念、经营战略、组织结构、激励和约束制度、组织行为、管理规范、管理方法和管理技术及至在组织文化整合上进行系统性的调整。

二、社会保障管理的环境与改革的动力

（一）影响社会保障管理的环境因素分析

世界上万事万物是变化发展的。同样，社会保障管理活动也是在复杂的不断变化的宏观和微观环境中进行的。

1. 社会保障管理的内外部环境

所谓环境，指存在于某一事物周围的一切情况和条件的总和。这些情况和条件按一定方式所形成的环境总是处于不断变化之中的。社会保障管理的环境亦是如此。

社会保障管理主体是整个社会保障管理体系的一个重要构成要素，其内部按照特定的体制、结构、功能和运行机制，构成一个复杂而严密的系统，在其外部，又与周围的各种要素形成不同的联系。因此，从环境的一般定义来看，宽泛地说，社会保障管理行为之外的所有影响因素都可以作为社会保障管理的环境。①

社会保障管理的内部环境，主要是指社会保障管理机构内部的各种关系

① 王德清、张振改：《公共事业管理》，重庆大学出版社 2005 年版，第 306 页。

和要素组合（包括内部人事管理问题）等。所谓外部环境，主要是指社会保障管理机构之外的影响因素，如政治、经济、地理、人口、文化、民族、宗教等。

我们通常所说的社会保障管理环境，主要指外部环境，即社会保障管理主体系统赖以存在和发展的外部条件的总和，或者说是直接或间接作用或影响社会保障管理主体及其活动方式、活动过程的外部要素的总和。

构成社会保障管理环境的外部要素是极为广泛的，也是十分复杂的。这些要素按一定的方式或关系构成社会保障管理的环境，影响和制约着社会保障管理的理念、方式方法等；同时，这些要素一方面由于有自身运动的轨迹和规律，另一方面在社会保障管理过程中必须去创造有利的环境来促进社会保障管理目标的实现，因而也处于不断发展变化的动态过程中。社会保障管理主体与环境之间是动态的平衡与发展的关系。

2. 影响社会保障管理的环境因素

影响社会保障管理的环境因素，具体来看主要有以下几个方面：

（1）组织的资源。传统的资源如劳动力、土地、资本和自然资源支撑了20世纪的发展。但步入21世纪之后，知识与信息代替了传统的资源成了组织发展的最大资源。因此，我们要大力重视现代组织资源的作用，积极探索信息资源的有效配置方式及管理方法。

（2）组织的成员。在物质不甚丰富而又在逐步丰富的20世纪中，大众迫于生计更多地像一个追逐利益的经济人，经济学家们以此构造了他们的理论体系和现实的经济体系。然而在物质甚为丰富、人类生活有了大步提高之后，人们也许开始摆脱经济人的头衔。在当今社会人们受经济、政治、文化道德等方面的陶冶和洗礼，人性变得非常复杂，如果管理者不及时审时度势，引入激励机制与员工真诚合作，以满足员工的需要，充分调动他们的潜能，组织效率就不可能真正提高。

（3）组织的环境。按照环境的不确定性程度，组织所处的环境可分为三类：一是稳定的环境，表现为产品或服务在近期内是基本稳定的、政府有关政策法令是连续的。在相关领域中技术创新速度平稳，社会保障关系均维持稳定。二是变迁的环境，表现为产品或服务在近期内出现连续性变化，政府有关政策法令也有变化但趋势可以预测、技术创新速度加快但连续性较强、本行业内的竞争态势仍可把握等。三是动荡的环境，表现为产品或服务经常改变、技术创新日新月异竞争教烈、政府的政策法令不断出新消费者的行为和价值取向改变迅速等。

（4）伦理观念的变化。人的心智模式和思维方式的变化，是众多约束因素综合作用下的产物。在新的历史时期，这些约束因素发生变化之后，作为管理的出发者，其价值观念、思维方式等都将发生不可预知的变化。从社会保障角度看，社会保障管理是一种政府行政行为，它是法制行为，也是道德行为，没有法和德的双重约束，社会保障管理就会在很大程度上将处于混乱状态。为此，我们必须加强社会保障管理者的行政伦理建设，培养其道德良知，增强其自律意识，以“德化”防止“腐化”，从而规范公务员的行政管理行为。

（5）信息搜索趋于艰难。21 世纪是信息的世纪，人类已然迈进了信息时代。而信息越是充分越是丰富，人们就越难及时搜索到自己所需要的信息。由于信息时代变化加快，信息量递增，知识爆炸，复杂性增加，人们在得益于信息便利的同时，也开始为此烦恼。这些变化都要求我们积极探索新的管理方式来应对新形势的需要。

（6）观察思考问题的视角变化。人类只拥有一个地球，在新的历史条件下人们将更多地体会世界的渺小、地球的可爱，人们将更多地超越自己的国界来思考问题，解决问题；在此意义上，人类是一个整体，他们将没有国界，人类的经济行为将从全球的长远角度来考察。所以，任何组织都将在更大的范围内谋求整体而不是局部的利益。

（7）人类的可持续发展。自 20 世纪的后半叶起，伴随着世界经济活动每年以 3% 的速度增长，创造了巨额财富的同时，人类也感受到正面临着严重的威胁。主要是环境急剧恶化、资源迅速消耗、人口膨胀、贫富差距继续拉大。这些问题已威胁到了人类的发展与生存，从而引起了当今世界的普遍重视。

（8）组织内部由分工走向综合。人类从 20 世纪专业化分工获得了巨大的收益，然而社会分工愈深愈细，愈有可能偏离本原要旨，负面效应逐渐显现出来。在现代社会中，如果片面强调分工精细和专业化，则使各种社会组织的整体协调作业过程和对过程的监控越来越高，结果致使企业整体效率低下；同时，把人分成上下级关系的官僚体制，使人的积极性、主动性得不到充分发挥。另一方面，高科技的发展，特别是计算机的普及运用，使简化管理环节成为可能。

综上所述，正是由于这些管理环境因素日益发生着变化，因此社会保障管理也必须做出相应的改革来适应新形势的需要，从而不断推动我国社会保障管理创新向前发展。

（二）政府管理模式改革与创新的原因

政府管理创新之所以能蓬勃发展，有客观的原因，也有主观的原因。客观原因是现实为政府创新提供了广阔的空间，主观原因是在政府内部存在着创新的动力。

1. 全球化对公共部门管理创新的呼唤

当今世界是一个经济全球化的世界。随着经济全球化的发展，各国之间在经济发展方面的相互依赖性日益提高，国家间的经济竞争也随之进入了空前激烈的阶段。从形式上看，经济全球化所带来的是各国企业之间的竞争，而实质上经济全球化也直接导致政府间的竞争，政府竞争的发展态势正从单纯的国内竞争向国际国内全方位竞争演变，从有形的资金、人才和资源的竞争向无形的制度、服务和管理水平的竞争演变，从不规范竞争向规范竞争演变。而且我国自 2001 年 12 月 11 日正式加入世界贸易组织，从而在更大范围和更深程度上参与了经济全球化。作为 WTO 的一员，中国市场将对外部竞争和内部竞争同时开放，这就把各级地方政府推向了国际竞争的舞台，使各级地方政府不得不在相同的起跑线上，在没有保护壁垒的情况下竞争。地方政府之间由单纯的国内竞争演变为国际国内的全方位竞争。

2. 国内政治经济社会发展的要求

经历 40 年的改革开放，中国社会、经济、政治发展开始步入一个多元矛盾交织互作的复杂时期。以收入差距、城乡差距、下岗失业、失地无业、贫困弱势群体保障、资源环境瓶颈、国家安全、官员腐败为主要表现形式的分化差异格局和社会矛盾，成为未来国家发展的主要战略挑战。为了应对挑战，政府的转型显得前所未有的醒目和重要。经济体制改革推进至今，如果没有社会体制改革和政治体制改革的启动和配合，可以说举步维艰、无法深化，而政府改革既联系经济体制改革，又联系社会体制改革和政治体制改革，处于改革的中心环节。换言之，当前政府自身的矛盾已成为改革过程中各种矛盾的汇集点，各种经济社会矛盾的交织已经将政府改革逼到前台，政府改革应当成为今后制定经济发展规划乃至更长时期改革的中心和重点，成为构建社会主义和谐社会的关键一步。

3. 社会保障事业发展壮大的需要

首先，随着知识经济时代的来临，越来越多的组织和机构都发现，仅有良好的生产效率、足够高的质量，甚至灵活性已不足以保持市场竞争优势，管理创新正日益成为组织生存与发展的不竭源泉和动力。其次，环境的动荡、竞争的激烈和服务对象需求的变化都需要组织进行全方位的改变，以更快速更好的服务满足群众全方位的需求，这就不仅要求组织技术创新，而且必须以此为中心进行全面、系统、持续地创新。即通过有效的创新管理机制、方法和工具，力求做到人人创新，事事创新，时时创新，处处创新。

（三）我国社会保障管理创新的动力

改革开放40年来，我国的经济、社会面貌取得了重大发展。但是收入差距拉大导致的贫富分化也在不断加剧，甚至会变成影响社会稳定的社会问题。这种形势迫切要求社会保障部门通过管理创新来促进社会和谐。

1. 利益诉求是社会保障管理创新的内在动力

首先，谋求地区经济的发展和追求政绩的需要也在推动着社会保障机构的管理创新。在市场经济时代，地方社会保障部门的管理者其实也是“政治企业家”，他们也要最大化自己的“经营业绩”——政绩。在中央“以经济建设为中心”的方针下，管理者逐渐认识到他们的政绩最终要通过辖区的社会保障水平来体现，所以他们在不侵害本地方利益和条件允许的情况下，会不失时机地推进地方管理模式的改革和创新，以此来促进本地区的经济发展；其次，管理者自身全面发展的需要推动地方社会保障部门的管理创新。作为国家公共管理体现者的社会保障部门及其管理者，在社会中扮演着多重角色，它也必然代表和追求多重利益。管理者在追求社会公共利益的过程中，也要实现公共利益以外的其他的合法利益，如职务、荣誉、物质等，这就必须提高自己的行政工作质量和效率，使自己成为地方政府管理创新的推动者。

2. 上级机关的推动是社会保障管理模式创新的直接动力

由于各种原因，上级领导机关往往希望下级在社会保障管理工作的某些方面进行一些创新。尤其是党和国家主要领导人纵观国内外形势，为了国家长期战略目标的实现，要求各级社会保障部门及其管理者摒弃落后的传统观念和管理体制，完成国家发展的历史性任务。而下级机关在创新与政绩追求之间没有太大矛盾的情况下便会愿意接受上级提出的创新要求，进行一些创新活动。

3. 人民群众的诉求和社会媒体的压力是社会保障管理创新的外在动力

由于社会保障部门目前存在着许多严重的弊病，给人民群众带来极大的困扰和利益的损失。当人民群众在某些方面感到实在无法容忍的时候，他们便会运用各种方式向这些机构施加压力，这就会迫使社会保障部门的管理者不得不对某些方面的工作进行一些改进，从而体现出某种创新。而且随着人民群众政治参与的不断深入发展，这方面的压力会越来越大，从而使这方面的创新动力也将变得更重要。同时，随着民主观念的日渐深入，广大媒体和学术界对政府管理中存在的一些问题进行曝光、批判和探讨，如“焦点访谈”深入基层的采访，政府“创新网”对社会保障部门管理的引导，使得管理者为了自己的政绩和仕途不得不对政府的管理模式进行改革与创新。

三、新时代背景下我国社会保障的管理创新

（一）当前我国社会保障管理创新的挑战

中国特色社会主义进入到新时代，中国的社会保障事业也进入了新时代。“新时代”这一重要论断，意味着中国的社会保障制度建设迎来了战略机遇期，光明前景可期，但同时挑战与机遇并存，其中法制建设滞后、社会保障基金监管的不够规范、体制不顺等问题比较突出。

1. 法制建设不能满足社会保障管理的要求

时至今日，我国社会保障仍然没有建立起完整的社会保障的法律体系，从而影响着我国社会保障制度的稳定运行。关于这一点主要体现在三个方面：一是立法缺乏整体规划，体系尚不健全。目前指导我国社会保障管理的多是行政法规。如近些年我国出台的多是一些社会保障单项行政法规，这些法规虽然也对促进社会保障事业起到了积极作用，但是距离建设完善的社会保障法律体系的目标还相当远。仅以社会保险范畴为例，只有《社会保险法》和几部过于原则的《保险条例》等；二是立法层次较低，缺乏必须的法律效力。迄今为止，经过全国人大通过的与社会保障相关的法律仅有几部，而且大多是与其他内容混在一起，并非全部适用于社会保障领域。而由国务院及其职能部门颁布的有关社会保障方面的法规、条例等，则至少在 100 件以上；三是社会保障的立法体制不够规范。由于缺乏充分的沟通和统筹考虑，不同的主体制定的劳动保障立法必然存在这样那样的不适应或冲突之处。直接表现就是，虽然在社会保障方面国家和地方政府每年颁布若干有关规定，但由于缺乏基本法律支持，各地立法差异较大，社会效果并不理想。

2. 社会保障的立法体制不规范

社会保障具体事务监管中最突出的问题是社会保障基金管理。一是社会保障基金的运作和管理体制存在缺陷，表现在使用社保基金的过程中随意投资，或者滥用社保基金为自己谋私利，他们可能甚至没有意识到这样做的危险性与违法性。造成这种现象的很大一部分原因在于我国社保基金管理体制存在着缺陷，导致部分人员遵守相关法律法规的意识不强；二是基金监管的主体比较模糊。在我国，社会保障基金的监督和管理，多年来一直集中在地方社保部门身上，因而地方社会保障部门同时成为社会保障基金的监管者、

社会保障基金的委托人和与资产管理者。这就形成了自己监督自己的局面。更严重的是，这会导致我国社会保障基金透明度低、监管无效的情形，公众不知道基金监管的情况，不知道基金如何运作；三是基金运营与监管存在法律漏洞。目前对我国社会保障基金的管理，只有《劳动法》中有一些较为概括性的规定，这种概括性的规定缺乏具体的细则，因而实施起来存在一定的难度，很多从业者打法律以及监管的擦边球，利用法律法规的漏洞为自己谋私利。另外还有一些部委级别的文件，这些文件的有关规定则缺乏权威性。二是这些法律法规的监管层次都不高，大部分规定都只是停留在部委一级，因而对一些违规行为缺乏有效的制约。

3. 体制不顺致使管理水平提高缓慢

2008 年，在国务院大部制改革形势下，社会保障管理机构进一步改革，将原人事部与劳动与社会保障部合并，成立人力资源与社会保障部。两次机构调整后，很大程度上改变了过去社会保障政出多门、管理混乱的局面。但社会救助、社会福利、社会优抚、社会保障资金等项目却由民政、人事、卫生、财政、基金委员会等众多部门分管。一方面，由于各部门工作目标的差异性，工作的价值取向很难达成一致，在实际工作中争权或责任推诿在所难免。在一些社会保障政策的制定过程中，哪些保障政策应该由全国统一制定，哪些可以由地方政府制定并不十分明确，在一些保障项目的责任担负上，中央和地方的责权同样不清晰。同时，我国社会保障政策的制定、实施、检查和监督大多都是由社会保障管理部门来进行。决策制定者同时又是决策执行者和监督者，这就导致了社会保障监管的“虚化”；另一方面，社会保障资金管理效率不高，导致在我国的社会保障管理中，出现了一些难以回避的矛盾和问题，最突出的是由于不同年龄的职工采取了不同的办法来计发养老金而导致的个人账户的空账问题。而后者主要是关于机构设置、监管、法律建设等方面的问题。

4. 社会保障的对象管理略显僵化

社会保障对象管理存在的问题主要体现在以下两大方面：一是“二元”户籍制度。由于“二元”户籍制度的存在，由于二元体制所带来的城乡社会保障建设方面的天壤之别。以社会保险为例，我国目前主要侧重实施城镇职工的基本养老保险、医疗保险、失业保险，而农村医疗保险、农村养老保险等制度建设虽然开展较早，但由于推进力度不足而进展缓慢；二是管理工作不到位，“形同虚设”。在社会保障具体事务管理中，某些人为因素可能导致社会保障待遇不公正的使用。根据权利和义务相统一的原则，社会保障的对象确定是有一定标准的。但实际工作中，由于行政权力的干涉和法律监管的缺位，一些人享受了不该享受的社会保障待遇，或者其享受的社会保障待遇远远超出了其应有的标准。这些都变相损害了社会保障权利人的正当权益。

综上所述，目前我国保障管理存在的问题，还有很多地方亟待进行改革和创新。这就要求我们坚持以习近平中国特色社会主义思想为指导，以中央和各省有关社会保障管理服务的方针政策为依据，调整机构、完善职能、理顺关系，加快进行社会保障管理创新的步伐，以充分发挥社会保障的重大作用。

（二）新时代对我国社会保障管理创新的要求

中国特色社会主义进入了新时代，中国共产党十九大报告把“加强社会保障体系建设”作为了新时代坚持和发展中国特色社会主义的基本方略。为此，做好新时代背景下的社会保障工作，需要我们明确基本要求、对标基本目标、突出重点任务。

1. 明确基本原则

“兜底线、织密网、建机制”①，是中国共产党十九大报告对做好社会保障工作的基本原则。中国特色社会主义进入了新时代，社会保障的绝对水平会不断提高，但保障基本生活的功能定位不会也不能改变，否则国家就会不堪重负，并且导致社会活力下降、“养懒汉”等一系列问题。兜底线是社会保障的基本功能，这也是世界上社会保障制度建设的一条重要经验。织密网是社会保障制度不断满足人民美好生活需要的必然要求。从保障对象看，织密网意味着我们要坚持覆盖全民；从保障项目看，织密网意味着我们要不断把人民群众最关心、最直接、最现实的养老、医疗等需求纳入其中，不断在坚持“兜底线”的基础上丰富保障项目、提高保障水平。建机制是社会保障制度可持续发展的重要基础。在中国特色社会主义进入新时代背景下，我们要认真面对经济社会结构变化给社会保障制度带来的重大挑战，清醒认识社会保障制度运行中存在的各种问题，坚持把提升社会保障公共服务机制建设作为一个主攻方向，抓住国家全面深化改革重大历史机遇，加快社会保障各项制度的建立和完善。

2. 明确发展目标

十九大报告对做好社会保障工作提出了“覆盖全民、城乡统筹、权责清

---

① 习近平：《决胜全面建成小康社会，夺取新时代中国特色社会主义伟大胜利》，人民出版社2018年版，第47页。

晰、保障适度、可持续多层次”① 的重要目标。覆盖全民、城乡统筹，是对接“织密网”要求的重要目标。中国特色社会主义进入了新时代，社会保障制度建设必须坚持把覆盖全民、城乡统筹作为重要目标，在已经实现城乡居民养老、医疗保险制度整合的基础上，以适应流动性为重点，既不断破除参保壁垒又切实解决困难群众参保难题，不断打通实现全覆盖的“最后一公里”。权责清晰、保障适度，是对接“兜底线”的重要目标。要进一步厘清中央和地方政府之间的权责，厘清政府和公民个人之间的权责，在公共财政加大对社会保障支持力度的同时，进一步体现公民个人的责任，鼓励参保，查处漏保，打击骗保。既要积极回应人民群众对美好生活的需要，不断完善保障项目，提高保障水平，又要坚持保基本、守底线的基本原则。可持续多层次是对接“建机制”要求的重要目标。伴随着我国人口抚养比持续降低等人口、经济、社会结构的深层次变动，在社会保障制度改革全局中，越来越需要我们把维护制度可持续发展能力作为优先考虑的目标，努力在提高待遇、扩大覆盖面和基金可承受能力之间找到平衡点。

3. 明确重点任务

“完善城镇职工基本养老保险和城乡居民基本养老保险制度，尽快实现养老保险全国统筹。完善统一的城乡居民基本医疗保险制度和大病保险制度。完善失业、工伤保险制度。建立全国统一的社会保险公共服务平台。统筹城乡社会救助体系，完善最低生活保障制度。坚持男女平等基本国策，保障妇女儿童合法权益。完善社会救助、社会福利、慈善事业、优抚安置等制度，健全农村留守儿童和妇女、老年人关爱服务体系。发展残疾人事业，加强残疾康复服务。坚持房子是用来住的、不是用来炒的定位，加快建立多主体供给、多渠道保障、租购并举的住房制度，让全体人民住有所居”②。上述工作，是十九大报告提出的我国社会保障制度建设的重点任务，具有很强的针对性，是落实“兜底线、织密网、建机制”要求，实现“覆盖全民、城乡统筹、权责清晰、保障适度、可持续多层次”目标的重大举措。

（三）加快社会保障管理创新的对策

在新时代背景下，中国共产党十九大报告提出“加强社会保障体系建设，

---

① 习近平：《决胜全面建成小康社会，夺取新时代中国特色社会主义伟大胜利》，人民出版社 2018 年版，第 47 页。

② 习近平：《决胜全面建成小康社会，夺取新时代中国特色社会主义伟大胜利》，人民出版社 2018 年版，第 47 页。

按照兜底线、织密网、建机制的要求，全面建成覆盖全民、城乡统筹、权责清晰、保障适度、可持续的多层次社会保障体系”，这一方略为我们勾勒出新时代下中国社会保障的发展图景与努力方向。

1. 坚持以新时代中国特色社会主义思想为指导

党的十九大做出的一个重大政治判断，就是中国特色社会主义进入新时代，明确了我国发展新的历史方位。党的十九大的一个重大历史贡献，就是将习近平新时代中国特色社会主义思想载入党章，确立为我们党必须长期坚持的指导思想。习近平新时代中国特色社会主义思想，为新时代伟大实践提供了行动指南，也是推进社会保障管理创新的根本遵循。

（1）必须正确认识和把握我国社会主要矛盾变化对社会保障管理创新的影响。习近平新时代中国特色社会主义思想，明确我国社会主要矛盾已经转化为人民日益增长的美好生活需要和不平衡不充分的发展之间的矛盾，这也是中国特色社会主义进入新时代的一个重要标志，将对经济社会各个方面产生广泛而深刻的影响，在人力资源和社会保障领域有着具体体现。群众就业面临不少困难，公平性有待增强，质量还需要进一步提高。社会保障已经解决了从无到有的问题，现在面对的是人民群众更高水平、更高质量、更方便快捷的需求。人才创新创造活力需要进一步释放。公务员队伍能力素质有待进一步提高。部分职工工资收入水平较低，不合理收入分配差距依然较大，合理有序的工资收入分配格局尚未完全形成。一些用人单位侵害劳动者权益的问题还时有发生，劳动者平等意识、权利意识和公平要求不断增强，维护劳动关系和谐稳定任务仍十分繁重。我们必须立足我国基本国情和发展的阶段性特征，紧扣社会主要矛盾变化，以人民对美好生活的需要为至高追求，准确把握人民群众需要的时代特点和发展演变规律，着力破除事业发展的制约因素，书写促进人的全面发展、全体人民共同富裕的崭新答卷。

（2）必须深入贯彻落实以人民为中心的发展思想，坚持在社会保障管理创新中保障和改善民生。新时代人力资源和社会保障事业朝什么方向发展、发展什么、如何发展，都必须以习近平新时代中国特色社会主义思想为指引，尤其要深入贯彻以人民为中心的发展思想，坚持在发展中保障和改善民生，不断增进民生福祉。这是我们做好各项工作必须始终坚持的根本原则，也是破解新时代社会主要矛盾的关键所在。在发展中保障和改善民生，必须紧紧抓住人民最关心最直接最现实的利益问题，这是做好新时代人力资源和社会保障工作的出发点和落脚点。必须坚持尽力而为、量力而行，这是做好新时代人力资源和社会保障工作必须长期坚持的重大原则。必须坚持人人尽责、人人享有，这是新时代人力资源和社会保障事业发展目标的实现途径。必须坚持坚守底线、突出重点、完善制度、引导预期，这是做好新时代人力资源和社会保障工作的基本思路。必须坚持社会公平正义，这是保障和改善民生工作的核心价值，关乎能否实现共同富裕目标。

（3）必须以更加昂扬的奋斗姿态推动社会保障管理创新提高水平。党的十九大擘画了我国发展的宏伟蓝图，对人力资源和社会保障事业发展提出新的奋斗目标和要求。我们必须顺应时代脉动，找准事业发展新的历史方位，以习近平新时代中国特色社会主义思想引领社会保障事业发展新征程，共同形塑两个百年奋斗进程中人力资源和社会保障事业发展的美好前景。到2020年，随着我国如期全面建成小康社会，人力资源和社会保障各项制度基本成熟定型，事业发展将整体提升到一个新的水平。中国特色积极就业政策日趋完善，比较充分就业基本实现。多层次社会保障体系基本建成，社会保障公平性、统一性、可持续性显著增强。人才发展体制机制更加健全，我国进入人力资源强国行列。人事管理法治化科学化水平显著提升，公务员队伍素质能力明显增强。工资收入分配制度更加健全，分配格局更合理、更有序，分配差距进一步缩小。劳动关系治理能力明显提高，共建共治共享治理格局初步形成。人力资源和社会保障公共服务更加可及高效人本。到2035年，随着我国基本实现现代化，人力资源和社会保障制度体系将更加完善，公共服务水平全面跃升，社会就业更高质量更加充分更加公平，中等收入群体比例明显提高，社会保障需要基本满足，现代劳动关系治理格局基本形成，公务员队伍高素质专业化，人力资源充分开发利用，跻身人力资源强国前列。

2. 积极适应社会保障管理创新的要求

新时代，我国的社会保障管理应全面贯彻党的十九大精神，坚持稳中求进工作总基调，坚持新发展理念，坚持民生为本、人才优先，促发展与惠民生相结合，全力促进就业创业，深化社会保障改革，加快人才队伍建设，推进人事管理创新，完善工资收入分配制度，构建和谐劳动关系，提升公共服务能力，持之以恒全面从严治党，为全面建成小康社会做出积极贡献。

（1）保持社会保障基金供求长期均衡。社会保障是一个长期化的过程，从社会保险制度设计的角度看，按照现收现付式或是基金制运作要考虑社会保障转型的沉淀成本、资金缴付状况以及未来中国人口老龄化与高龄化的发展需要等诸多因素的影响；从个人账户（不管是养老保险个人账户、医疗个人账户还是年金账户）看，其资金运作要实现安全保障下的最大增值，才能真正降低年复一年且不断增长的财政负担。显而易见，社会保障基金供求均衡化是一个极为复杂的技术过程，也是坚持社会保障可持续发展的首要动机，没有社会保障可持续发展的财务风险防范机制，就不可能实现社会保障的其他目标。

(2) 注重社会保障运行效益。社会保障运行的效益最大化，一方面要使社会保障活动最大限度地支撑社会经济的改革与转型；另一方面要使各个社会保障行为主体在社会保障过程中以尽可能小的成本获取最基本的和较为满意的精神与物质需求。按照制度经济学的观点，使社会保障制度成为一种润滑剂，减少社会经济转轨过程中的社会摩擦，使市场失灵的负面作用减小到最低程度。我们对社会保障运行效益的判断与评估需要建立一系列的数量指标、质量指标和评估指标，通过定性与定量分析进行制度调整与创新，不断挖掘社会保障制度创新所蕴含的潜能，以实现社会保障经济效益与社会效益的最大化。

(3) 处理好社会保障实施过程公平与效率的关系。社会保障制度也是一种分配制度，它在较大程度上属于准公共物品的范畴，如社会救济制度可以通过家计调查确定低收入者的收入状况，来实现制度性扶贫。不论是针对先天不足而引起的贫困，还是市场因素或是自然因素而产生的政府转移支付，决定了社会保障始终是一种选择性的而不是普遍性的供给。公平是社会保障给予全体公民共同的机会，但必须符合利用机会的条件，绝不是平均分配。即使是重灾区普遍遭受自然灾害的灾民也应按经济需要理性分配，只有这样，“阳光普照”的平均主义才会在制度改革中失去市场。在失业救济的发放过程中，家计调查与严格的申请程序使被保障者在道德与羞耻的抉择中选择了理性，使得在公平前提下有限的社会保障资源发挥最大的救助效率。

(4) 建立社会保障制度运行的安全化机制。社会保障制度的低水平与制度刚性决定了社会保障是一个循序渐进的过程，制度的失误会酿成巨大的改革成本，造成公民的信任危机与经济损失。如养老保险个人账户的“空账”运行，必然给养老保险制度造成很大的隐患；医疗保险改革中的各类道德风险会使医疗保险制度本身难以深化；社会保障基金的非制度性支出与挤占挪用，会助长人们对社会保障制度的怀疑情绪。在社会保障基金的资本化运作中，要建立一个稳定的保障监督机制与高效的组织管理体制，强化制度监管力度与社会监督。

(5) 以高新技术支持社会保障的发展。社会保障制度的信息化与社会保障监管制度的创新，同样需要高效的技术信息支持，依赖于计算机网络技术的发展。在未来的社会保障改革与制度创新中，运用电子技术手段，建立统一的覆盖全国的社会保障技术支持系统，使社会保障基金的缴纳、记录、核算、支付、查询等都纳入现代化的计算机管理系统，逐步实现全国联网。现行的社会保障制度尚无法规范这一新事物，这一制度创新在社会保障可持续发展中显得尤为重要与迫切。

3. 加强在转型过程中社会保障管理的制度设计

公共部门的管理创新是世界各国政府发展的总趋势，全球化进程必然推动中国公共管理的不断创新。社会保障制度作为国家的一项基本经济社会制度，应具有长期发展可持续性，以解除广大人民群众的后顾之忧，引导人们对社会保障制度发展方向和待遇水平形成合理的预期。当前，我国的社会保障管理，应在加快完善社会保障体系，推动社会保障事业可持续发展上做文章。①

（1）注重与国际社会保障制度接轨。在世界经贸一体化的国际背景下，人口老龄化与社会保障负债严重是世界各国面临的共同背景，制度创新中保留受特定国情制约的特征，更要注重社会保障的国际惯例和与国际社会保障制度接轨。按照 WTO 的要求构造适合国际通行规则的社会保障法律和法规，抓紧完善社会保障体系，增加社会保障运作的透明度，建立管理社会保障风险防范机制，并允许外资企业进入中国社会保障服务领域，切实维护公民的根本利益。

（2）再造管理流程。再造管理流程首先定位于创新社会管理体制，完善公共服务供给体系，把行政管理与自治管理分开，促进社会管理与公共服务有机结合。其次要将决策、执行、监督适度分离的要求，精简机构和人员，依法理顺各级机构间的权责边界，实行少层级宽幅度的扁平化和网络化管理。三要精简办事程序，推进行政审批制度的精练化、公正化、高效化和服务化。四要以公共服务和民众至上为导向，扩大政务公开的范围和内容，完善网上服务、监督等信息发布机制，加快电子政务建设。

（3）完善公共决策机制。制定和执行公共政策的过程，就是协调、整合社会各方利益关系的过程。为此，我们需要逐步完善公众参与、专家咨询论证和政府听证和纠错相结合的决策机制，确保涉及经济社会发展的重大决策和涉及人民群众切身利益的公共事项，都在深入调研和广泛征求社会各界意见的基础上，具有科学性、民主性、前瞻性、权威性和可行性，从而提高社

---

① 尹蔚民：《在第四届中国社会保障论坛上的主旨演讲》，来源：人力资源社会保障部网站，2012 年 5 月 28 日。

会保障相关机构的战略规划能力和管理创新能力，提升社会资本存量，维系和增强政府的合法性与公信力。

(4) 健全社会管理和公共服务体系。要从整合社会资源、完善社情民意表达、协调社会利益、化解社会矛盾、拓宽服务渠道、预测预警公共突发事件、建立农村公共服务体系等方面，健全政府负责、社会协同、公众参与的社会管理和公共服务体系；要围绕建设服务型单位的要求，强化公共服务职能，简化办事程序和办事手续，缩短办结时限，推进依法行政，为群众和基层提供方便快捷优质服务。

(5) 全面提升公共服务能力。实现党的十九大确定的目标，必须主动适应群众需求，提升服务能力，为群众提供更加便捷高效的服务。明年，要进一步健全以就业、社保等为重点的公共服务体系。特别是要着力提升信息化水平，牢固树立互联网思维，充分发挥大数据作用，深度开发便民应用。要加快推广第三代社保卡，让社保卡成为我们和人民群众的连心桥。要持续加强窗口单位作风建设，把各级各类窗口单位打造成人民群众满意的公共服务平台。

参考文献

［1］高举中国特色社会主义伟大旗帜，为夺取全面建设小康社会新胜利而奋斗［M］．人民出版社，2007.

［2］决胜全面建成小康社会，夺取新时代中国特色社会主义伟大胜利［M］．人民出版社，2017.

［3］周三多．管理学［M］．高等教育出版社，2005.

［4］孙光德，董克用．社会保障概论［M］．中国人民大学出版社，2004.

［5］郑功成．社会保障学：理念、制度、实践与思辨［M］．商务印书馆，2004.

［6］冯必扬，严翅君．现代社会保障研究［M］．人民出版社，2003.

［7］李珍．社会保障理论［M］．中国劳动社会保障出版社，2007.

［8］林毓铭．社会保障管理体制［M］．社会科学文献出版社，2006.

［9］郑功成．社会保障概论［M］．复旦大学出版社，2005.

［10］童星．社会保障与管理［M］．南京大学出版社，2002..

［11］章晓懿．社会保障：制度与比较［M］．上海交通大学出版社，2004.

［12］丁建定．社会保障概论［M］．华东师范大学出版社，2006.

［13］齐海鹏．社会保障基金管理研究［M］．东北财经大学出版社，2002.

［14］魏英敏．新伦理学教程［M］．北京大学出版社，2003.

［15］傅治平．和谐社会导论［M］．人民出版社，2006.

［16］史探径主编．社会保障法研究［M］．法律出版社，2000.

［17］郑杭生．社会学概念新修［M］．中国人民大学出版社，2003.

［21］王乐夫，蔡立辉．公共管理学［M］．中国人民出版社，2008.

［22］邓大松，刘昌平．社会保障管理［M］．中国人民大学出版社，2011.

[23] 陈刚、王东岩主编．劳动和社会保险统计与管理系统［M］．中国劳动社会保障出版社，2001.

[24] 冯慧玲．政府信息资源管理［M］．中国人民大学出版社，2006.

[25] 范玉顺．信息化管理战略与方法［M］．清华大学出版社，2008.

[26] 邬沧萍．社会老年学［M］．第2版．中国人民大学出版社，2003.

[27] 张民省．新编社会保障学［M］．山西人民出版社，2009.

[28] 张朝霞．劳动与社会保障法［M］．华中科技大学出版社，2009.

[29] 汪荣有．公共伦理学［M］．武汉大学出版社，2009.

[30] 周宏仁．信息化概论［M］．电子工业出版社，2009.

[31] 刘磊，韩佳．员工关系管理实务［M］．中国物资出版社，2010.

[32] 赵曼．社会保障学［M］．中国财政经济出版社，2003.

[33] 汪大海．社区管理学［M］．北京师范大学出版社，2011.

[34] 余永定．中国的可持续发展：挑战与未来［M］．生活·读书·新知三联书店，2011.

[35] 蔡立辉．政府绩效评估［M］．中国人民大学出版社，2012.

[36] 张健．管理创新的理论与实践［M］．经济科学出版社，2012.

后　记

在计划经济体制下建立、修正的我国社会保障管理体制，经过几十年的发展，已经落后于社会主义市场经济发展的新要求，甚至限制了社会保障政策的成效发挥。虽然国家和相关部门进行过程度不同的改革和完善，但并没有从根本上解决我国社会保障管理体制法制建设滞后、社会保障管理政出多门、社会保障监管“虚化”和社会保障管理信息化建设落后等方面的问题，亟须从管理体制上进行创新。

2007年，山西大学政治与公共管理学院贯彻落实学校提出的建设“地方示范研究性大学”的办学目标，决定探索性地编写一套适合本院研究生、本科生使用的专业教材，笔者主持的“社会保障管理学”研究，就是在这样的背景下萌生和运作的。

本书知识体系，是笔者在从事山西大学政治与公共管理学院2005、2006级劳动与社会保障专业的教学过程中逐渐成形的。下列同学参与了从第四章至第十三章的资料收集与整理工作，他们是冯兴娟、郭戈英、姜虔钊、李亮亮、吕晓东、田丽苗、王婉淇、徐易璐、张朝剑、张甜等。正是在和同学们教学相长的互动中，才有了现在的成果。全书提纲由笔者主持设计，初稿完成后，又多次进行修改。

另外需要特别说明的是，本书在编写过程中，学习、参考和借鉴了许多国内外学者的教材、著作和其他学术研究成果。在此，特向这些为中国的社会保障学的发展和成熟做出贡献的学者表示诚挚的谢意。所有引用到的著述我们尽量列在本书的参考文献中，但是，恐怕仍有相当多的作者遗漏在繁杂的编写工作中了，在此敬请谅解。

眼前本版《社会保障管理学新视野》一书，是在此前出版的同名著作的基础上修订完成的。之所以进行较大幅度的修改，是因为我国的社会保障管理体制在党的十八大以来出现了较大的变化，和党的十九大报告对新时代中国特色的社会保障制度进行了新的规划，所以在不少内容上进行了更新。

尽管如此，由于社会保障管理学在我国还是一个年轻的学科，其知识体系仍处于不断探索之中，加之笔者的学术水平和识见有限，不妥之处恐难避免，恳请专家、学者及广大读者指正。

张民省

2019 年 12 月于山西大学